Das Buch

Willi Brandt hat vieles erlebt: Verfolgung und Diffamierung, Siege und Triumpfe, Ehrungen und Preise – aber auch Niederlagen. Gestolpert ist er über Gegner und Neider, Frauen und Spione und nicht zuletzt über sich selbst. Gescheitert jedoch ist er nicht. Im Gegenteil: Kein anderer deutscher Politiker kann es bis heute mit der Popularität Willy Brandts aufnehmen.
Willy Brandt – ein Mann mit einem ungewöhnlich bewegten Leben: vom unehelich geborenen Sproß aus dem Lübecker Arbeitermilieu zum Vorsitzenden der SPD und der Sozialistischen Internationale, vom NS-Verfolgten und Ausgebürgerten zum Bundeskanzler und Friedensnobelpreisträger, vom Aufsteiger zum Hoffnungsträger. Er war Liebhaber und Genußmensch, dreifacher Ehemann und vierfacher Vater, rastlos Reisender und Autor zahlloser Artikel und Bücher, ein Mann mit vielen Freundschaften, aber ohne Freunde, gesellig, aber einsam. Ein Mensch voller Widersprüche. In dieser ersten großen Biographie über Willy Brandt gelingt es dem renommierten Historiker Gregor Schöllgen, das vielschichtige Wesen des Mannes zu entschlüsseln und ihn uns als Menschen und Politiker auf neue Weise nahe zu bringen.

Der Autor

Gregor Schöllgen, geboren 1952 in Düsseldorf, ist Professor für Neuere Geschichte an der Universität Erlangen. Seit Jahren ist er maßgeblich an der Erschließung des Nachlasses von Willy Brandt beteiligt. Er ist Autor zahlreicher Standardwerke zur neueren deutschen Geschichte und Mitarbeiter von Presse, Rundfunk und Fernsehen.

Gregor Schöllgen

WILLY BRANDT

Die Biographie

Ullstein

Besuchen Sie uns im Internet:
www.ullstein-taschenbuch.de

Umwelthinweis:
Dieses Buch wurde auf chlor- und säurefreiem Papier gedruckt.

Ullstein Verlag
Ullstein ist ein Verlag des Verlagshauses
Ullstein Heyne List GmbH & Co. KG.
1. Auflage September 2003
© 2003 by Ullstein Heyne List GmbH & Co. KG
© 2001 by Econ Ullstein List Verlag GmbH & Co. KG, München/
Propyläen Verlag
Umschlaggestaltung: Thomas Jarzina, Köln
Titelabbildung: J. H. Darchinger, Bonn
Satz: Utesch GmbH, Hamburg
Druck und Bindearbeiten: Elsnerdruck, Berlin
Printed in Germany
ISBN 3-548-36456-X

Inhalt

Vorwort
7

Der Aufbruch
Einsam gegen den Strom
1913–1933
9

Die Reise
Als Verfolgter draußen
1933–1948
39

Der Aufstieg
Aussichten »am Rande der Welt«
1948–1966
85

Die Falle
Im Zentrum der Macht
1966–1974
135

Die Flucht
Als Staatsmann unterwegs
1974–1987
217

Die Ankunft
Heimkehr eines Patrioten
1987–1992
265

Anhang

Was wir von Willy Brandt wissen und warum
Eine kommentierte Bibliographie
299

Abkürzungsverzeichnis
313

Bildnachweis
315

Personenregister
316

Vorwort

Begegnet bin ich ihm nie, aber ich kenne ihn gut. Über lange Zeit, beinahe drei Jahrzehnte, habe ich Willy Brandt mit jenem distanziert-vertrauten Blick verfolgt, den eine üppige Berichterstattung mit seiner tatkräftigen Unterstützung ermöglicht hat. Seit Jahren und in doppelter Funktion an der Erschließung seines Nachlasses beteiligt, bin ich ihm bald nach seinem Tod auf einer ebenso ungewöhnlichen wie spannenden Erkundungsreise nähergekommen. Zuletzt haben Weggefährten aus verschiedenen Lebensphasen Willy Brandts mit mir über ihn gesprochen – einige zum erstenmal überhaupt – und so mein Bild auf mitunter überraschende, nicht selten bewegende, stets weiterführende Weise abgerundet.

Für die Gespräche, aber auch für die Genehmigung, daraus sowie aus schriftlichen Quellen zitieren oder Bildmaterial verwenden zu dürfen, gilt mein besonderer Dank: Egon Bahr, Rainer Barzel, Holger Börner, Peter Brandt, Rut Brandt, Horst Ehmke, Ninja Frahm, Hans-Dietrich Genscher, Harold Hurwitz, Helmut Kohl, Johannes Rau, Walter Scheel, Helmut Schmidt, Klaus Schütz und Richard von Weizsäcker.

Erlangen, im April 2001   Gregor Schöllgen

Der Aufbruch

Einsam gegen den Strom
1913–1933

Es ist ein großer Tag. Am 21. Oktober 1969, um 11.22 Uhr, gibt der Präsident des Deutschen Bundestages das Ergebnis bekannt: Mit der hauchdünnen, aber hinreichenden Mehrheit von drei Stimmen ist der Abgeordnete Willy Brandt zum Bundeskanzler der Bundesrepublik Deutschland gewählt worden. Von außen betrachtet, ist das der triumphale Höhepunkt einer scheinbar unaufhaltsamen und beinahe bruchlosen Politikerkarriere im geteilten Nachkriegsdeutschland. Willy Brandt selbst weiß es besser, »weil jedes Leben von innen her gesehen nichts weiter als eine Kette von Niederlagen ist«. Das jedenfalls notiert er in seiner unverwechselbaren Handschrift auf einen jener Zettel, die in unregelmäßigen Abständen ihren Weg in zwei Aktenmappen mit Zitatensammlungen finden. Neben anderen ihm wichtigen Materialien hebt Brandt auch diese bis zu seinem Tod in seinem Haus in Unkel am Rhein auf.

Wir wissen nicht, wann sich Willy Brandt diesen Satz notiert hat; aber wir wissen, daß er vom Autor des Romans *1984*, dem englischen Schriftsteller George Orwell, stammt, dem Brandt während des Spanischen Bürgerkrieges begegnet ist; wir wissen auch, daß Brandt Veranlassung genug hat, die notierte Erkenntnis auf sein eigenes Leben zu beziehen. Denn selbst in der Stunde des großen Triumphes holt ihn dieses Leben ein: »Frahm nein« ist auf einer der vier Stimmkarten zu lesen, die Bundestagspräsident Kai-Uwe von Hassel nach der Wahl Willy Brandts zum Bundeskanzler für »ungültig« erklärt.

Wenn es stimmt, daß unser ganzes Leben, mehr oder weniger stark, von den Erlebnissen der frühen Jugend und insbesondere der Kindheit geprägt wird, dann hat Willy Brandt zeitlebens an einer Bürde zu tragen gehabt: Am 18. Dezember 1913 erblickt er in Lübeck als uneheliches Kind das Licht der Welt. Zwei Tage später wird der Junge ins Geburtsregister der Hansestadt eingetragen – unter dem Namen seiner Mutter. Fünfunddreißig Jahre lang wird er amtlich den Namen »Herbert Ernst Karl Frahm« führen, obgleich er sich bereits als Neunzehnjähriger erstmals »Willy Brandt« nennt. Wir bleiben im folgenden bei diesem »Nom de guerre«, den er trägt, seit er den Kampf gegen die Hitler-Diktatur aufnimmt.

Seinen Vater hat Willy Brandt nie gesehen. Eine männliche Bezugsperson, welche die väterliche Rolle übernimmt, gibt es im Leben des Jungen erst seit Ende des Jahres 1918, als sein vermeintlicher Großvater Ludwig Frahm aus dem Krieg heimkehrt. Da ist Willy Brandt bereits fünf Jahre alt, und natürlich kann Ludwig Frahm, bei aller Fürsorge, den Vater nicht ersetzen. So fehlen dem Jungen wichtige Erfahrungen: Wie sich die Persönlichkeit im Konflikt mit dem Vater formt, erfährt er nicht; was väterlicher Schutz bedeutet, bleibt ihm vorenthalten. »Der Jugendliche aus dem vollproletarischen Haushalt«, schreibt er als Sechzehnjähriger in einem Artikel für die lokale Presse, »sucht Anlehnung. Und das ist leicht erklärlich, denn im Elternhaus wird er sie meistens nicht finden können.« Kann es angesichts dieser frühen, prägenden Erfahrung überraschen, daß sich Brandt seinerseits mit der Vaterrolle und dem Familienleben schwergetan hat?

Jahrzehnte später stellt der beinahe Siebzigjährige fest, daß er schon früh, nämlich während seines Exils in Norwegen, darauf verzichtet habe, »die Entwirrung von Kindheitsproblemen durch eine Analyse zu versuchen«. Er bleibt überzeugt, daß er sein Leben auch ohne psychologische oder psychotherapeutische Hilfe »bestanden« habe. Er hat seine eigenen Wege und Mittel der Lebensbewältigung. Einmal das Reisen: Kein zweiter deutscher Politiker seines Formats ist zeitlebens so intensiv unterwegs gewesen wie Willy Brandt, wenn auch eine Zeitlang, während der Jahre 1933 bis 1945, nicht nur freiwillig, sondern weil er verfolgt wird und im Untergrund tätig ist. Und dann das Schreiben: Allein fünf Bände mit Lebenserinnerungen in einem Gesamtumfang von zweieinhalbtausend Druckseiten, zahlreiche Arbeiten mit mehr oder weniger deutlichen autobiographischen Zügen nicht mitgerechnet, sind auch für einen prominenten Zeitgenossen eine ungewöhnliche, aber noch nicht einmal die vollständige Bilanz: Beginnend in seiner Berliner Zeit, hat Brandt so häufig wie kein anderer deutscher Politiker in Rundfunk- und Fernsehinterviews über sein Leben gesprochen.

Auf den ersten Blick scheinen sich die beiden Wege zu widersprechen, die Willy Brandt bis ins hohe Alter hinein einschlägt, um schwere Krisen zu meistern. Dabei sind es lediglich zwei Varianten eines Grundverhaltens: Sowohl das Reisen, bei dem man nach vorne schaut, als auch die rückwärtsgewandte Erinnerung vermeiden den Blick auf die Gegenwart mit ihren Ängsten, Schmerzen und Niederlagen. Brandt hat im Laufe seines bald achtzigjährigen Lebens einen in der Summe höchst erfolgreichen Umgang mit dieser Doppelstrategie entwickelt. Mit ihrer Hilfe überlebt er und übersteht schließlich, was andere aus der Bahn geworfen hätte.

Als er erstmals unter dem Titel *Mein Weg nach Berlin* Memoiren vorlegt, ist Willy Brandt noch nicht einmal fünfzig Jahre alt. In den Jahren zuvor hat er manchen Rückschlag hinnehmen müssen, zum Beispiel jeweils zwei gescheiterte Kandidaturen für den Landesvorsitz der SPD in Berlin und für einen Platz im Bundesvorstand der Partei. Die Rückschläge werden von verletzenden Kampagnen begleitet, die sich auf seine Jahre im Exil und im Widerstand gegen die Nazi-Diktatur, aber auch auf seine Herkunft beziehen. Für den in solchen Krisenzeiten auf sein Leben Zurückblickenden legt sich über die Lübecker Jahre ein »undurchsichtiger Schleier ..., grau wie der Nebel über dem Lübecker Hafen. ... Es ist schwer für mich, zu glauben, daß der Knabe Herbert Frahm ich selber war.«

Nachdem er in den folgenden Jahren zweimal als Kanzlerkandidat gescheitert ist und auch die Diffamierungskampagnen einen neuen Höhepunkt erreicht haben, greift Willy Brandt erneut zur Feder: 1966 erscheint unter dem Titel *Draußen* eine Auswahl seiner »Schriften während der Emigration«. Mit seinen autobiographischen Partien ist auch dieses Buch ein Akt der Krisenbewältigung. Und so wird es bleiben. Nach seiner wohl schwersten politischen Niederlage, dem Rücktritt vom Amt des Bundeskanzlers am 6. Mai 1974, veröffentlicht er innerhalb von nur acht Jahren nicht weniger als drei umfangreiche Erinnerungsbände. Der letzte dieses Zyklus, *Links und frei. Mein Weg 1930-1950*, enthält zugleich einige der erhellendsten Selbstbeobachtungen, die er für den Druck freigegeben hat. Wenige Jahre später macht sich Willy Brandt ein letztes Mal ans Werk und legt mit seinen *Erinnerungen*, die 1989 erscheinen, die Gesamtbilanz eines ungewöhnlich reichen und wechselvollen Lebens vor. Auch dieser Niederschrift geht eine schwere politische Niederlage voraus – der zu diesem Zeitpunkt nicht geplante Rücktritt als Vorsitzender der SPD aus nichtigem Anlaß im März 1987.

In vielen Fällen sind wir heute auf die diversen Selbstzeugnisse Willy Brandts angewiesen, weil uns andere Quellen kaum zur Verfügung stehen. Das gilt insbesondere für seine Lübecker Jahre, in vieler Hinsicht aber auch noch für die Zeit des Exils. Veranlassung, grundsätzlich an der Authentizität des Erinnerten zu zweifeln, gibt es nicht. Wo wir auf andere zeitgenössische Informationen zurückgreifen können, bestätigen sie in aller Regel Brandts Version, und im übrigen kann nur die unverfälschte Erinnerung ihre Funktion der Selbstvergewisserung erfüllen. Romane schreibt er in Krisenzeiten eben nicht.

Wohl aber denkt er schon früh an seinen Ort in der Geschichte. So gesehen ist die öffentliche Erinnerung immer auch Selbststilisierung und der Versuch, mit eigenen Mitteln ein Bild für die Nachwelt zu zeichnen. Als der Journalist Günter Struve im Auftrag Willy Brandts dessen Arbeiten aus der Exilzeit für den Band *Draußen* durchsieht, fällt ihm auf: »Wie hat der Mann früh angefangen, an seine Rolle in der Geschichte zu denken. Das waren keine literarischen Meisterwerke, aber alles edel und richtig.« Seit den fünfziger Jahren überläßt Brandt in dieser Hinsicht nichts mehr dem Zufall. Schon mit dem ersten Memoirenband *Mein Weg nach Berlin* beginnt diese Inszenierung des eigenen Lebens für die Nachwelt. Das hat unter anderem zur Folge, daß der junge, idealistisch-ungestüme Brandt in der Rückschau des alternden Mannes mitunter reifer und zielstrebiger erscheint, als er tatsächlich gewesen ist und gewesen sein kann.

In seinen letzten »Erinnerungen«, die fünfundsiebzig Jahre nach seiner Geburt erscheinen, sagt Willy Brandt erstmals öffentlich, was er über seinen Vater weiß. Erst nach Ende des Zweiten Weltkriegs habe er es »gewagt«, die Mutter, »dabei die briefliche Distanz wählend«, nach dem Namen des Vaters zu fragen. Diese habe »prompt einen Zettel« zurückgeschickt, auf dem der väterliche Name vermerkt gewesen sei: John Möller aus Hamburg. Das muß vor dem Mai 1949 gewesen sein, denn in seinem Antrag auf Namensänderung benennt Brandt seinen Vater.
Jahre später, am 7. Juni 1961, fällt ein bis dahin unbekannter Vetter namens Gerd André Rank brieflich »mit der Tür ins Haus«, stellt sich als »außer Ihnen« einziger »noch lebender Enkel unserer gemeinsamen Großmutter, Frau Maria Möller«, vor und zeichnet für den Regierenden Bürgermeister von Berlin ein Bild des Vaters. Dem kann Willy Brandt entnehmen, daß John Möllers Erinnerungsvermögen durch eine Verwundung aus dem Ersten Weltkrieg beeinträchtigt gewesen ist, daß er als Buchhalter gearbeitet hat und 1958 in Hamburg gestorben ist. Nicht ohne Stolz zitiert Brandt 1989 den Cousin, wonach der leibliche Vater »eine außergewöhnliche menschliche Tiefe besessen und trotz seiner verhältnismäßig einfachen Position im Leben eine Persönlichkeit dargestellt habe, die jene, die ihn kannten, stark beeindruckt« habe. Als die inzwischen geschiedene Frau des Vetters diese Passage liest, greift auch sie zur Feder, bestätigt Willy Brandt das von Gerd André gezeichnete Bild und fügt hinzu, Vater John Möller sei ein »ruhiger, ausgeglichener und besonnener Mensch« gewesen.

Die Unklarheit über seinen leiblichen Vater, an deren öffentlicher Aufklärung er sich erstaunlicherweise bis zu seinem Lebensabend nicht beteiligt, macht Brandt zeitlebens zu schaffen, auch bei seiner politischen Karriere. Im Laufe der Jahrzehnte und vor allem im Zuge der Verleumdungskampagnen der fünfziger und sechziger Jahre werden ihm zahlreiche Väter angedichtet, darunter nach eigener Auskunft ein mecklenburgischer Graf, ein deutsch-nationaler Amtsgerichtsrat, der bulgarische Kommunist Wladimir Pogoreloff, der Dirigent Hermann Abendroth und nicht zuletzt Julius Leber, der führende Lübecker Sozialdemokrat und frühe politische Ziehvater Willy Brandts.

Zu Beginn der norwegischen Exilzeit macht sein Onkel Ernst, der Bruder seiner Mutter Martha Frahm, »das familiäre Chaos vollkommen« und gibt Willy Brandt zu verstehen, daß Ludwig Frahm »wahrscheinlich« nicht der Vater seiner Mutter und also auch nicht sein Großvater sei. Auch mit dieser Information tritt Brandt erst 1989 an die Öffentlichkeit, und er scheint dieser Version einiges abgewonnen zu haben: »Im alten Mecklenburg«, schreibt er an seinem Lebensabend in etwas verklausulierter Wendung, »wäre es nicht das erstemal gewesen, daß eine Landarbeiterin dem gutsherrlichen Recht der ersten Nacht zu gehorchen hatte; in diesem Falle wäre es die spätere Frau des Ludwig Frahm gewesen, die früh starb.«

Mit anderen Worten: Willy Brandt hat zwar, wie jeder Mensch, einen Vater und einen Großvater; zu Gesicht bekommen hat er aber weder den einen noch den anderen. Jedenfalls ist »Ludwig Heinr. Karl Frahm, geb. 31.10.75 in Arpsrade« – so der Personalbogen seines späteren Arbeitgebers – nicht sein Großvater. Bevor dieser sich Anfang des Jahrhunderts auf den Weg nach Lübeck macht, hat er als Knecht auf einem mecklenburgischen Gut gearbeitet und dort die Magd Wilhelmine kennengelernt. Als die beiden heiraten, bringt diese ihre 1894 unehelich geborene Tochter Martha mit in die Ehe. So wird Ludwig Frahm, der keine leiblichen Kinder hat, in jungen Jahren Vater, genauer gesagt Stiefvater, und nimmt im Leben der Martha Frahm die Stelle

*Elternschaft:
Mit der Mutter
Martha Frahm,
etwa 1917.
Rechts: der vermeintliche Großvater
Ludwig Frahm, der
die Vaterrolle übernimmt*

ein, die er später auch bei deren Sohn einnehmen wird, die des Ersatzvaters.

Es überrascht nicht, daß Ludwig Frahm von Willy Brandt »Papa« genannt wird und noch in dessen Reifezeugnis als Vater firmiert. Wilhelmine Frahm, die Großmutter also, stirbt 1913, wenige Wochen, bevor er selbst das Licht der Welt erblickt. Für den Witwer Ludwig Frahm bleibt wenig Zeit, seinem Leben eine neue Richtung zu geben. Der Ausbruch des großen Krieges in den ersten Augusttagen des Jahres 1914 führt auch ihn für gut vier Jahre an die Front. Immerhin überlebt er die Katastrophe. 1919 heiratet er zum zweiten Mal, und zwar die zehn Jahre jüngere Dorothea Sahlmann. Willy Brandt kann sie »nicht ausstehen«, muß aber fortan Ludwig Frahm, der als sein Großvater gilt und als sein Vater herhalten muß, mit dieser Person teilen.

Folglich nennt er Dorothea Frahm auch nicht »Oma«, schon gar nicht »Mama«, denn eine solche hat er ja, und zwar eine richtige, sondern »Tante«. Als »Onkel« firmiert übrigens der Mann seiner Mutter, der mecklenburgische Maurerpolier Emil Kuhlmann, den Martha Frahm heiratet, als der Junge dreizehn Jahre alt ist. Aus dieser Ehe geht ein Sohn hervor, Brandts Halbbruder Günter Kuhlmann. So markiert die unübersichtliche, in entscheidenden Aspekten auch lange ungeklärte familiäre Situation schon in der Kindheit Willy Brandts einen Punkt, an dem er verletzbar ist. Das spüren bald auch seine Gegner.

Über seine Mutter erfahren wir durch Willy Brandt wenig. 1982 schildert er sie als »lebhaft, unbeschadet ihrer Neigung zur Korpulenz«, mit dichtem dunkelblondem Haar und jenen »›slawischen‹ Backenknochen«, die er selbst »in abgemilderter Form« geerbt habe. Martha Frahm ist, »auf eine unverkrampfte Art, naturverbunden und kulturhungrig«. Soweit es die Tätigkeit als Verkäuferin im Konsumverein zuläßt, nimmt sie am politischen und kulturellen Leben des Milieus und der Stadt teil. Ihr Abonnement bei der Lübecker Volksbühne ist ihr wichtig; von ihrer Verbindung zum Wanderverein der »Naturfreunde« profitiert Sohn Willy durch den einen oder anderen Sommeraufenthalt an der Ostsee. Martha Kuhlmann stirbt im August 1969, wenige Monate nach ihrem Mann, kann also die Karriere ihres Sohnes fast bis zum Höhepunkt der Kanzlerschaft verfolgen.

Um ihren Sohn durchzubringen, muß Martha Frahm hart arbeiten, zumal ihr Stiefvater Ludwig Frahm seit Beginn des Krieges im Feld steht. Häufig hat der Junge sie nicht gesehen. Dabei ist die Mutter durchaus stolz auf ihn – und auf ihr Vaterland, das einen Existenzkampf zu bestehen hat. Kaum ist der kleine Willy drei Jahre alt, läßt Martha Frahm ihn ablichten: mit kaiserlicher Uniform, Pickelhaube und Holzgewehr. In Kenntnis der weiteren Biographie Willy Brandts hat der ungläubig staunende Blick des solchermaßen zum strammen Militaristen beförderten Kindes seinen eigenen Reiz. Martha Frahms Sechstagewoche bringt es mit sich, daß der Sohn die meiste Zeit bei einer Nachbarin, Paula Bartels-Heine, lebt. Sie verwahrt das Kind von Sonntag abend bis zum folgenden Samstag. Jahrzehnte später beschreibt sie ihn als einen »richtigen Jungen, der sich nicht die Butter vom Brot nehmen ließ und durchaus seinen eigenen Kopf hatte«.

Das knappe und respektvolle Porträt, das Willy Brandt von seiner Mutter zeichnet, ist nüchtern und distanziert. Von Emotionen keine Spur. Das mag an der natürlichen Scheu vor einem unangemessenen Exhibitionismus liegen, hat aber womöglich auch damit zu tun, daß er als Kind nie wirklich erfahren hat, was mütterliche Liebe und menschliche Nähe bedeuten. Noch im hohen Alter stellt Brandt vor laufenden Kameras fest, daß es für ihn nicht jene »normale Bindung geben konnte …, die jemand empfindet und entwickelt, wenn er bei der Mutter aufwächst«. Kein Wunder, daß er sich mit »normalen« Bindungen zeitlebens schwertut. Wie viele Menschen mit dieser Prägung sucht auch er nach Ersatz – für die Liebe und für die Nähe. Finden wird er ihn zunächst in der Jugendbewegung, sehr bald aber schon in der Politik. Der Auftritt im politischen Raum, der Parteitag oder der Wahlkampf, das sind Höhepunkte im Leben des Willy Brandt: Hier lassen sich Menschen erreichen, läßt sich Bestätigung finden und Nähe herstellen, ohne daß die Distanz aufgehoben werden muß.

Erst mit der Rückkehr Ludwig Frahms aus dem Krieg hat der

Junge die dringend benötigte männliche Bezugsperson. Bei ihm wächst Willy Brandt seit seinem sechsten Lebensjahr auf. Seit September 1910 hat Ludwig Frahm Arbeit im Lübecker Drägerwerk, und zwar als »Lastautofahrer in der Expedition«. Nach dem Krieg lassen sich damit etwa 200 Mark im Monat verdienen, und die reichen immerhin für eine kleine Wohnung in der Moislinger Allee 49, »mit zwei Zimmern, Küche und vor allem einem kleinen Bad, nebst Dachkammer für mich«, wie Brandt 1982 schreibt. Selbst wenn man in Rechnung stellt, daß der Rückblick des Alters die Kindheit in einem verklärten Licht erscheinen läßt, bleibt doch der Eindruck, daß Willy Brandt, soweit das unter den widrigen Umstände eben möglich ist, eine harmonische Kindheit verbringt, und daran hat Ludwig Frahm einen entscheidenden Anteil.

Er gibt dem Jungen ein Zuhause, weist ihm den Weg in die sozialistische Arbeiterbewegung, ermöglicht ihm eine Ausbildung und formt seinen Charakter maßgeblich mit. 1960 – und in leicht variierter Form noch einmal 1982 – hat Willy Brandt von seinem »vielleicht nachhaltigsten Kindheitserlebnis« erzählt, das sich wohl im Jahr 1921 zugetragen hat. Es ist die Zeit der Inflation; in Lübeck streikt die Arbeiterschaft, und der Streik führt zur Aussperrung. Das trifft auch den Ziehsohn des streikenden Ludwig Frahm, für den sich in der Rückschau »die meisten der frühen Erinnerungen mit dem Essen verbinden«. Man kann sich leicht den sehnsüchtigen Blick vorstellen, mit dem der Achtjährige die Auslagen einer Bäckerei fixiert, als einer der Direktoren des Drägerwerks, also des Arbeitgebers Ludwig Frahms, ihn sieht, mit ihm in den Laden geht und ihm zwei Laib Brot kauft. Als der Junge daheim das kostbare Geschenk stolz präsentiert, fordert ihn Ludwig Frahm zu seiner großen Überraschung auf, die Brote wieder zurückzubringen: »Geschenkt! Ein streikender Arbeiter nimmt kein Geschenk vom Arbeitgeber an. Wir lassen uns nicht vom Feind bestechen. Wir sind keine Bettler, die man mit Almosen abspeist. Wir wollen unser Recht, keine Geschenke. Bring das Brot zurück, sofort!«

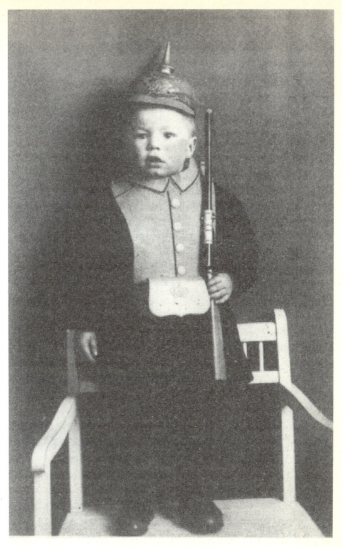

Noch nicht auf Friedenskurs: Der Dreijährige in kaiserlicher Uniform mit Holzgewehr

Vermutlich ist dieser Dialog in Lübeckschem Platt geführt worden. Hochdeutsch, das seine Mutter fehlerfrei spricht, lernt Willy Brandt erst auf der Sankt-Lorenz-Knaben-Mittelschule, die er sieben Jahre lang besucht, 1927 gefolgt von einem Jahr auf der Realschule. Von dort führt der Weg »mit Hilfe eines fordernden Lehrers und eines fördernden Großvaters«, wie sich Brandt an seinem Lebensabend erinnert, auf Lübecks einziges Reform-Realgymnasium. Das Schulgeld wird ihm erlassen; er erhält eine Begabtenförderung. In den zwanziger Jahren macht sich nur eine verschwindend geringe Zahl von Arbeiterkindern auf den Weg in eine höhere Bildungsanstalt, und in Brandts Erinnerung ist damals auf jenem neusprachlich-mathematisch ausgerichteten Gymnasium der Hansestadt »ein zweiter Arbeiterjunge nicht zu finden«. Das trifft zwar nicht ganz zu, zeigt aber, wie er seine damalige Lage immer empfunden hat. Paula Bartels-Heine, die den Werdegang ihres einstigen Pflegekindes interessiert verfolgt, sagt später, daß dieser Weg für ihn »sehr schwer gewesen« sei, habe er doch »seine Probleme allein lösen« müssen. Bei der häuslichen Bewältigung der schulischen Anforderungen kann ihm jedenfalls niemand helfen; seine Mutter nicht, und Ludwig Frahm auch nicht.

Gefördert von Professor Eilhard Erich Pauls, einem »konservativen Mann und einem tolerant anregenden Pädagogen«, wird neben Deutsch, in dem Willy Brandt mit einer guten Leistung abschließt, das Fach Geschichte zu seinem Favoriten. In dieser Disziplin attestiert ihm das Abiturzeugnis am 26. Februar 1932 »sehr gute« Leistungen. Das gilt übrigens auch für das Fach Religion. Vom vierzehnten Lebensjahr an nimmt Willy Brandt am Religionsunterricht teil und setzt sich damit über den Willen Ludwig Frahms hinweg. Mit der Einbürgerung in Norwegen wird er automatisch Angehöriger der Lutherischen Staatskirche. Er bleibt »evangelisch«, ohne daß man von einer kirchlichen Bindung sprechen kann.

Die Themen der Abiturprüfungen liegen dem Primaner. In der schriftlichen Geschichtsarbeit geht es um August Bebel, den legendären Sozialdemokraten des Kaiserreichs; im Mündlichen hat der Kandidat den Unterschied zwischen Anlaß und Ursache von Kriegen zu erläutern. Im Deutschaufsatz, so erinnert sich Brandt noch in hohem Alter, unterstützt er die »These eines Berliner Primaners, daß die Schulzeit uns nichts Wesentliches fürs Leben gegeben habe. Ein überhebliches und ungerechtes Urteil, zu verstehen wohl nur aus der Zeit.«

In dem Antrag, mit dem Willy Brandt um Zulassung zur Reifeprüfung ersucht, hebt er ausdrücklich hervor, daß er »schon als kleiner Junge viel gelesen« habe und daß ihm Bücher »die meiste Freude« bereiten. Daß dazu auch Bücher von Karl Marx, Eduard Bernstein oder Karl Kautsky gehören, vermerkt der Antrag begreiflicherweise nicht. Später, als er Bundeskanzler ist, erzählt Brandt einmal einem Journalisten, diese Bücher seien für ihn das gewesen, was für seine Altersgenossen »Märchen oder Abenteuergeschichten« gewesen seien. Auch das klingt ziemlich überheblich. Tatsächlich nimmt der Gymnasiast durchaus an den Aktivitäten seiner Klassenkameraden teil: Als in der Weihnachtsfeier des Johanneums das Adventsspiel »Die Nacht der Hirten« aufgeführt wird, tritt »Herbert Frahm OIIb« als »König aus dem Morgenlande« auf.

Bücher haben Willy Brandt zeitlebens begleitet, zunächst als Leser, sehr bald auch als Autor. 1982 hat er aufgeschrieben, daß zu seiner frühen Lektüre auch der klassische, keineswegs nur »deutsche Pflichtstoff« gehört habe, im übrigen aber »Jack London und Upton Sinclair, B. Traven und Martin Andersen-Nexö, Ludwig Renn und Henri Barbusse, Maxim Gorki und Ernst Toller«. 1960, als sich die SPD auf der Basis des soeben verabschiedeten Godesberger Programms auch dem Bürgertum als wählbare Partei zu empfehlen suchte, waren übrigens in Brandts Auflistung seiner Schülerlektüre zwei weitere »Lieblingsautoren« vertreten: Thomas Mann und Erich Maria Remarque. Zweiundzwanzig Jahre später, als er mit Leidenschaft und aus Überzeugung über die »linke« Zeit seines Lebens reflektiert, tauchen sie, aus welchen Gründen auch immer, nicht mehr auf.

Nun sind der Umgang mit Literatur und die intensive Lektüre für einen Gymnasiasten, damals jedenfalls, nichts Ungewöhnliches. Wer aber aus dem Arbeitermilieu stammt, wer aus ärmlichen und familiär wenig geordneten Verhältnissen kommt, der muß schon eine ganze Portion Willen, Kraft und Ehrgeiz aufbringen, um mithalten und eine Gymnasialausbildung erfolgreich abschließen zu können. Es liegt nahe, daß sich dieser Ehrgeiz nicht auf die Aneignung des bürgerlichen Bildungskanons beschränkt, sondern daß er die Lebensweise des Bürgertums insgesamt in den Blick nimmt, das ja in Lübeck eine Hochburg hat. In Verbindung mit einem ausgeprägten Willen zur Überwindung der engen, wenn nicht beengenden sozialen und materiellen Lebensbedingungen des eigenen Milieus entwickelt Willy Brandt schon früh Verhaltensweisen des Aufsteigers: »Ich lebe in dem Gefühl«, sagt er im November 1988 während eines Fernsehgesprächs, »im wesentlichen aus mir heraus geworden zu sein, was ich geworden bin.«

Für einen solchen Lebensweg ist innere Distanz gefordert. Sie herzustellen, ohne das Milieu zu leugnen, dem man entstammt, will früh gelernt sein. Nur wer Abstand zu seiner Herkunft gewinnt, kann sie im Auge behalten und sich zugleich neuen Horizonten zuwenden. Hinter alledem steckt bei Willy Brandt ein starker Drang nach Unabhängigkeit und Ungebundenheit. Man mag darin eine Reaktion auf die entbehrte Liebe der frühen Jahre sehen. Dann hätte der Junge, vorderhand, aus der Not eine Tugend gemacht. Allerdings ist es mit dem Streben nach Unabhängigkeit so eine Sache. Ob und unter welchen Bedingungen sie überhaupt erreichbar ist und in welchem Maße sich Willy Brandt diesem Ziel genähert hat, ist schwer zu sagen. Sicher ist, daß er schon als Jugendlicher eine ungewöhnlich entwickelte Fähigkeit erkennen läßt, auf Abstand zu gehen, sich zu lösen und sich den Blick nach vorn nicht durch die »Gespenster der Vergangenheit« verstellen zu lassen, vor denen er noch wenige Wochen vor seinem Tod warnt. So kommt er immer wieder auf die Beine, selbst nach schweren Niederlagen.

Hätte Willy Brandt ohne diese Fähigkeit überlebt? Wir wissen es nicht; aber wir können feststellen, daß sie ihren Preis fordert. Nähe erträgt er nur schwer, Bindungen sind ihm kaum

Frühe Handschrift: Gesuch um Zulassung zum Abitur, 6. Dezember 1931 möglich. Zu diesem Bild gehört eine Beobachtung, die mancher Weggefährte des Lübeckers hat machen müssen: Sich von Menschen zu trennen, die ihre Funktion erfüllt haben, ist Teil dieses Lebens. Freunde im engeren Sinne hat Brandt nicht, niemanden, der ihm »wirklich nahe« ist. Das sagt er schon mit Mitte Vierzig, als er erstmals vor aller Öffentlichkeit auf seine Lübecker Jahre zurückblickt, und natürlich ändert sich daran mit zunehmendem Alter wenig, im Gegenteil: Nie hat Willy Brandt die Kraft investiert und das Vertrauen entwickelt, die unabdingbar sind, wenn man Freundschaften aufbauen und über alle Wendungen des Lebens hinweg erhalten will.

Vorerst allerdings hilft die Ungebundenheit bei der Gestaltung des täglichen Lebens, und keineswegs nur des schulischen Alltags. Willy Brandt ist ein aktiver Mensch. Früh entdeckt er das Reisen und berichtet gelegentlich den Daheimgebliebenen in der lokalen Presse von seinen Erlebnissen. Im Sommer 1927 kommt der Dreizehnjährige im Rahmen eines vom Städtischen Jugendamt organisierten Schüleraustausches erstmals nach Dänemark und damit in jene Gegend Europas, die ihm, wenige Jahre später und dann für mehr als ein Jahrzehnt, zur Heimat werden wird. Im Sommer 1931 lernt er Skandinavien näher kennen, als er mit einem Schulfreund erneut Dänemark, außerdem Norwegen und Südschweden bereist. Den Pennäler treibt dabei offenbar nicht nur Abenteuerlust, sondern auch politische Neugier. Jedenfalls informiert er sich bei dieser Gelegenheit über die Arbeiterbewegung und die sozialdemokratische Partei Norwegens.

Willy Brandt ist damals längst politisch engagiert. Seine Mitschüler nennen ihn »den Politiker«, und in dem erwähnten Antrag auf Zulassung zur Reifeprüfung heißt es Ende 1931 lapidar, daß er einen »großen Teil« seiner Freizeit der »Mitarbeit in der sozialistischen Jugendbewegung« gewidmet habe. Er sei »sozusagen in den Sozialismus hineingeboren« worden, sagt er 1960, seien doch sowohl seine Mutter als auch sein Stiefvater und der vorgebliche Großvater »mehr als nur nominelle Mitglieder der sozialdemokratischen Partei, der Gewerkschaften und der Konsumgenossenschaft« gewesen.

Was ist das für ein Milieu, in dem Willy Brandt seine lebensprägenden Erfahrungen macht? Als er das Licht der Welt erblickt, stehen die Zeichen auf Sturm: Die Menschen gehen auf die Straße, und zwar in Massen und beinahe überall in Europa. Ihre Streiks und Demonstrationen sind Ausdruck tiefer Unzufriedenheit mit den Arbeits- und Lebensbedingungen in der modernen Industriegesellschaft, mit den politischen, sozialen und wirtschaftlichen Mißständen einer Klassengesellschaft wie der wilhelminischen. Die Spaltung in einen kleinen, sehr reichen Teil auf der einen Seite des gesellschaftlichen Spektrums und einen überproportional großen armen Teil auf der anderen charakterisiert die Situation: Daß vor 1914 weit über fünfzig Prozent der Lohnempfänger in Deutschland unterhalb der Besteuerungsgrenze liegen, spricht für sich.

Immerhin: Die mitunter katastrophalen Lebensumstände breiter Schichten führen dazu, daß sich in Deutschland vor allem die Industriearbeiterschaft seit Mitte des 19. Jahrhunderts politisch zu formieren und gewerkschaftlich zu organisieren beginnt. 1890 wird die »Generalkommission der Freien Gewerkschaften Deutschlands« gegründet; 1913, im Geburtsjahr Willy Brandts, gehören ihr über zweieinhalb Millionen Mitglieder an. Ähnlich beeindruckend sind die Erfolge der deutschen Arbeiterpartei. Seit den frühen 1890er Jahren erlebt sie einen geradezu kometenhaften Aufstieg. Das liegt einmal am Auslaufen der »Sozialistengesetze«, die der Partei den Wind aus den Segeln nehmen sollten, aber damit auf ganzer Linie gescheitert sind; es liegt aber offenbar auch an der neuen Programmatik der »Sozialdemokratischen Partei Deutschlands«, wie sich die 1875 gegründete Partei seit dem Oktober 1891 nennt. Die SPD, so ist dort zu lesen, kämpfe »nicht für neue Klassenprivilegien und Vorrechte, sondern für die Abschaffung der Klassenherrschaft und der Klassen selbst«.

Nun sind Programme und Parolen eine Sache; in der Praxis folgt die Politik in der Regel eigenen Zwängen und Gesetzen. Jemand wie Willy Brandt kann davon am Ende seines Lebens ein Lied singen. So ist es auch damals. Tatsächlich sucht die SPD bis zum Ausbruch des Krieges die Interessen ihrer Klientel auf parlamentarischem Weg durchzusetzen, und mit dieser Strategie ist sie erfolgreich. Knapp zwei Jahre bevor Willy Brandt das Licht jener unruhigen Welt erblickt, im Januar 1912, erreichen die Genossen bei den Wahlen zum Deutschen Reichstag beinahe 35 Prozent der Stimmen und stellen damit die stärkste Parlamentsfraktion. Solche Erfolge wird die deutsche Sozialdemokratie jahrzehntelang nicht mehr verbuchen können, sieht man einmal von der Ausnahmesituation des Januars 1919 ab. Erst 1961 nimmt die SPD wieder die 35-Prozent-Hürde, und erst 1972, sechzig Jahre nach ihrem ersten Erfolg, stellen die Sozialdemokraten wieder die stärkste Fraktion in einem nationalen Parlament. Die Wahlerfolge der Jahre 1912 und 1972 verbinden sich jeweils untrennbar mit einem Namen: der erste mit dem August Bebels, der zweite mit dem Willy Brandts.

August Bebel, geboren »zu Deutz-Köln 1840«, wie Willy Brandt 1982 schreibt, ist »Waise eines an Schwindsucht dahingesiechten Unteroffiziers und einer gleichfalls früh verstorbenen Handschuhstrickerin. Bildungshungriger Handwerksbursche, Drechslermeister in Leipzig. Während eines halben Jahrhunderts Abgeordneter des Reichstags. Wortgewandter Volksredner. So gut wie unbestritten für Jahrzehnte erster Mann der deutschen Arbeiterbewegung.« Bebel stirbt am 13. August 1913, wenige Monate bevor Willy Brandt geboren wird. Dessen dritte Frau, die Historikerin und Publizistin Brigitte Seebacher-Brandt, mit der er seit Dezember 1983 verheiratet ist, wird 1988 mit einer Biographie August Bebels an die Öffentlichkeit treten. Brandt selbst hat »nicht selten«, wie er 1982 schreibt, die Empfindung, Bebel »noch selber zu treffen«. Tatsächlich sehen viele Beobachter in Willy Brandt den letzten großen Repräsentanten jener deutschen Arbeiterpartei, die unter der Führung August Bebels ihre große Blüte und zugleich für Jahrzehnte ihre Formung erfahren hat.

Beide, Bebel und Brandt, sind mehr als zwanzig Jahre Vorsitzende der Partei. Allerdings haben die Arbeiterbewegung und mit ihr jene Sozialdemokratie, die Bebel im Geburtsjahr Brandts hinterläßt, ihr Gesicht erheblich verändert, als dieser ein halbes Jahrhundert später, im Februar 1964, den Vorsitz übernimmt. Brandt selbst hat schon früh, im Herbst 1940, die Befürchtung, die »alte Arbeiterbewegung« könne »ihre Rolle ausgespielt« haben. Damals sah es für einige Zeit danach aus, als könne Hitler seine Herrschaft auf Dauer sichern. So weit ist es dann zwar nicht gekommen; doch hat die in jenen Jahren eingeleitete, tiefgreifende Veränderung der gesellschaftlichen und politischen Strukturen in Deutschland ihre Spuren eben auch in der Arbeiterbewegung hinterlassen. Als Brandt im Juni 1987 den Vorsitz der SPD niederlegt, ahnen die meisten, daß damit auch die von Bebel begründete Tradition endgültig ihren Abschied genommen hat. In sie ist Willy Brandt hineingeboren worden und in ihr wächst er auf.

Kaum daß er laufen kann, wird der Junge von seiner Familie in die Kindergruppe des Arbeitersports gesteckt, später dann in den »Arbeiter-Mandolinenclub« für Musik und politische Diskussion. Seine Heimat, und keineswegs nur seine politische, findet der Vierzehnjährige dann in der sozialistischen Jugendbewegung. Zeitlebens betont Willy Brandt, wieviel ihm diese bedeutet hat – durch »die Gemeinschaftserlebnisse, wohl auch als Familienersatz und gewiß als Boden persönlicher Erprobung«. Zunächst ist er Mitglied der »Kinderfreunde«, dann der »Sozialistischen Arbeiterjugend« (SAJ), einer »›sozialistischen‹ Mischung von Wandervogel und Pfadfindern«, wie er später einmal sagt. Der junge Brandt »liebt die Natur, das Leben in Zelten, die Lieder am offenen Lagerfeuer«, bejaht, damals noch, den Verzicht auf Alkohol und Nikotin, empfindet es, anders als viele Zeitgenossen, weder als unangemessen noch als anstößig, daß den Gruppen Jungen und Mädchen angehören, und treibt im übrigen Sport.

Indessen füllt ihn all das immer weniger aus. Schon der Fünfzehnjährige will es nicht dabei belassen, seine Zeit »nur mit Tanz-, Spiel- und Singabenden« zu verbringen. Das schreibt Willy Brandt unter dem Datum des 27. August 1929 im sozialdemokratischen *Lübecker Volksboten*. Entschieden vertritt er dort die Auffassung, »daß wir als junge Sozialisten uns vorbereiten müssen für den politischen Kampf«. Brandt fühlt sich »politisch erwachsen« und findet, »daß an dieser Republik nicht viel zu verteidigen« ist. So jedenfalls ist es in seinen 1989 erschienenen *Erinnerungen* zu lesen.

Längst richtet sich der Blick des jungen Lübeckers über die Grenzen der Stadt und die Ränder des angestammten Milieus hinaus auf die nationale Szene, und dort spitzen sich die Dinge seit dem Sommer 1929 dramatisch zu. Die Formierung der nationalistischen Rechten aus »Deutschnationaler Volkspartei«, »Stahlhelm« und »Nationalsozialistischer Deutscher Arbeiterpartei«; der Kollaps der Weltwirtschaft mit seinen katastrophalen Auswirkungen auf Deutschland, wo es Anfang 1931 bereits fast fünf Millionen Arbeitslose gibt; die Selbstausschaltung des Reichstags nach dem Bruch der »Großen Koalition« unter dem sozialdemokratischen Kanzler Hermann Müller; der kometenhafte Aufstieg der Nationalsozialisten seit den Reichstagswahlen vom 14. September 1930; die Wiederwahl des greisen Reichspräsidenten Paul von Hindenburg mit den Stimmen der SPD im April 1932; vor allem aber der sogenannte Preußenschlag vom 20. Juli 1932 – das sind Entwicklungen, die Willy Brandt nicht nur an der Lebensfähigkeit der Weimarer Republik, sondern auch an seiner eigenen Partei zweifeln lassen.

Daß Otto Braun, der sozialdemokratische Ministerpräsident von Preußen, und Carl Severing, der sozialdemokratische Innenminister dieses größten Landes im Deutschen Reich, kampflos kapitulieren, als Reichskanzler Franz von Papen, »ein rechtskatholisches, bei der Schwerindustrie gut gelittenes Leichtgewicht«, die geschäftsführende preußische Regierung ab- und einen Reichskommissar einsetzt, hat Willy Brandt nie verwunden: »Im offenen Kampf zu unterliegen, ist tragisch – kampflos zu kapitulieren, macht die Tragödie zur Farce. Sie nimmt dem Geschlagenen das Letzte, das er besitzt, das Kostbarste: seine Selbstachtung.« So kommentiert er dreißig Jahre später die Haltung der Sozialdemokratie im Juli 1932. Damit formuliert er zugleich eine Maxime, die für den wiederholt »Geschlagenen« selbst sein Leben lang verbindlich gewesen ist.

Zum Zeitpunkt des »Preußenschlages« gehört Willy Brandt schon nicht mehr der SPD an. Seine erste Mitgliedschaft in der traditionsreichen deutschen Arbeiterpartei ist also nur von kurzer Dauer. 1930 war er als Mitglied in die Partei aufgenommen worden, obwohl er die Altersgrenze von achtzehn Jahren noch nicht erreicht hatte. Das hatte Brandt, damals Vorsitzender der örtlichen »Karl-Marx-Gruppe« der sozialistischen Arbeiterjugend, Julius Leber zu verdanken. Leber ist Vorsitzender der SPD in Lübeck und zugleich Chefredakteur des *Lübecker Volksboten*, für den der Gymnasiast seit Dezember 1928 Reiseberichte in Fortsetzungen, Artikel für die Jugendseite, Lokalglossen, Sportreportagen oder Versammlungsberichte schreibt. Der 1891 geborene Oberelsässer Julius Leber hat Willy Brandt wie kaum ein zweiter geprägt, obgleich der Gymnasiast ihn nur wenige Jahre aus der Nähe erleben kann. Carola Stern hat darauf aufmerksam gemacht, daß Brandt in der Beziehung zu Julius Leber, später dann zu Jacob Walcher und wohl auch zu Ernst Reuter, »in Etappen, in einem langen, zeitweise schmerzlichen Prozeß die Loslösung des Sohnes von der Gestalt des Vaters« nachgeholt hat.

Auch im Rückblick der achtziger Jahre ist Leber für Brandt »ein Unbedingter, kein Fanatiker, aber ein Mensch mit kämpferischer Entschlossenheit«. Julius Leber und Willy Brandt haben vieles gemeinsam: die uneheliche Geburt, die Herkunft aus dem proletarischen Milieu, den Habitus des Aufsteigers und wohl auch die Einstellung zur Nation. Leber hat sich im August 1914 von der Universität weg als Freiwilliger gemeldet, dann als mehrfach dekorierter Frontoffizier am Krieg teilgenommen und sich schließlich als republikanischer Offizier im März 1920 an der Niederwerfung des rechtsreaktionären »Kapp-Putsches« beteiligt. Danach nimmt er seinen Abschied vom Militär und promoviert zum Dr. rer. pol. – damals eine ungewöhnliche Karriere für einen deutschen Sozialdemokraten. Seit 1913 Mitglied der SPD, vertritt Leber die Partei von 1924 bis 1933 im Reichstag. Mit der nationalsozialistischen Machtübernahme beginnt die Zeit seiner ersten Haft, die ihn vom 1. Februar 1933 an mit einer kurzen Unterbrechung bis zum Sommer 1937 durch Gefängnisse, Zuchthäuser und Konzentrationslager führt. In der Folge des gescheiterten Staatsstreichs vom 20. Juli 1944 erneut verhaftet, wird er am 5. Januar 1945 in Berlin-Plötzensee hingerichtet.

Brandts Austritt aus der SPD führt zum politischen Bruch zwischen ihm und Leber. Schwer zu sagen, was eigentlich dahintersteckt. Offenbar hat Brandt aber mit seinem Parteiaustritt gerade nicht die Auseinandersetzung mit Leber gesucht, die unvermeidlich gewesen wäre, hätte er das Parteibuch behalten, sondern ist dem Konflikt aus dem Weg gegangen. Ob das eine instinktive Entscheidung oder das bewußte Kalkül eines Achtzehnjährigen gewesen ist, sei dahingestellt. Im übrigen bleibt der Abtrünnige dem politischen Ziehvater in hohem Respekt verbunden. Je größer der zeitliche Abstand zur gemeinsam zurückgelegten Wegstrecke, um so mehr neigt Brandt zu einer regelrechten Stilisierung seines Entdeckers.

Am 31. Januar 1933 wird Leber von SA-Leuten überfallen und später verhaftet. Als es um die Organisation von Streiks und Protesten gegen die Verhaftung geht, ist Willy Brandt zur Stelle, und am 19. Februar erlebt die Hansestadt bei bitterer Kälte einen der größten Aufmärsche seit den Revolutionstagen des Jahres 1918. Als Leber, der vorübergehend aus dem Gefängnis entlassen ist, aber keine Rede halten darf, mit zerschnittenem Nasenbein und verbundenem Auge den fünfzehntausend Versammelten das Wort »Freiheit« zuruft, erfährt Brandt ganz unmittelbar, was es heißen kann, zu seiner Überzeugung zu stehen. Mit seinem Weg ins Exil und der Rückkehr Lebers in die Haft verliert sich der Kontakt. 1943/44 kann die Verbindung noch einmal hergestellt werden, und zwar durch den früheren Rendsburger Landrat Theodor Steltzer. Der ist damals im Rang eines Oberstleutnants Chef des Transportwesens in Norwegen und hat gelegentlich dienstlich in Stockholm, Willy Brandts zweiter Exilstation, zu tun.

Die politische Abkehr Brandts von Leber könnte zu dem Schluß führen, als seien ihre Auffassungen unvereinbar gewesen. Das trifft nicht zu. Wie der junge Sozialist weiß auch der etablierte Sozialdemokrat um die Schwächen der eigenen Partei. Anders jedoch als der voranstürmende Achtzehnjährige – von »der Großartigkeit der Aufgabe ... durchdrungen, einem Rat also nicht zugänglich«, wie er später nicht ohne Selbstironie schreibt – macht Leber »aus seiner internen Opposition nichts«, so Brandt im Rückblick. Die Jungen zählen ihn zu »denen in Berlin«, und die erscheinen ihnen, so erinnert sich Brandt noch an seinem Lebensabend, »zu schwächlich, zu schlapp, zu wenig kämpferisch«.

Tatsächlich hat Lebers scharfe Selbstkritik viel mit Brandts Fundamentalkritik gemein. 1933, während seiner Untersuchungshaft, bringt er sie unter dem Titel *Die Todesursachen der deutschen Sozialdemokratie* zu Papier. »Die deutsche Sozialdemokratie«, so heißt es in der lesenswerten Schrift, »ist tot. Dieser Tod ist endgültig für jene doktrinär-marxistische Form, die viel mehr zeitlich bedingt war als ihre fundamentale Grundidee. Ob auch diese sozialistische Grundidee des Kampfes der unteren Volksschichten um andere Gestaltung der gesellschaftlichen und wirtschaftlichen Verhältnisse endgültig tot ist, oder ob sie in naher oder ferner Zukunft erneut aufleben und wirken wird, das weiß heute niemand.«

Als Willy Brandt im Oktober 1931 die SPD verläßt, tut er das in der Überzeugung, ebendiesen Kampf fortsetzen zu müssen. Es ist nicht auszuschließen, daß die Eindrücke seiner Skandinavien-Reise vom Sommer 1931 seinen Entschluß beeinflußt haben. Was er dort in Erfahrung bringt, spricht ihn jedenfalls an. Offensichtlich verfolgt die norwegische Sozialdemokratie jenen Kurs, den er bei der SPD vermißt; zumindest glaubt der mit einer gehörigen Portion Selbst- und Sendungsbewußtsein ausgestattete deutsche Jungsozialist, daß die Partei der norwegischen Genossen eher in seinem Sinne reformierbar sei als die erstarrte deutsche Sozialdemokratie. Da schwingt Anmaßung mit, und die wird ihn anfänglich auch auf seiner dritten Reise nach Skandinavien begleiten.

Was kostet die Welt? Vor der Lübecker Wohnung, etwa 1932

Daß der Parteiaustritt Konsequenzen haben wird, weiß Willy Brandt. So kostet ihn der Bruch mit der SPD ein Stipendium, das Leber ihm in Aussicht gestellt hat. Daß er aus der Redaktion des *Volksboten* austritt, ist selbstverständlich: Anfang Oktober 1931 erscheint dort sein letzter Artikel. Dieser Weg ist nicht ohne Risiko. Denn Brandt ist ehrgeizig, und er entdeckt damals, gefördert von seinem väterlichen Freund Leber, seine Talente. Zu denen gehört die freie Rede, übrigens »über fast jedes Thema«, wie er später einmal zutreffend feststellt; dazu zählt aber auch das Schreiben, und für den Lübecker Gymnasiasten ist der *Volksbote* ein nachgerade ideales berufliches Exerzierfeld. Kein Wunder, daß sich seine Umgebung über seine politische Entscheidung mit ihren sehr praktischen Konsequenzen überrascht zeigt. Nicht wenige aber beeindruckt schon damals jene »Zivilcourage und absolute Aufrichtigkeit«, von denen ein ehemaliger Kollege in der Redaktion des *Volksboten* später gesprochen hat und die schon den jungen Sozialisten auszeichnen.

Nach seinem Austritt aus der Redaktion des *Volksboten* ist Willy Brandt zwar als freier Mitarbeiter anderer Zeitungen tätig, leben kann er davon aber nicht: Im Verlauf des Jahres 1932 erscheinen gerade einmal zwei Artikel aus seiner Feder, und zwar in der *Sozialistischen Arbeiter-Zeitung*. Um sich über Wasser zu halten, tritt er als Volontär in die Lübecker Schiffsmaklerfirma S. H. Bertling ein. Die Arbeit füllt ihn nicht aus; immerhin kann er seine Fremdsprachenkenntnisse erweitern. Das wird ihm in den kommenden Jahren von Nutzen sein. Außerdem ist er jetzt im »Zentralverband der Angestellten« gewerkschaftlich organisiert – für einen Angehörigen der Arbeiterbewegung eine Selbstverständlichkeit. Willy Brandt ist fast sein ganzes Leben lang Mitglied einer Gewerkschaft. Später in Stockholm ist er Mitglied der einzigen freien, wegen der deutschen Besatzung zwangsläufig außerhalb des Landes tätigen Gewerkschaft Norwegens, des »Norwegischen Seemannsverbandes«. Ob er sich schon in Oslo dieser Organisation angeschlossen hat, ist nicht mit letzter Sicherheit zu bestimmen. Nach dem Krieg gehört er der »Industriegewerkschaft Medien, Druck und Papier, Publizistik und Kunst«, der späteren »Druck und Papier« an. Aktiv ist Brandt hier allerdings nie gewesen. Das ist nicht seine Sache; er ist Politiker, nicht Gewerkschaftler.

Nachdem er sich in der linkssozialistischen Szene in Deutschland umgeschaut hat, tritt Willy Brandt Ende 1931 der »Sozialistischen Arbeiterpartei Deutschlands« (SAP) bei. Sie ist Anfang Oktober des Jahres in Berlin gegründet worden und hat dabei jenen Namen angenommen, unter dem sich 1875 in Gotha »Eisenacher« und »Lassalleaner« vereinigt hatten. Anlaß für die Parteigründung ist der Ausschluß zweier Reichstagsabgeordneter aus der SPD gewesen: Max Seydewitz und Kurt Rosenfeld, die sich gegen die Tolerierungspolitik der Partei gegenüber der Reichsregierung ausgesprochen und im Reichstag abweichende Voten abgegeben haben.

Willy Brandt betrachtet seine Arbeit in der SAP als Herausforderung, »gegen den Strom schwimmen zu müssen«. So hat er später seinen Entschluß zum Übertritt erklärt und damit zweifellos eine weitere, für sein gesamtes Leben gültige Maxime formuliert. Die neue Partei zieht sowohl Linkssozialisten, nicht zuletzt aus den Reihen der Sozialdemokratie, als auch ehemalige Mitglieder der »Kommunistischen Partei Deutschlands« an, die sich in der KPD-Opposition zusammengeschlossen haben. Für den jungen Willy Brandt sind die deutschen Kommunisten keine Alternative, da ihr Vorsitzender Ernst Thälmann – »ein vermutlich überforderter, standfester Arbeiter, der sich auch durch vieljährigen Kerker nicht brechen ließ«, so Brandt rückblickend – einen Kurs steuert, der die KPD strikt im Fahrwasser der in Moskau residierenden »Kommunistischen Internationale« hält.

Mit dem Austritt aus der SPD, der Abgrenzung von der KPD und dem Eintritt in die SAP bezieht der Jungsozialist zugleich Position in einem Prozeß, der 1917 begonnen hat und, allen Bemühungen zum Trotz, nie mehr rückgängig gemacht werden kann, selbst nicht in der Zeit der Verfolgung und des Widerstands gegen das Nazi-Regime und schon gar nicht in der Epoche nach der SED-Zwangsvereinigung: Die Spaltung der politischen Linken in Deutschland ist nicht mehr aufzuhalten, seit sich im April 1917 die »Unabhängige

Sozialdemokratische Partei Deutschlands« (USPD) als eigenständige politische Kraft etabliert hat. Als sich die »Unabhängigen« Mitte Oktober 1920 spalten und sich ihr rechter Flügel wieder auf die SPD zubewegt, nachdem sich ihr linker Flügel der KPD angeschlossen hat, scheinen die Fronten klar. Kann es zwischen ihnen eine dritte Kraft geben?

Die Erfolge der SAP sind jedenfalls ernüchternd; bei den Reichstagswahlen vom 31. Juli 1932 entfallen ganze 0,2 Prozent der Stimmen auf die neue Linkspartei. Dieses Ergebnis ist auch deshalb niederschmetternd, weil der eigentliche Gegner spektakulär abschneidet: Hitlers »Nationalsozialistische Deutsche Arbeiterpartei« kann ihren Stimmenanteil auf gut 37 Prozent verdoppeln und nimmt seither 230 Sitze im Reichstag ein. Bei den Novemberwahlen desselben Jahres verliert die SAP dann noch etwa die Hälfte ihrer ohnehin wenigen Wählerstimmen, und man darf bezweifeln, daß dieser Trend noch einmal umkehrbar gewesen wäre. Indessen kommt die politische Entwicklung in Deutschland dem Offenbarungseid der Partei zuvor.

Am 30. Januar 1933 wird Adolf Hitler durch den Reichspräsidenten Paul von Hindenburg zum Reichskanzler ernannt. Willy Brandt will es zeitlebens »nicht scheinen, als sei die Bedeutung dieses Vorgangs gleich erkannt worden«. Das ist vor allem auf die Linke gemünzt. Vier Wochen später ist man dort klüger: Am 27. Februar brennt der Reichstag; noch in der Nacht schlagen die neuen Machthaber zu. Die Maßnahmen treffen auch die SAP. Ihre Presse wird verboten, Funktionäre werden verhaftet. In dieser Situation erklären Seydewitz und Rosenfeld die Partei für aufgelöst und empfehlen den noch gut fünfzehntausend Mitgliedern den Eintritt in die SPD beziehungsweise in die KPD.

Ein Teil des Vorstands und der Mitglieder will hingegen nicht kapitulieren: Am 11. und 12. März 1933 treffen sich sechzig Delegierte illegal in einer Gaststätte in einem Vorort von Dresden und beschließen, die SAP weiterzuführen. Unter ihnen ist Willy Brandt, der sich mit der Mütze eines Oberprimaners vom Johanneum auf die gefährliche Reise macht. Bei dieser Gelegenheit führt er zur Tarnung erstmals seinen neuen »Allerweltsnamen«. In Dresden wird die Einrichtung eines Büros der SAP in Oslo beschlossen, das von dem Publizisten und Rosa-Luxemburg-Biographen Paul Frölich geleitet werden soll. Nach dessen Verhaftung bestimmt die geheime Parteizentrale in Berlin Willy Brandt für die Osloer Aufgabe.

An der Spitze der SAP steht jetzt Jacob Walcher, »einer der kernigsten Repräsentanten der alten deutschen Arbeiterbewegung«, so Willy Brandt 1982, »selbstsicher und kulturbewußt, kein blutleerer Intellektueller, sondern ein intelligenter und vitaler Facharbeiter«. Walcher, Jahrgang 1887 und seit 1906 Mitglied der SPD, ist im Januar 1919 gemeinsam mit Wilhelm Pieck Vorsitzender des Gründungsparteitags der deutschen Kommunisten gewesen. Seit 1928 zählt er zur innerparteilichen Opposition, 1932 tritt er der SAP bei, 1933 übernimmt er deren Pariser Büro. 1946 kehrt er aus den USA, wohin ihn 1940 die Flucht vor den Nazis geführt hat, nach Deutschland zurück. Hier bekleidet er verschiedene Funktionen in der »Sozialistischen Einheitspartei Deutschlands« (SED), aus der er Anfang der fünfziger Jahre ausgeschlossen wird. 1956 rehabilitiert, stirbt er im März 1970. Willy Brandt sieht den Weggefährten aus der Emigrationszeit nach dessen Rückkehr aus USA gelegentlich in Berlin, bis die Verbindung nach einem Besuch Anfang 1948 abreißt. Diese Kontakte werden ihm von einigen Gegnern aus den eigenen Reihen angelastet, als er sich 1947/48 daranmacht, in der Führung der Berliner SPD Fuß zu fassen. In der Zeit des Exils, die für Willy Brandt Anfang April 1933 anbricht, ist Jacob Walcher sein väterlicher Mentor und übernimmt damit die Rolle Julius Lebers.

Hinweise auf einen bevorstehenden Zugriff der Behörden beschleunigen die Vorbereitungen der Abreise Willy Brandts nach Norwegen. In der Nacht vom 1. auf den 2. April 1933 verläßt er von Travemünde aus Deutschland und nimmt Kurs auf die dänische Insel Lolland. Die Reise wäre beinahe noch vereitelt worden, weil er mit dem Fischer Paul Stooß, der ihn mit seinem Boot »TRA 10« übersetzt, auf ein Bier in die Kneipe geht und dort von einem ehemaligen Mitglied der sozialistischen Jugend erkannt wird, das inzwischen zur Hitler-Jugend gewechselt ist. Die Begegnung bleibt zum Glück ohne Folgen; Willy Brandt kann an Bord gehen.

Bei sich hat er eine Aktentasche mit einigen Hemden und dem ersten Band des *Kapital* von Karl Marx; außerdem hundert Mark, mit denen ihn Ludwig Frahm ausgestattet hat. Zurück bleiben die besorgte Mutter, sein vermeintlicher Großvater, der Stiefvater sowie ein »gescheites und energisches Mädchen« namens Gertrud Meyer, das ihn in seinem Vorhaben ermutigt. Ludwig Frahm, der ihn an Vaters Statt großgezogen hat, wird Willy Brandt nicht wiedersehen; er erschießt sich im Juni 1935 krank und verzweifelt in seiner Badewanne. Die Mutter trifft er bis zu seiner Rückkehr nach Deutschland nur noch einmal, 1935 in Kopenhagen, den Stiefvater zwei Jahre darauf in Oslo; Gertrud Meyer folgt ihm im Sommer 1933 nach Skandinavien.

Als Willy Brandt in Travemünde an Bord des Kutters geht, weiß er, was er tut. Der Weg ins Exil ist eine politische Entscheidung, die Konsequenz aus seiner Überzeugung. Das betont er zeitlebens, und es gibt keinen Grund, daran zu zweifeln. Daß er sich damit zugleich einer drohenden Verhaftung entzieht, steht außer Frage. Diese Erfahrung müssen einige seiner politischen Freunde in Lübeck machen, die allerdings glimpflich davonkommen, weil sie fast alles auf den Flüchtigen abschieben können. Mithin hat Brandt, als er Deutschland den Rücken kehrt, kaum eine Alternative. Sich der Konfrontation mit den Machthabern zu stellen wäre ein gefährliches Unterfangen gewesen. Er könne nicht erkennen, sagt er noch 1988, »daß es eine nationale Pflicht gegeben hätte, sich einsperren oder totschlagen zu lassen«. So geht er dem Konflikt aus dem Weg, nicht zum ersten Mal in seinem Leben, und schon gar nicht zum letzten Mal, nie mehr aber aus einem derart zwingenden Grund wie in diesen Apriltagen des Jahres 1933.

Andererseits ist Willy Brandt ein ambitionierter Mann. Für einen Aufsteiger, der bei seiner politischen Überzeugung bleibt, muß die Nazi-Herrschaft auf nicht absehbare Zeit das Ende aller beruflichen Pläne in Deutschland bedeuten. Er habe, schreibt er im Mai 1949 in seinem Antrag auf Namensänderung, Deutschland nicht zuletzt deshalb verlassen, um seinen »Studienplänen nachgehen zu können«. Brandt hat also, als er ins Exil geht, Perspektiven – berufliche und politische. Das erleichtert die Entscheidung, zumal er gerade einmal neunzehn ist, also noch nicht im Zenit des Lebens steht, in dem ein solcher Schritt mit großen Verlusten verbunden sein kann. Vor allem muß er keine Bindungen kappen und keine Freundschaften aufgeben. Er kennt weder das eine noch das andere. Einsamkeit und Entfremdung sind ihm vertraut; Außenseiter ist er seit Kindesbeinen – in der Familie, auf der Schule, in der Politik. Willy Brandt, sagt der Historiker Arnulf Baring, »war schon im Exil, als er Lübeck verließ«.

Und noch in einer weiteren Hinsicht weist die Flucht aus Deutschland die Merkmale eines Verhaltensmusters auf, das für Brandts Leben insgesamt charakteristisch ist. Sie ist auch eine Niederlage, die erste große in seinem Leben. Später hat er einmal gesagt, daß er als Angehöriger einer Bewegung ins Exil gegangen sei, die »versagt« habe, weil sie »nicht einmal imstande« gewesen sei, »das Ausmaß des moralisch Ungeheuerlichen deutlich zu machen«. Daß er diese Auffassung auch noch nach einem halben Jahrhundert vertritt, zeigt, wie sehr ihn dieses frühe Scheitern zeitlebens beschäftigt hat. Aber Willy Brandt gibt nicht auf, 1933 nicht und in späteren Lebenslagen auch nicht; und so wird schon in der frühen Kontur dieser Biographie eine ihrer wichtigsten Eigenschaften erkennbar: die Selbstachtung, ohne die es nicht geht, wenn man gegen den Strom schwimmt.

Die Reise

Als Verfolgter draußen
1933–1948

Das Wetter ist schlecht. Sturmböen, Regen und Kälte sind dafür verantwortlich, daß der Fischer Paul Stooß nach fünfstündiger Überfahrt einen bleichen und seekranken Willy Brandt im dänischen Rödbyhavn absetzt. Es gibt dort keine Paßkontrolle; das macht den Grenzübertritt einfacher. Allerdings ist Brandt nicht ohne Papiere unterwegs. Bei sich hat er einen am 2. Juli 1931 ausgestellten Reisepaß, der seinen Inhaber so beschreibt: »Gestalt gross, Gesicht oval, Farbe der Augen graubraun, Farbe des Haares dunkelbraun, besondere Kennzeichen keine.« Diese Angaben sind uns durch einen Bericht der deutschen Botschaft in Paris vom 27. Mai 1937 über »Umtriebe deutscher Emigranten« überliefert, in dem unter anderem »ein gewisser Herbert Frahm« eine Rolle spielt. Diesen Namen benutzt er freilich seit seiner Landung in Dänemark nur noch in einigen Briefen an Jacob Walcher sowie gegenüber den Behörden. Im übrigen führt Willy Brandt zumeist seinen neuen Namen, allerdings nicht durchgängig. So zeichnet er zum Beispiel Mitteilungen an einige Vertraute mit »Karl«; und für die frühen Veröffentlichungen muß er Pseudonyme benutzen.

Noch am Tag seiner Ankunft auf der Insel Lolland reist er in die dänische Hauptstadt Kopenhagen und, nach einigen Tagen Aufenthalt bei dem sozialistischen Arbeiterdichter Oscar Hansen, von dort weiter nach Oslo. Hier wird er, von zahlreichen Reisen unterbrochen, bleiben, bis ihn der deutsche Überfall auf Norwegen im April 1940 zwingt, nach Schweden auszuweichen.

Allerdings denkt Willy Brandt, als er in der norwegischen Hauptstadt eintrifft, nicht in solchen zeitlichen Dimensionen. Anders als die meisten Flüchtlinge dieser frühen Zeit glaubt er zwar nicht, daß die Nazi-Herrschaft binnen kurzem der Vergangenheit angehören werde, sondern traut ihr drei bis vier Jahre zu; daß eine mehr als zehnjährige Exilzeit vor ihm liegt, kommt ihm jedoch nicht in den Sinn. Später hat er dem englischen Journalisten Terence Prittie erzählt, daß er damals an einem norwegischen Fjord entlang gewandert sei und dabei »die Rede memoriert« habe, die er anläßlich seiner Rückkehr nach Lübeck habe halten wollen. Lediglich einmal, im Sommer 1940, nach der Niederwerfung Frankreichs, habe er an der Niederlage Hitler-Deutschlands gezweifelt.

Wir wissen nicht, wie es Willy Brandt ergangen wäre, hätte er die Dauer des Exils vorausgesehen; wir wissen aber, daß er gute Voraussetzungen fürs Überleben mitbringt. Das unterscheidet ihn von vielen, die im Exil zerbrechen. Brandt ist jung, er hat in seinem kurzen Leben lernen müssen, »gegen den Strom« zu schwimmen, und er ist sprachbegabt. Das erleichtert ein Leben im neuen Umfeld. Englisch, Französisch und Spanisch hat er auf der Schule gelernt, das Schwedische hat er sich »nebenbei« angeeignet, und die Lektüre holländischer, dänischer und norwegischer Zeitungen bereitet ihm kaum Schwierigkeiten. Bald spricht und schreibt er Norwegisch perfekt.

Schließlich hat er Perspektiven: politische – die Fortsetzung der SAP-Arbeit in Oslo – und persönliche. Im Sommer 1933 folgt ihm, wie vereinbart, seine neunzehnjährige Freundin Gertrud Meyer, genannt »Trudel«, nach Oslo, nachdem sie in Lübeck vorübergehend in Haft gewesen ist. Die beiden ziehen zusammen, wohnen zunächst möbliert, können sich aber bald eine eigene Unterkunft leisten. Es ist die erste eigene Wohnung des inzwischen einundzwanzigjährigen Willy Brandt, und Gertrud Meyer ist die erste von vier Frauen, mit denen er zusammenleben wird. Verheiratet sind die beiden nicht; allerdings gelten sie in Oslo als Ehepaar. Tatsächlich geht Gertrud im Februar 1936 eine Scheinehe mit dem norwegischen Studenten Gunnar Gaas-

Gefährtin früher Jahre: Mit Gertrud Meyer in Paris, 1937

land ein, um in den Besitz der norwegischen Staatsbürgerschaft zu kommen und so vergleichsweise unbehelligt Kurierdienste nach Deutschland durchführen zu können.

Willy Brandt und Gertrud Meyer-Gaasland leben bis ins Frühjahr 1939 zusammen. Dann geht Gertrud nach New York. Nach eigenem Bekunden tut sie diesen Schritt, um den Psychoanalytiker Wilhelm Reich zu begleiten, dessen Sekretärin und Mitarbeiterin sie in Oslo ist. Vermutlich ist sie durch die Erkenntnis, Brandt nicht dauerhaft an sich binden zu können, in ihrem Entschluß bestärkt worden. Zum ersten Mal im Leben des Willy Brandt geht damit die langjährige Beziehung zu einer Frau in die Brüche.

Wilhelm Reich – »rötliches Gesicht, graue Haare, stechender Blick, bezwingende Sprache«, so Brandt später – ist 1934 über Dänemark nach Norwegen gekommen. Gertruds Arbeit bringt es mit sich, daß Reich und Brandt zeitweilig einen recht intensiven Umgang pflegen. Reich hat 1933 das unter Insidern vielbeachtete Buch *Die Massenpsychologie des Faschismus* vorgelegt. Im Zentrum seiner wissenschaftlichen Arbeit, in gewisser Weise auch im Mittelpunkt dieses Buches steht die Rolle der Sexualität im gesellschaftlichen Leben. In der Theorie hat sich Willy Brandt bislang allenfalls am Rande mit diesem Thema beschäftigt: Neben August Bebels *Die Frau und der Sozialismus* hat das Erfolgsbuch des Schweizer Arztes Auguste Forel über *Die sexuelle Frage* zur bescheidenen Lübecker Bibliothek der Frahms gehört. Die Gespräche mit Reich eröffnen dem jungen Sozialisten »einen gewissen Zugang« zur »Seelenforschung«, und Brandt beginnt zu begreifen, daß Freud und seine Schüler »Türen zu Bereichen« aufstoßen, die »man früher als Dunkelkammer der Seele« gefürchtet habe.

Überhaupt ist das skandinavische Klima für die offene Behandlung solcher Themen günstiger als das deutsche. So gibt eine Gruppe Mediziner aus der Organisation »Mot Dag« (»Dem Tag entgegen«) eine Zeitschrift für sexuelle Aufklärung heraus. In den Diskussionen dieser Gruppe, aber auch in den Gesprächen mit Reich, stellt Willy Brandt erstmals fest, »wie in einer politischen Gemeinschaft sadistische Neigungen sublimiert ausgelebt und masochistische Bedürfnisse anderer befriedigt werden können. Diese psychischen Mechanismen verdienten, offener dargelegt zu werden. Sexuelle Verklemmtheit scheint für begabte Hasser und Intriganten zu sorgen: Politik als Ersatzliebe tarnt sich nicht selten als selbstlose Unbedingtheit.« Und Brandt lernt damals verstehen, wie er sich 1982 erinnert, »daß der Nazismus und verwandte Herrschaftsformen in der Tat auch von sexuellen Repressionen bestimmt« sind.

Die Verbindung zu »Mot Dag« ist durch Jacob Walcher hergestellt worden. Der hat im Sommer 1933 in Oslo Station gemacht, um für den Plan einer neuen Internationale zu werben. Daß sich Willy Brandt der »elitebewußten und ordensähnlichen« Gruppe, einem Kreis sozialistischer Intellektueller, anschließt, macht ihm nicht nur Freunde. Die norwegische Arbeiterpartei und ihr Jugendverband, in den Brandt 1933 aufgenommen wird, betrachten »Mot Dag« mit Skepsis. Brandt meint »damals gewiß, Marxist zu sein«, und beteiligt sich auch gelegentlich an der Übersetzung von Karl Marxens *Das Kapital* ins Norwegische. Mitglied von »Mot Dag« ist im übrigen auch Gertruds Scheinehemann Gunnar Gaasland, der Willy Brandt später wiederholt solidarisch unterstützt; so stellt er ihm für den gefährlichen Berlin-Aufenthalt im Jahr 1936 seinen Namen für einen gefälschten Reisepaß zur Verfügung. Aber »Mot Dag« bietet dem jungen Immigranten nicht nur eine politische, sondern auch eine soziale Heimat. »Geselligkeit«, schreibt er später, ist nicht minder wichtig als die »große« Politik, und so gehören Wanderungen und Fahrten ebenso zu den Aktivitäten wie das »gemütliche Beisammensein« oder der Sport.

Aus den Reihen der Gruppe erhält Brandt den Rat, sich an der Osloer Universität einzuschreiben, um unangenehmen Fragen der Fremdenpolizei zu entgehen. Daß damit auch der Entschluß verbunden gewesen ist, die »geistige Ausbildung intensiver und systematischer zu betreiben« und sich für die »politische Tätigkeit ein möglichst solides Wissen anzueignen«, ist plausibel, wenn dieses Motiv auch in der Rückschau des Jahres 1960 eine größere Rolle gespielt haben mag als im Alltag des Exils. Jedenfalls immatrikuliert sich Brandt an der Osloer Universität, hört Vorlesungen in Geschichte und Philosophie, und nach einem Semester wird ihm am 1. September 1934 mit Urkunde und beeindruckendem Wachssiegel attestiert, daß er die obligatorische vorbereitende Prüfung der Königlichen Friedrichs-Universität zu Oslo erfolgreich abgelegt hat. Damit ist er zum Studium zugelassen; im eigentlichen Sinne aufgenommen oder gar abgeschlossen hat er es nicht. Immerhin ist so aus einem »Flüchtling ... ein ›akademischer Bürger‹ geworden«.

Akademischer Bürger? Willy Brandt hat Gründe, dieses Kapitel seiner Biographie 1960 in einem solchen Licht erscheinen zu lassen: Seit einigen Jahren sieht sich der Regierende Bürgermeister von Berlin Fragen nach seiner politischen Vergangenheit ausgesetzt. Er weiß, welche Konsequenzen die in diesem Zusammenhang erhobenen Vorwürfe einer kommunistischen Vergangenheit im politischen Klima der ausgehenden fünfziger Jahre haben können. Ein bildungsbürgerlicher Hintergrund kann da nicht schaden. Bürger sind keine Kommunisten. Und ohnehin ist das bürgerliche Dasein für einen Aufsteiger wie Willy Brandt ein erstrebenswertes Ziel.

Bei seiner Ankunft in Skandinavien hat der Jungsozialist von Anfang an eine klar definierte Aufgabe; das unterscheidet seine Situation von derjenigen vieler Flüchtlinge. Er soll das norwegische Auslandsbüro der SAP einrichten und zugleich die Arbeit des Jugendverbandes der Partei im Ausland koordinieren. Seine Kontaktadresse ist die Norwegische Arbeiterpartei, die damals noch, ähnlich wie die SAP, einen linkssozialistischen, aber seit 1923 von Moskau unabhängigen Kurs steuert. Ohne deren solidarische Hilfe hätte Willy Brandt wohl kaum in Norwegen überleben können. Die Arbeiterpartei unterstützt den jungen deutschen Genossen nämlich zunächst auch finanziell, so daß eine bescheidene Existenz in Oslo möglich ist. Bis er im Herbst 1933 auf eigenen Füßen stehen kann, zahlen ihm die norwegischen Genossen für die Betreuung von Flüchtlingen dreißig

Noch gehört der Sport dazu: Inmitten einer Fußballmannschaft in Norwegen, Sommer 1939

Kronen die Woche, außerdem fünfzig Kronen monatlich für die Miete.

Vor allem aber verhindert die Norwegische Arbeiterpartei, daß Brandt durch die Fremdenpolizei wieder abgeschoben wird. Das ist leichter gesagt als getan, denn das seit März 1933 in Norwegen amtierende liberale Kabinett arbeitet in der Emigrantenfrage mit den deutschen Behörden zusammen, und in einer Notiz der deutschen diplomatischen Vertretung vor Ort, an deren Spitze damals der Gesandte Ernst Freiherr von Weizsäcker steht, taucht am 9. August 1933 unter anderem ein kommunistischer »Agitator namens Frahn« (sic!) auf. Erst mit der Regierungsübernahme durch die Arbeiterpartei im März 1935 ist die Gefahr der Abschiebung endgültig vorüber.

Die befristete Aufenthaltsgenehmigung für Norwegen ist Willy Brandt nur unter der Bedingung erteilt worden, daß er sich politisch nicht betätigt. Das ist für den rastlosen und ambitionierten Jungimmigranten natürlich unvorstellbar. Also unterschreibt er das Papier, hält sich aber nicht an die Spielregeln. Vielmehr beginnt er, kaum in Oslo eingetroffen, Zeitungsartikel zu schreiben, selbstredend politischen Inhalts und vorerst unter verschiedenen Pseudonymen. Sein erster norwegischer Artikel erscheint am 11. April 1933 im Zentralorgan der Arbeiterpartei.

Finn Moe, der außenpolitische Redakteur des *Arbeiderbladet*, »ein glatzköpfiger, stark bebrillter, geheimrätlicher Mann von dreißig Jahren«, der sich in der Welt »auskennt«, hat Willy Brandt diese Tür geöffnet; und der nutzt seine Chance entschlossen. Gleichzeitig ist der Lübecker Jungsozialist für eine Reihe von Exilblättern tätig, so für die *Sozialistische Jugend*, die aus der *Jugend-Korrespondenz* hervorgegangen ist, oder für das Blatt *Kampfbereit*, das vor allem die Genossen in Deutschland mit Informationen versorgen soll. In diesen Jahren entwickelt er sich zu einem professionell arbeitenden Journalisten, und es gibt keinen zweiten deutschen Politiker des 20. Jahrhunderts, der zeitlebens so intensiv publiziert hat wie Willy Brandt.

Man muß seine handschriftliche Hinterlassenschaft gesehen haben, um diese immense Produktivität ermessen zu können. Immerhin schreibt er ja das meiste gleichsam nebenher, während eines ungewöhnlich ausgefüllten Lebens als Berufspolitiker. Anfang der dreißiger Jahre ändert sich seine Handschrift, vermutlich, als er in der Emigration von der deutschen zur lateinischen Schreibweise übergeht. Von nun an hat Willy Brandt eine symmetrische, bestimmt und ausgeglichen wirkende Handschrift. Er formuliert konzentriert, schnörkellos und durchweg druckreif; Korrekturen seiner von eigener Hand zu Papier gebrachten Gedanken sind selten. Man hat den Eindruck, die Texte, ganz gleich zu welchem Thema, flössen ihm aus der Feder beziehungsweise aus dem Filzstift, mit dem er seit den sechziger Jahren vornehmlich schreibt.

Natürlich ist vieles für den Augenblick geschrieben, und Willy Brandt hat, auf die skandinavischen Jahre zurückblickend, sehr selbstkritisch über seine damalige Tätigkeit gesprochen: »Ich lebte recht und schlecht von freier Journalistik: Berichte aus und über Deutschland, bescheidene außenpolitische Kommentare, Beiträge für Gewerkschaftsblätter (auch solche in den Niederlanden und der Schweiz), nach einiger Zeit gelegentlich die eine oder andere Serie für die Provinzpresse. Ich schrieb viel. Weniger wäre mehr gewesen. Zeilenhonorare (oder ähnliches) erziehen nicht zur Qualität.«

Unter den Veröffentlichungen der Exilzeit befindet sich auch eine ganze Reihe von Büchern und Broschüren. Einige hat Brandt 1966 unter dem Titel *Draußen* auszugsweise in deutscher Sprache veröffentlicht; andere sind, durch den Historiker Einhart Lorenz bearbeitet, erstmals im Rahmen der »Berliner Ausgabe« auf deutsch verfügbar, die seit dem Jahr 2000 erscheint. Das Spektrum der Themen zeigt, wie breitgefächert die politischen Interessen Brandts sind. Monographien über *Die Kriegsziele der Großmächte und das neue Europa* (1940) oder über den *Guerillakrieg* (1942) gehören ebenso dazu wie die Bücher *Nach dem Sieg. Die Diskussion über die Kriegs- und Friedensziele* (1944) oder *Verbrecher und andere Deutsche*, das nach Ende des Zweiten

Weltkriegs in Oslo erscheint. Wichtigstes Anliegen der frühen publizistischen Tätigkeit Willy Brandts ist, soweit sie sich auf Deutschland bezieht, die Aufklärung über das wahre Gesicht des Nazi-Regimes. Gegen Ende des Krieges geht es ihm – wie manch anderem Emigranten, etwa Thomas Mann – immer stärker auch darum, der Weltöffentlichkeit deutlich zu machen, daß nicht alle Deutsche »Verbrecher« gewesen sind.

Die engagierte publizistische Tätigkeit wird von zahlreichen politischen Aktivitäten flankiert. Abgesehen von der organisatorischen Arbeit für die SAP steht hier die Unterstützung von Flüchtlingen im Vordergrund. Von Anfang an beteiligt sich Willy Brandt an der Kampagne für einen von den Nazis halb totgeprügelten Pazifisten: Carl von Ossietzky, Herausgeber der *Weltbühne*, sitzt seit dem Reichstagsbrand im Konzentrationslager und wird dort schwer mißhandelt. Brandt ist maßgeblich daran beteiligt, daß eine zunächst aussichtslos erscheinende Initiative, Ossietzky den Friedensnobelpreis zuzusprechen, am 23. November 1936 erfolgreich ist. In der entscheidenden Phase wird der Antrag von einer beträchtlichen Zahl renommierter Persönlichkeiten unterstützt, unter ihnen Albert Einstein, Thomas Mann, Bertrand Russell und Virginia Woolf. Ossietzky kann die Auszeichnung zwar nicht persönlich entgegennehmen; immerhin führt die Verleihung dazu, daß er in ein Krankenhaus verlegt wird, wo er dann allerdings im Mai 1938 an den Folgen der erlittenen Torturen stirbt.

Die zahlreichen, zunehmend ausgesprochen gefährlichen Aktivitäten Willy Brandts sagen indessen wenig über seinen Lebensstil aus. Er schläft damals gerne bis in den späten Vormittag hinein. Mit der Arbeit, meint er später bezogen auf diese Phase seines Lebens, solle man es nicht übertreiben, und namentlich Menschen, von denen man »Schöpferisches« erwarte, »sollten die Möglichkeit haben, ihren Arbeitstag flexibel zu halten«. Manchmal, schreibt er Anfang der achtziger Jahre, »sind zwei Stunden am Schreibtisch genug, wenn man gut vorbereitet und zügig arbeitet«. Allerdings sollte man daraus keine Rückschlüsse auf sein weiteres Leben ziehen. Wenn es sein muß, wie während der Berliner Zeit, kann er hart und ausdauernd arbeiten. Das gehört zu den auffälligen Ambivalenzen seines Charakters.

Im übrigen ist Willy Brandt kein Kostverächter; eine Veranlagung zum Asketen hat er nie erkennen lassen. Er schätzt gutes Essen, wenn er auch keine Neigung zum Gourmet entwickelt. Seit dem siebzehnten Lebensjahr raucht er, zunächst vor allem Pfeife; der Alkoholkonsum ist ihm inzwischen nicht mehr fremd, hält sich aber in Grenzen; und die Frauen sind schon ins Blickfeld des Oberstufenschülers gerückt. Vorerst allerdings kann er auf die diversen Annehmlichkeiten, wenn nötig, auch verzichten. Einmal ist das Suchtverhalten in dieser Lebensphase noch nicht so ausgeprägt wie in späteren Jahren; und dann läßt das Leben als Emigrant und Flüchtling häufig keine andere Wahl als den Verzicht. Insgesamt, bilanziert Willy Brandt an seinem Lebensabend vor laufender Kamera, habe er zwar damals »bescheiden« gelebt, dabei aber »ganz überwiegend« eine »normale, eine bürgerliche Existenz« geführt.

Seit Anfang 1934 ist der Emigrant fast pausenlos auf Reisen. Einer seiner Biographen, der Journalist Peter Koch, hat von einem regelrechten »Revolutionstourismus« gesprochen. Gewiß, formal handelt es sich ausnahmslos um Reisen im Auftrag der Partei; einmal ist der Jungsozialist auch als Dolmetscher für eine norwegische Gewerkschaft unterwegs. Gleichwohl sind Willy Brandts Reisen während des kommenden Jahrzehnts auch Ausdruck altersbedingter Neugierde und Abenteuerlust und wohl auch Merkmal einer für Brandt zeitlebens charakteristischen Weltoffenheit. Immer sind sie aber auch Versuche, den Unbilden einer schwierigen Zeit zu entgehen: Wer reist, schaut nach vorn.

Vor allem aber sind die Reisen in dieser Lebensphase Teil der umfassenden konspirativen Tätigkeit, der Willy Brandt damals nachgeht und über die er mehr als zwei Jahrzehnte später berichtet hat: »... wir bedienten uns auch der ›illegalen‹ Korrespondenz – mit Deckadressen, unsichtbaren Tinten, mehr oder weniger geschickten Verabredungen, durch die der eigentliche

Sinn eines Briefes dem Zensor verborgen blieb. Auf Bibelpapier wurden ›illegale‹ Zeitungen und Informationsbriefe gedruckt oder vervielfältigt, und auf den verschiedensten Wegen wurden sie – wenn auch meist nur in geringer Zahl – nach Deutschland eingeschmuggelt. Da gab es die alten Methoden mit dem doppelten Boden im Reisekoffer oder mit dem ›gefüllten‹ Bucheinband.«

Im Februar 1934 ist Willy Brandt erstmals während der Emigration international unterwegs. Ziel ist ein konspiratives Treffen linkssozialistischer Jugendverbände im holländischen Laaren. Der Weg führt den Zwanzigjährigen auch nach Paris, wo er sich bis Kriegsausbruch noch weitere sechs Mal aufhalten wird. Er reist mit seinem noch gültigen deutschen Paß sowie seiner norwegischen Aufenthaltserlaubnis, die ihn vor der Abschiebung nach Deutschland rettet. Als nämlich die Versammlung von der Polizei gesprengt wird, hält Brandt den Beamten das norwegische Papier unter die Nase. So wird er jener Gruppe zugeteilt, die nicht nach Deutschland ausgeliefert, sondern nach Amsterdam gebracht und von dort über die Grenze nach Belgien abgeschoben wird, wo dann schließlich die Konferenz stattfindet. Es werden nicht die letzten Erfahrungen dieser Art im Leben des Willy Brandt sein, im Gegenteil: Die zweite Jahreshälfte 1936 konfrontiert den jungen Sozialisten mit einer extremen Erfahrung.

Im Frühjahr 1936 hält sich Brandt zunächst wieder in Paris auf, um mit Jacob Walcher und der Auslandsleitung der SAP die weiteren Schritte zu beraten. Er genießt die Stadt und ihre Umgebung, wohnt in einem kleinen Hotel in der Rue Monsieur Le Prince im Quartier Latin und findet rasch heraus, wo man mit wenig Geld gut und billig essen kann. Noch ist er eben, wie er ein halbes Jahrhundert später feststellt, »nicht verwöhnt«. Paris ist damals eines der Zentren der deutschen Emigration, und die wiederum zeichnet sich durch ihre Zerstrittenheit aus. Noch seine 1989 erschienenen *Erinnerungen* lassen erahnen, wie quälend und deprimierend das gewesen sein muß.

Immerhin ist im Februar 1936 ein »Ausschuß zur Vorbereitung der deutschen Volksfront« ins Leben gerufen worden. Zu den hundertachtzehn Unterzeichnern gehören Sozialdemokraten, Kommunisten, Mitglieder der SAP, unter ihnen Willy Brandt, und zahlreiche unabhängige Persönlichkeiten, darunter die Schriftsteller Lion Feuchtwanger, Ernst Toller, Arnold Zweig und Heinrich Mann. Der rührige Bruder des ebenfalls im Exil lebenden Thomas Mann ist entscheidend am Zustandekommen des Gründungsmanifests beteiligt. Im Laufe des Jahres 1936 erscheinen weitere Aufrufe, so auch kurz vor Weihnachten, auf denen sich Brandts Name findet. Auch dieser Umstand hat ihm nach dem Krieg manchen Ärger eingetragen, weil zu den Unterzeichnern eben auch Kommunisten zählen, so Herbert Wehner, der mit seinem Parteinamen Kurt Funk unterzeichnet, Brandt allerdings erst 1946 begegnet, oder Walter Ulbricht. Tatsächlich ist Brandt mit diesem späteren politischen Gegenspieler niemals zusammengetroffen, aber was zählt das schon im aufgeheizten Klima der Hochphase des Kalten Krieges?

Im übrigen hält sich Brandt, als der Aufruf erscheint, gar nicht in der französischen Hauptstadt auf, sondern in Berlin. Doch hat er, als er zuletzt in Paris gewesen ist, seinen Freunden gestattet, über seinen Namen zu verfügen. Damals, im September 1936, wird er in Paris von der Führung der SAP auf seinen Aufenthalt in »Metro« vorbereitet. Das ist der Codename für Berlin. Brandt erhält den Auftrag, dort die Reste der zersprengten SAP über die Politik und die Pläne der Auslandsleitung zu informieren. Schon auf dem Weg nach Paris hat er, über Warnemünde einreisend, kurz in Berlin Station gemacht. Von Ende September bis Weihnachten 1936 lebt er dann in der deutschen Hauptstadt. Der Zweiundzwanzigjährige reist mit einem gefälschten Paß, der auf den Namen des Scheinehemanns seiner Lebensgefährtin, Gunnar Gaasland, ausgestellt ist, also mit der Identität eines norwegischen Studenten. In Berlin wohnt er zur Untermiete bei Frau Hamel, direkt neben dem Café Kranzler, Kurfürstendamm/Ecke Joachimstaler Straße.

In Oslo und Paris hat Willy Brandt die angenehmen Seiten des Lebens kennengelernt; damit ist es jetzt vorbei. Die Berliner

Monate sind eine Zeit strikter Abschottung und asketischer Zurückgezogenheit. Die Parole lautet: Nur nicht auffallen. Und das wiederum bedeutet »keinen gesellschaftlichen Umgang, keinen Flirt, keinen Alkohol, von einem Glas Bier zum Essen abgesehen«. Herbert Frahm, als den sein in Oslo zurückgebliebener deutscher Paß ihn ausweist, alias Willy Brandt, wie er sich seit 1933 nennt, alias Gunnar Gaasland, als der er sich in Berlin aufhält, spricht konsequent Deutsch mit norwegischem Akzent. Als Ausländer hat er sich bei der Polizei zu melden; um in der Preußischen Staatsbibliothek »Unter den Linden« arbeiten zu können, muß er um die entsprechende Erlaubnis nachsuchen, und in der Reichsbank holt er sich seinen monatlichen Wechsel aus Norwegen ab.

Entspannung findet Willy Brandt auf Wanderungen in der märkischen Umgebung Berlins und in der Musik. Hat er bis dahin Opern nur selten, Konzerte fast nie besucht, zählt die Berliner Philharmonie unter Wilhelm Furtwängler zu den Entdeckungen seiner Berliner Zeit. »Die Musik«, so schreibt er 1960, als er seinen Lebensweg nach Berlin Revue passieren läßt, »entrückte mich meinen Sorgen und Depressionen; das Gefühl der inneren Befreiung, des Losgelöstseins, das ich sonst nur auf Wanderungen in der Natur empfunden hatte, hier im Konzertsaal fand ich es wieder. Vor allem war es die klassische Musik, die mich in ihren Bann zwang. Zur modernen Musik habe ich mit wenigen Ausnahmen bis heute keine richtige Beziehung gefunden.«

Was seinen politischen Auftrag betrifft, sind die Erfolge bescheiden. Zwar kommt der Emissär der Parteizentrale zu einer insgesamt positiven Einschätzung der Überlebenschancen der Parteireste, doch wird er selbst in Berlin, wo es im Untergrund noch etwa dreihundert SAP-Mitglieder gibt, von den quälenden und zeitraubenden Diskussionen über die Taktik und Programmatik der Linken eingeholt. Befriedigender sind die Versuche, praktische Hilfe zu organisieren, etwa die Angehörigen Inhaftierter materiell zu unterstützen oder Häftlingen einen Rechtsbeistand zu verschaffen. Viele Jahrzehnte später hat Willy

Brandt in seinen Erinnerungen an diese Jahre, die unter dem bezeichnenden Titel *Links und frei* erscheinen, mit einer Mischung aus wehmütiger Reminiszenz und Verbitterung über die selbstzufriedene Lebenseinstellung bestallter Funktionäre von diesen Erfahrungen gesprochen. So viel »Zeit und Nervenkraft« es auch gelegentlich gekostet habe, sich um die alltäglichen Sorgen und Probleme gefährdeter und verfolgter Genossen zu kümmern, so wenig hat Brandt diese Erfahrung missen mögen: »Sie war der Vorteil, den die Tatsache bot, mit der kleinen Gruppe gegen den Strom schwimmen zu müssen (und Sozialismus nicht nur als ›dauernde Aufgabe‹, sondern auch ohne Tagegelder zu betreiben).« Noch ein halbes Jahrhundert später, bei seinem Rücktritt vom Amt des SPD-Vorsitzenden, kommt er auf diese Erfahrung zu sprechen.

Was Willy Brandt während seines illegalen Aufenthaltes in der Reichshauptstadt sieht und hört, ist nicht ermutigend. Immerhin weiß er jetzt, und zwar aus eigener Anschauung, was Nationalsozialismus ist. Der junge Widerstandskämpfer nutzt seine täglichen Besuche in der Staatsbibliothek, um sich mit den Gedanken der führenden Nazi-Ideologen wie Walter Darré oder Alfred Rosenberg vertraut zu machen. Erstmals nimmt er jetzt auch *Mein Kampf* zur Kenntnis. Vor allem aber erfährt er, was es heißt, im »Dritten Reich« zu leben. Als er Deutschland Anfang April 1933 den Rücken gekehrt hat, sind die neuen Machthaber noch weit von der Festigung ihrer Herrschaft entfernt gewesen.

Ganz anders stellt sich die Lage dreieinhalb Jahre später dar. Soeben sind die Elften Olympischen Spiele in Berlin zu Ende gegangen, und das Spektakel bestätigt auch dem, der es nicht wahrhaben will: Die Nationalsozialisten befinden sich auf Erfolgskurs. Flankiert von einer geschickt und wirkungsvoll eingesetzten Propaganda ist es ihnen innerhalb von nur drei Jahren gelungen, die Stellung Deutschlands in Europa und in der Welt deutlich aufzuwerten. Die Wiedereinführung der allgemeinen Wehrpflicht im März 1935 oder die Wiederbesetzung der entmilitarisierten Zonen des Rheinlandes durch deutsche Truppen ein Jahr darauf haben sowohl die Entschlossenheit der neuen deutschen Politik als auch die Schwäche der Herausgeforderten und Betroffenen deutlich werden lassen. In Verbindung mit dem selbstbewußten Auftreten der Nationalsozialisten, etwa beim Rückzug aus dem Völkerbund und von der Abrüstungskonferenz im Oktober 1933, kann die Außenpolitik des »Dritten Reiches« im Herbst 1936 eine Erfolgsbilanz vorweisen.

Das gilt, jedenfalls anfänglich und in einigen Bereichen, auch für die Wirtschaftspolitik. Wer weiß denn, daß die Nationalsozialisten bei der Arbeitsbeschaffung mitunter auf Methoden und Programme zurückgreifen, die bereits von voraufgegangenen Regierungen ins Auge gefaßt worden sind? Wen interessiert es schon, daß die Weltwirtschaft nach der großen Katastrophe zu Beginn der dreißiger Jahre ohnehin wieder Tritt zu fassen beginnt, als Hitler das Amt des Reichskanzlers übernimmt? Tatsache ist: Im Sommer 1936 sind die Arbeitslosen praktisch von der Straße. Das zählt, und entsprechend ist die Stimmung – »nicht überschwenglich, auch nicht betont regimefreundlich«, aber »erst recht nicht regimefeindlich«, wie Willy Brandt sich noch ein halbes Jahrhundert später erinnert.

Der SAP-Emissär muß lernen: Unter solchen Bedingungen ist an einen nennenswerten oder gar massenhaften Widerstand gegen das Regime nicht zu denken. Erfolge, wie sie die neuen Machthaber ohne jeden Zweifel vorweisen können, korrumpieren nun einmal, und im übrigen gibt es »sehr unterschiedliche Grenzen dessen ..., was Menschen unterschiedlicher Beschaffenheit ertragen«, wie Brandt Jahrzehnte später mit der Souveränität desjenigen feststellt, der aus eigenem Erleben weiß, wovon er spricht. Deshalb wendet er sich auch stets gegen einen zu großzügigen Umgang mit dem Widerstandsbegriff und ist zugleich dagegen gefeit gewesen, denen einen Vorwurf zu machen, die in jenen Jahren nicht »draußen« gewesen sind. Daß die Deutschen »für die illegale Arbeit ziemlich unbegabt« sind, kommt allerdings erschwerend hinzu.

Kurz vor Weihnachten 1936 verläßt Willy Brandt Berlin, das er für zehn Jahre nicht wiedersehen wird, und reist in die Tschechoslowakei. In Brünn begegnet er erstmals Bruno Kreisky.

Knapp drei Jahre älter als Brandt und wie dieser aus der sozialdemokratischen Schüler- und Jugendbewegung kommend, hat Kreisky während der Dollfuß-Diktatur einige Zeit im Gefängnis gesessen und 1936 in Wien vor Gericht gestanden. Aus dieser ersten Begegnung entwickelt sich für Brandt und Kreisky eine der wichtigsten politischen Freundschaften. Im schwedischen Exil begegnen sie sich wieder, und gewiß haben sie es als Höhepunkt ihrer ungewöhnlichen politischen Laufbahnen betrachtet, daß sie – der eine 1969, der andere 1970 – innerhalb eines halben Jahres als Bundeskanzler der Bundesrepublik Deutschland beziehungsweise der Republik Österreich die Regierungsverantwortung in jenen Ländern übernehmen können, deren Regime sie in der Zeit der Diktatur von »draußen« bekämpft haben.

Kaum ist Willy Brandt mit der Bahn über Prag durch Polen, dann mit dem Schiff bis Kopenhagen und erneut mit der Bahn nach Oslo zurückgekehrt, erhält er von der SAP-Führung den Auftrag, als Verbindungsmann des Jugendverbandes der Partei nach Barcelona zu gehen und zugleich die Genossen in Paris über die Lage im Spanischen Bürgerkrieg auf dem laufenden zu halten. Mitte Februar 1937 macht er sich über Paris auf den Weg, nicht nur als Beobachter der SAP, sondern offenbar auch als Korrespondent für mehrere norwegische Zeitungen. Ausgestattet ist er mit einem gefälschten Gaasland-Paß.

In Spanien ist die Hölle los, seit die Rechte das Ergebnis der Parlamentswahlen vom Februar 1936 und die Machtübernahme durch die Volksfront auf ihre Weise zu revidieren sucht. Ausgehend von einem Putsch in Spanisch-Marokko überziehen die Militärs seit Mitte Juli Spanien mit Krieg, seit Anfang Oktober angeführt vom General Francisco Franco. Unterstützung finden die Putschisten bei Mussolini und Hitler, während sich Stalin, vor allem propagandistisch, auf die Seite der Republik schlägt. Dort kämpfen auch zahlreiche Vertreter der europäischen Linken – Schriftsteller, Künstler, Journalisten; dort ist auch der Platz des Linkssozialisten Willy Brandt.

In dessen Biographie hinterläßt der Spanische Bürgerkrieg

Spuren, die noch Jahrzehnte später erkennbar sind, auch dort, wo er sie nicht wünschen kann: Als Willy Brandt für die Ämter des Regierenden Bürgermeisters von Berlin und des Bundeskanzlers kandidiert, unterstellt man ihm, damals »Rotfront-Kämpfer«, also Kommunist gewesen zu sein. In den fünfziger und frühen sechziger Jahren, in der Eiszeit des Kalten Krieges, ist das für die politische Karriere lebensgefährlich. Der Zufall will es, daß die Vorwürfe nicht ganz an den Haaren herbeigezogen zu sein scheinen. Es gibt nämlich damals, wie Brandt Anfang der achtziger Jahre berichtet hat, »einen anderen Willy Brandt ... aus Hessen, sechs Jahre älter als ich, der sich im Sommer 1936 in Spanien der ›Centuria Thälmann‹ angeschlossen hatte. 1940 wurde er in Brüssel verhaftet und zur Gestapo nach Darmstadt verschleppt, von dort wanderte er ins KZ ... Von der Existenz dieses Willy Brandt aus Brüssel, der Dachau überlebte, erfuhr ich erst Jahre nach dem Krieg. Der geschundene Namensvetter eröffnete schließlich einen Blumenladen. Zu manchem Anlaß brachte er mir prächtige und bunte Sträuße, die er selbst verdient hätte.«

Ganz unmittelbar erlebt Willy Brandt jetzt, was Krieg bedeutet. Zwar nimmt er selbst nur einmal eine Waffe in die Hand, ohne von ihr Gebrauch machen zu müssen; doch hat er nie einen Zweifel gelassen, wie er sich in einer lebensbedrohlichen Situation verhalten hätte. Vor allem erlebt er erstmals Tod, Verwundung und Verwüstung aus nächster Nähe. So ist er Zeuge, als George Orwell, den er in Barcelona flüchtig kennenlernt, im März 1937 schwer verwundet wird. Er selbst gerät einmal unter Beschuß, an dem die »Landsleute« der von Hitler entsandten »Legion Condor« beteiligt sind. Dabei findet nicht nur sein erster Versuch, sich das Rauchen abzugewöhnen, ein rasches Ende; vielmehr darf man davon ausgehen, daß dergleichen Erfahrungen dazu beigetragen haben, die Abenteuerlust, die Brandt bis dahin auf seinen Wegen begleitet hat, deutlich zu dämpfen.

Vor allem auf ideologischem Gebiet macht der Radikalsozialist während des Spanischen Bürgerkriegs Erfahrungen, die ihn dauerhaft prägen. Willy Brandt kann kaum glauben, daß der

Streit innerhalb der Linken nicht nur während des Bürgerkriegs weitergeht, sondern sogar eine bis dahin nicht gekannte Eskalation erlebt. Am 3. Mai 1937 beginnt in Barcelona, wo sich Brandt vor allem aufhält, ein Krieg im Bürgerkrieg, ein Bruderkrieg innerhalb des linken Lagers. Angezettelt wird er von der in Moskau ansässigen »Kommunistischen Internationale« (Komintern). Mit eiserner Hand versuchen Stalin und Genossen jede Form linker Unabhängigkeit zu verhindern, zu unterdrücken oder auch zu revidieren. Nie wird Brandt diese Erfahrung vergessen. Hinzu kommt der Fall Mark Rein. Willy Brandt hat sich in Barcelona mit dem jungen Exilrussen angefreundet, einem Sohn des russischen Sozialdemokraten Rafael Abramowitsch Rein, der seit 1920 im Exil lebt. In der Nacht vom 9. auf den 10. April 1937 verschwindet Mark Rein spurlos, und Brandt bleibt zeitlebens überzeugt, daß sein Freund, wie er noch 1989 sagt, von denen, »die unter dem Befehl des sowjetischen Apparats standen, entführt, eingesperrt, mißhandelt und, als die Sache zu viel Wirbel machte, liquidiert worden« ist.

Erschüttert und resigniert kehrt Brandt Anfang Juni 1937 Spanien den Rücken. Wenige Wochen später referiert er in Paris, auf einer Sitzung der erweiterten Parteileitung der SAP, über »Ein Jahr Krieg und Revolution in Spanien« und prangert die »wahnwitzige Zielsetzung« der Komintern an, »alle Kräfte zu vernichten, die sich ihr nicht gleichschalten wollen. Darum handelt es sich und deshalb muß die ganze internationale Arbeiterbewegung diesen Schlag der Komintern entsprechend parieren. Es geht darum, ob es zugelassen werden soll, daß die Träger einer anderen Auffassung, daß revolutionäre Arbeiter mit den Mitteln der Fälschung, der gemeinsten Verleumdung, der Lüge, des Terrors ausgerottet werden sollen. Dem muß man in den Arm fallen.«

Keine Frage: Die Erfahrungen, die Willy Brandt während des Spanischen Bürgerkriegs mit dem Kommunismus stalinistischer Prägung hat machen müssen, sind ein wichtiger Anstoß für die allmähliche Wiederannäherung des Radikalsozialisten an die Sozialdemokratie. Besonderen Anteil an dieser für seine weitere politische Karriere entscheidenden Entwicklung hat die

Norwegische Arbeiterpartei, die ihrerseits bis 1939 einen Kurswechsel vollzieht. Inzwischen ist sie zu seiner politischen Heimat geworden. Hier lernt Willy Brandt, daß eine konsequent betriebene Reformpolitik nicht nur am ehesten geeignet ist, den Interessen und Bedürfnissen der Arbeiterschaft gerecht zu werden, sondern daß sie, ebendeshalb, auch beachtliche Erfolge verbuchen kann. Nach der Rückkehr aus Spanien widmet er sich verstärkt der Arbeit in der Partei, die damals von Martin Tranmäl geführt wird, einem 1879 nicht weit von Trondheim als Bauernsohn geborenen Journalisten. Der junge Deutsche engagiert sich in der norwegischen Spanienhilfe, aus der später die »Norwegische Volkshilfe« hervorgeht, ein Zusammenschluß aus Arbeiterwohlfahrt, Arbeiter-Samariterbund und humanitärer Auslandshilfe.

Zur politischen Umorientierung dieser Jahre gehört auch, daß sich Brandt 1938 und 1939 in Paris beziehungsweise Oslo mit Erich Ollenhauer trifft, der im Exilvorstand der SPD unter anderem für die Jugendarbeit zuständig ist und dem er ein Vierteljahrhundert später im Amt des Parteivorsitzenden der SPD nachfolgen wird. In den Gesprächen mit dem zwölf Jahre älteren Ollenhauer, denen Brandt in der Rückschau einen größeren Stellenwert eingeräumt hat, als ihnen in ihrer Zeit tatsächlich zukommt, wird ihm jedenfalls bewußt, daß man bei allen Differenzen in Einzelfragen doch im Grundsätzlichen einig ist. Die Erfahrung von Vertreibung, Flucht, Exil und Krieg hinterläßt auch in dieser Hinsicht ihre Spuren.

Eine Rückkehr in die Arme der Sozialdemokratie steht damals für Willy Brandt freilich nicht zur Debatte. Immer noch sucht er nach einem Weg zur Überwindung der Spaltung innerhalb der Linken und zur Formierung einer dritten Kraft. Seine Perspektive ist eine Sammlung der linken Gruppen – neben der SAP vor allem die »Revolutionären Sozialisten Österreichs«, die Gruppe »Neu Beginnen«, aber auch einige linke Sozialdemokraten, vor allem die Pariser Gruppe. Diese Bemühungen erfolgen ausdrücklich in Abgrenzung zur SPD, wenn Brandt auch eine Rückkehr der Linken in eine neu auszurichtende »Sozialistische Internationale« nicht ausschließen will. Die entscheidende Weiche, die dann doch zu seiner raschen Rückkehr in die SPD führen wird, stellen andere, und zwar in der Nacht zum 24. August 1939.

Am Morgen dieses denkwürdigen Tages muß Willy Brandt den Zeitungs- und Rundfunkmeldungen entnehmen, daß in der vergangenen Nacht das Undenkbare eingetreten ist: Josef Stalin, starker Mann der Sowjetunion und Führer der kommunistischen Welt, hat sich mit seinem erklärten Intimfeind Adolf Hitler verbündet. Was ist da passiert? Warum um alles in der Welt paktiert Stalin, was immer man sonst über ihn sagen muß, ausgerechnet mit einem der brutalsten Gegner der Linken aller Couleur? Was auf den ersten Blick wie eine Revolution der ideologischen Konstellationen in der Weltpolitik aussieht, entpuppt sich bei näherem Hinsehen als rein machtpolitisches Kalkül, als logische Konsequenz einer bedenklichen, wenn nicht gefährlichen Entwicklung. Jedenfalls nimmt der Kremlherr die Politik der Westmächte als für die Sowjetunion bedrohlich wahr, und deshalb glaubt er schließlich keine andere Wahl zu haben, als auf Hitler zuzugehen.

Der Journalist Willy Brandt, der die internationale Großwetterlage konzentriert beobachtet, sieht das wohl: Immerhin haben die britische und die französische Regierung in den Jahren 1938/39 Hitler nicht nur gewähren lassen, etwa bei der Einverleibung Österreichs im März 1938, sondern sie haben seinen Expansionskurs sogar mittelbar unterstützt, als sie ihm am 29. September des gleichen Jahres auf der Münchner Konferenz die sudetendeutschen Gebiete der Tschechoslowakei überließen. Daß London und Paris dabei die Sowjetunion, den Bündnispartner der Tschechoslowakei, demonstrativ ausgeschlossen haben, ist in Moskau ebenso aufmerksam registriert worden wie die Tatsache, daß die Westmächte die im Juli 1939 aufgenommenen Bündnisverhandlungen mit der Sowjetunion offensichtlich verschleppen. Das alles entgeht einem aufmerksamen Beobachter wie Willy Brandt auch ohne Kenntnis der Einzelheiten natürlich nicht. Und auch das aus Moskau zu hörende Argument, wonach Stalins Pakt mit Hitler für die Sowjetunion der einzige Ausweg gewesen sei, um einen Zweifrontenkrieg zu verhindern, ist angesichts der schweren Kämpfe zwischen sowjetischen und japanischen Truppen im mongolisch-mandschurischen Grenzgebiet nicht von der Hand zu weisen.

Dennoch, der Vertrag ist ein »Teufelspakt«, wie ihn der damals im englischen Exil lebende Publizist Sebastian Haffner später einmal genannt hat. Wie für die meisten Exilanten und Angehörigen des Widerstands ist er auch für Willy Brandt schlicht und einfach eine Katastrophe, übrigens auch deshalb, weil die Führungen der kommunistischen Parteien Europas durchweg einen entsprechenden Schwenk vollziehen oder vollziehen müssen. Zwar ist auch Brandt wie die meisten damals nicht über den geheimen Zusatz zu diesem Neutralitäts- und Nichtangriffsvertrag informiert, der die deutschen und sowjetischen Interessensphären in Ostmitteleuropa absteckt; aber das ist auch gar nicht nötig, sprechen doch die Tatsachen der kommenden Wochen für sich: Sechzehn Tage, nachdem die Wehrmacht am 1. September 1939 Polen überfallen und damit den europäischen Krieg eröffnet hat, beginnt die Rote Armee, sich ihren Teil der polnischen Beute zu holen, und am 30. November überschreiten dreißig sowjetische Divisionen in breiter Front die finnische Grenze und eröffnen damit den sogenannten Winterkrieg.

Bereits am 26. August 1939 schreibt Willy Brandt an Jacob Walcher, daß man nun die Sowjetunion als revolutionäre Kraft aus dem Kalkül streichen und sie »neben Hitler als reaktionäre Kraft erster Ordnung« betrachten müsse: »Mein, Dein u. vieler anderer Irrtum besteht darin, daß wir das reaktionäre Schwergewicht der Stalinpolitik unter- u. das revol[utionäre] Schwergewicht der russ[ischen] Revolution für die geschichtliche Entwicklung überschätzt haben.« Man kann wohl sagen, daß er nie mehr in seinem Leben mit sich und anderen um die Formulierung einer politischen Auffassung so gerungen hat wie in diesen Tagen.

Im Zuge dieser Auseinandersetzung mit dem Kommunismus beziehungsweise Stalinismus bezieht der Fünfundzwanzigjährige seine Position. Diese wird er im Laufe der vor ihm liegenden langen politischen Karriere zwar gelegentlich modifizieren und, zeitbedingt, auch punktuell korrigieren, nie mehr aber grundsätzlich in Frage stellen. Was in der Sowjetunion geschehen sei, schreibt Willy Brandt in einer 1939 in Oslo publizierten Broschüre über *Die Sowjetische Außenpolitik 1917-1939*, sei verheerend. Das gelte für die brutalen Säuberungen im Innern, und es gelte ebenso für die Außenpolitik. Doch sei das »gewiß kein Beweis, daß sich der Sozialismus nicht durchführen läßt. Die Erfahrung zeigt aber, daß Sozialismus mehr ist als die Übernahme der Produktionsmittel durch den Staat. Der Sozialismus muß auf Freiheit und Demokratie aufbauen, will er eine Politik führen können, die ihn wirklich berechtigt, diesen Namen zu führen.«

Das ist die Geburtsstunde der Idee des »demokratischen Sozialismus«, mit der sich der Name Willy Brandts bis heute verbindet. Und man sieht: Dahinter steckt keine komplizierte Theorie, auch kein differenziertes Konzept, sondern eine ebenso schlichte wie elementare Erfahrung, die dann das Godesberger Programm des Jahres 1959 in einem Satz auf den Punkt bringen wird: »Sozialismus wird nur durch die Demokratie verwirklicht, die Demokratie durch den Sozialismus erfüllt.« Eigentlich, sagt Brandt noch 1986, sei für Sozialdemokraten das »Bekenntnis zu einem demokratischen Sozialismus selbstverständlich und bedürfte keiner besonderen Erläuterung, wenn nicht durch die Polemik der politischen Gegner immer wieder Begriffsverwirrung gestiftet worden wäre.« Kein Wunder, daß man vergeblich versucht hat, der Sache auf den Grund zu gehen und die Wandlungen und Wendungen des Willy Brandt in dieser Frage zu erkunden. Es gibt sie nicht.

Selbstverständlich ändert seine Fundamentalkritik an Stalin und Genossen nichts an der Haltung zu den Zuständen in Deutschland, im Gegenteil: Der »Hauptfeind«, sagt Willy Brandt im Januar 1940, »sind und bleiben Hitler und das Hitlerregime«. Das hat inzwischen auf seine Weise dem Emigranten den Krieg erklärt: Am 5. September 1938 wird auf der ersten Seite des *Deutschen Reichsanzeigers und Preußischen Staatsanzeigers* die 51. Ausbürgerungsliste veröffentlicht. In ihr findet sich der Eintrag: »Frahm, Herbert Ernst Karl, geb. am 18. 12. 1913 in Lübeck«. Das heißt nichts anderes, als daß Willy Brandt seit dem 1. September 1938 nicht mehr deutscher Staatsangehöriger ist. Im übrigen sind die deutschen Behörden offenbar erst kurz zuvor darauf gekommen, daß Herbert Frahm mit Willy Brandt identisch ist. Noch in dem erwähnten Bericht der deutschen Botschaft in Paris vom 27. Mai 1937 heißt es, daß »ein gewisser Herbert Frahm zwischen Frankreich und den nordischen Ländern« als »Kurier für Emigrantenorganisationen« reise. »Er hat einen deutschen Reisepaß Nr. 472, ausgestellt am 2. Juli 1931 durch das Polizeiamt in Mecklenburg-Schwerin.«

Offenbar ist sein ohnehin abgelaufener deutscher Reisepaß über einen Spitzel in die Hände der deutschen Behörden geraten. Auf welchen Wegen das Dokument dorthin gelangt ist, findet Willy Brandt zeitlebens »unerklärlich«. Bleibt der norwegische Fremdenpaß, den er, sofern er nicht einen frisierten norwegischen Paß benutzt, seit 1936 mitführt. Das ist, wie er später schreibt, »außerhalb Skandinaviens ein vorzügliches Papier«, weil er von einem ordentlichen Paß kaum zu unterscheiden ist. Allerdings braucht man, beispielsweise für die Einreise nach Schweden, ein Visum.

Die neue Lage läßt Willy Brandt kaum eine Alternative, als seine Einbürgerung in Norwegen zu beantragen. Darin wird er von seiner neuen Lebensgefährtin bestärkt. Etwa zu der Zeit, als Gertrud Meyer nach New York geht, trifft Brandt die Norwegerin Anna Carlota Thorkildsen wieder, die er aus seiner Osloer Studienzeit kennt. Beinahe zehn Jahre älter als er, ist die in Köln geborene Tochter eines Norwegers und einer Deutsch-Amerikanerin jetzt als Sekretärin am Osloer Institut für Vergleichende Kulturforschung tätig. Später, als die beiden längst geschieden sind, beschreibt Willy Brandt seine zweite Lebensgefährtin und erste Ehefrau mit dürren Worten als »geistig [und] literarisch sehr interessiert«.

Im Leben des Willy Brandt sind die Stunden des 8. und 9. April 1940 von besonderer Bedeutung: Am Mittag des 8. findet er auf dem Schreibtisch seines Osloer Büros das erste Exemplar seines ersten Buches *Die Kriegsziele der Großmächte und das neue Europa*; in der Nacht eröffnet ihm Carlota, daß sie von ihm schwanger ist; und wenige Stunden später, am 9. April um 5.00 Uhr früh, beginnt unter Einsatz von beinahe neunhundert Flugzeugen der deutsche Angriff auf Dänemark und Norwegen. Brandt weiß: Die Zeit seines norwegischen Exils nähert sich jetzt sehr rasch ihrem Ende, und damit wird sich auch das Leben der jungen Familie verändern, wohin immer ihn seine Wege führen mögen.

Zweifellos ist der in Deutschland aktenkundige Emigrant in hoher Gefahr. Nicht nur wissen die deutschen Behörden seit dem Sommer 1938, daß er mit Herbert Frahm identisch ist, der als »Reichsfeind« gesucht wird; vielmehr haben, schon seit seiner Flucht aus Lübeck, in Deutschland verhaftete SAP-Genossen ihren Kopf dadurch aus der Schlinge zu ziehen versucht, daß sie die gegen sie erhobenen Vorwürfe Willy Brandt in die Schuhe schieben. Dessen Lage entspannt sich kurzfristig, weil bald nach Eröffnung der Kriegshandlungen norwegische Küstenartillerie den deutschen Kreuzer »Blücher« versenkt, an dessen Bord sich ein Vortrupp der NS-Sicherheitskräfte mit den entsprechenden Akten befindet. Erst eine Woche später trifft der »Einsatzstab« unter einem SS-Oberführer in Oslo ein.

Willy Brandt verläßt die norwegische Hauptstadt am 9. April, während Carlota vorerst in Oslo bleibt. Wieder befindet er sich auf der Flucht. Vier Wochen nach dem deutschen Überfall zeichnet sich ab, daß Norwegen, wie zuvor schon Dänemark, unter deutscher Besatzung bleiben wird: Nachdem am 10. Mai 1940 der deutsche Feldzug gegen Frankreich, die Niederlande, Belgien und Luxemburg begonnen hat, brechen die Alliierten ihre punktuell erfolgreichen militärischen Operationen in Norwegen ab. Am 9. Juni ordnet der norwegische König Håkon VII. die Einstellung der Kampfhandlungen an.

In dieser Situation trifft Willy Brandt, der als Ausgebürgerter auf alles gefaßt sein muß, erneut eine folgenschwere Entscheidung. Da unter den gegebenen Umständen eine Flucht chancenlos ist, folgt er dem Rat, eine norwegische Uniform anzuziehen und sich gefangennehmen zu lassen. Als einer unter vielen Kriegsgefangenen hofft er, unentdeckt zu bleiben, womöglich gar alsbald wieder freigelassen zu werden. So vernichtet er seine Ausweispapiere und streift die norwegische Uniform Paul Gauguins des »Jüngeren«, Enkel des berühmten Malers, über, den er aus der gemeinsamen Zeit in Barcelona kennt und in diesen Tagen zufällig trifft.

Willy Brandt kann damals nicht ahnen, welche Folgen dieser Schritt für sein weiteres Leben haben wird. Jahrzehntelang, vor allem während der fünfziger und sechziger Jahre, wird er ihm vorgehalten werden. Die Uniform eines vormaligen Kriegsgegners, in die er 1946/47 noch zweimal schlüpft, ist nach 1945 für viele Deutsche ein sichtbarer Beleg für den »Vaterlandsverrat«, ein Vorwurf, dem sich damals die meisten Angehörigen des Widerstands ausgesetzt sehen. Noch in den achtziger Jahren fühlt sich Brandt bemüßigt zu betonen, er habe bei aller »Loyalität gegenüber Norwegen« nie auf das »verzichtet«, was er für seine »Pflicht gegenüber dem anderen, eigentlichen Deutschland betrachtet« habe. Die Wunden, die ihm in diesem Zusammenhang während der Jahre seines politischen Aufstiegs geschlagen werden, verheilen nie. Noch an seinem Lebensabend wendet er sich gegen das Vorhaben der Friedrich-Ebert-Stiftung, eine Ausstellung über sein Verhältnis zu Skandinavien einzurichten.

Der Aufenthalt im Kriegsgefangenenlager von Dovre ist nur von kurzer Dauer; Mitte Juni werden alle norwegischen Gefangenen entlassen. »Hitlers Vorliebe für die ›nordischen‹ Menschen«, so Brandt Jahrzehnte später, »hatte einen Vorteil«. So erklärt er auch die, verglichen mit anderen Ländern, gemäßigte deutsche Besatzungspolitik in Norwegen unter dem Reichskommissar Josef Terboven, einem Mann mit der »für eine ganze NS-Führungsschicht typischen Ausstattung: aufgeblasenes Spatzenhirn«.

Wenige Tage nach seiner Entlassung macht sich Willy Brandt

Ende Juni 1940 auf den Weg nach Schweden. Illegale Grenzübertritte sind für ihn inzwischen Routine. Längst ist er kein »konspirativer Dilettant« mehr. Und so kehrt er sogar noch einmal nach Oslo zurück, schlägt aber dann doch Anfang 1941 endgültig seine Zelte in Stockholm auf. Am 14. Mai wird auch Carlota über die Grenze gebracht, und Ende des Monats heiraten die beiden. Da Brandts Papiere nach wie vor auf seinen Geburtsnamen lauten, leben sie unter dem Namen »Frahm« in einer Stockholmer Neubauwohnung. Zur Familie gehört seit dem 30. Oktober 1940 auch Tochter Ninja, das erste von vier Kindern Willy Brandts.

Rückblickend hat er diese Zeit so beschrieben: »Wir lebten ruhig und bescheiden, hatten oft Gäste und konnten uns sogar Sommerurlaub und Skiferien zu Ostern leisten. Daß wir für uns selbst sorgen konnten, brachte mir nicht nur Freunde ein, sondern rief – unter nichtskandinavischen Flüchtlingen – auch Neider auf den Plan.« Aber die Idylle trügt. Bereits im Januar 1943 zieht Carlota aus der gemeinsamen Wohnung aus, und im folgenden Jahr zerbricht die Ehe endgültig, wenn sich Carlota auch vorerst weigert, in die Scheidung einzuwilligen. Man trennt sich »ohne Groll«, so Willy Brandt rückblickend. In seinen Erinnerungsbänden hat er Carlota Frahm, die 1980 verstirbt, bis 1982 einen respektablen Platz eingeräumt. Auch ein Vierteljahrhundert nach der Trennung will er nicht, daß darüber »viel geschrieben wird, jedenfalls nichts, was meiner ersten Frau angelastet wird«.

Ganz ähnlich hält es Carlota. Tochter Ninja jedenfalls hat nie ein böses oder bitteres Wort ihrer Mutter über Willy Brandt gehört. Der bleibt mit beiden in Verbindung. Nach Ende der deutschen Besatzung Norwegens kehren Mutter und Tochter aus Stockholm nach Oslo zurück. Hier unterhält Carlota Frahm eine Literaturagentur, zunächst in ihrer Wohnung, später in einem eigenen Büro. Bald nach Kriegsende schickt Willy Brandt ihr erste Arbeiten deutscher Autoren, darunter Eugen Kogon und Veit Valentin, zur Begutachtung. Daraus entwickelt sich eine geschäftliche Verbindung zwischen den beiden; so fungiert Carlota

Frahm nach dem Rücktritt Willy Brandts vom Amt des Bundeskanzlers als seine Literaturagentin in Stockholm.

Das ist Mitte der siebziger Jahre, drei Jahrzehnte nach der Trennung. Vorerst aber führt kein Weg an der Erkenntnis vorbei, daß innerhalb weniger Jahre die zweite wichtige private Beziehung Brandts in die Brüche geht. Daß dabei auch die extremen Lebensumstände ihre Rolle spielen, steht außer Frage. »Das Leben in der Emigration ist eine harte Belastungsprobe für jede menschliche Beziehung«, sagt er später und fügt eine weitere Erklärung hinzu: Die »Politik frißt den Menschen mit Haut und Haaren«. Außerdem hat er 1940, noch nicht einmal dreißigjährig, zum zweiten Mal seine Heimat verloren. Fortan steht er in doppeltem Widerstand: gegen die Nazi-Herrschaft in seiner deutschen und gegen das mit den Nazis kollaborierende Regime des Vidkun Quisling in seiner norwegischen Heimat. Zu allem Überfluß ist er, wie die politischen Flüchtlinge aus Deutschland insgesamt, in Schweden nicht gerade willkommen. Wiederholt wird er von der schwedischen Sicherheitspolizei, die mit den deutschen Behörden, nicht zuletzt mit dem Reichssicherheitshauptamt, zusammenarbeitet, verhaftet und verhört, einmal sogar für mehrere Tage festgehalten. 1966, als Brandt Außenminister der Großen Koalition ist, wird einer Stockholmer Zeitung Material aus der schwedischen Polizeikartei zugespielt.

Ende August 1940 hatte sich Willy Brandts delikate Lage wenigstens in einem Punkt gebessert, allerdings nur vordergründig. Dank einer Eingabe einflußreicher Freunde bei der norwegischen Exilregierung in London hält er seither den Staatsbürgerbrief in der Hand und ist damit, nun auch auf dem Papier, Norweger. Doch seit dem deutschen Überfall auf die Sowjetunion am 22. Juni 1941 arbeiten die schwedischen Behörden noch enger mit dem Deutschen Reich zusammen – auf verschiedenen Ebenen und wohl auch, um dem Schicksal Norwegens, Dänemarks und der Sowjetunion zu entgehen. Brandt denkt jetzt sogar an eine Emigration in die Vereinigten Staaten von Amerika, wo ja schon Gertrud Meyer, inzwischen aber auch sein Mentor Jacob Walcher Zuflucht gefunden haben. Seit dem

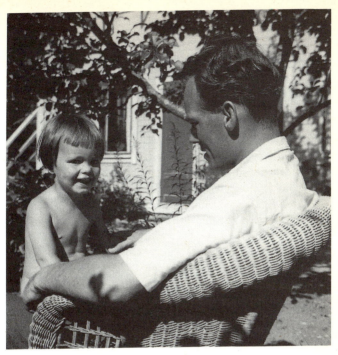
Vaterglück: Mit Tochter Ninja in Schweden, 1943

Sommer 1940 bemüht sich die Lübecker Jugendfreundin um eine Einreiseerlaubnis für ihn. Willy Brandt bleibt dann aber doch in Schweden. Von Amerika aus läßt sich weder die Widerstandsarbeit noch die publizistische Tätigkeit fortsetzen, jedenfalls nicht zu den ihm wichtigen Themen. In Stockholm hingegen kann er sich einmischen. Seit Ende Juli 1942 ist er die treibende Kraft des kleinen »Schwedisch-norwegischen Pressebüros«. Neben Hunderten von Artikeln schreibt er allein vier Bücher über den Krieg in Norwegen.

Aber das ist nicht alles. Während des Zweiten Weltkrigs ist die Hauptstadt des neutralen Schwedens ein Tummelplatz der Geheimdienste der Welt. Selbstverständlich ist auch das sowjetische »Volkskommissariat für Innere Angelegenheiten« (NKWD), die Vorgängerorganisation des KGB, in Stockholm vertreten. Die Zentrale des NKWD ist die sowjetische Gesandtschaft, die seit 1930 von einer schillernden Persönlichkeit, Madame Alexandra Michailowna Kollontai, geleitet wird. Die Gesandtin, so erinnert sich Brandt, »Generalstochter, radikale Sozialistin, Schriftstellerin« und eine der »farbigsten und eigenwilligsten Persönlichkeiten aus der Führung von Lenins Partei während der Revolution«, sei Anfang der zwanziger Jahre in den diplomatischen Dienst »abgeschoben worden«. Frau Kollontai bildet damals so etwas wie einen Mittelpunkt des gesellschaftlichen Lebens in Stockholm. Brandt ist ihr offenbar zweimal begegnet, unter anderem auf dem sowjetischen Jahresempfang Ende 1944.

Auch für den deutschen Emigranten hat sich die Lage mit dem 22. Juni 1941 grundlegend gewandelt: Der deutsche Überfall auf die Sowjetunion drängt diese in die »Anti-Hitler-Koalition«. Stalin ist vom Partner zum Gegner Hitlers geworden. Von nun an gilt: Was Stalin nutzt, schadet Hitler. Das betrifft in besonderem Maße Informationen militärischer Natur. Diese Haltung ist nicht nur nachvollziehbar, sie ist in dieser Situation für einen Mann des Widerstands wohl auch ohne Alternative. Selbst die konservative Opposition gegen Hitler in Deutschland, selbst ein Ulrich von Hassell oder ein Friedrich Werner Graf von der

Schulenburg schließen in diesen Jahren ein Zusammengehen mit der Sowjetunion nicht aus.

Es gibt Anhaltspunkte, daß Willy Brandt zeitweilig mit dem NKWD zusammengearbeitet hat. Vom Herbst 1941 bis zum Sommer 1942 hat er von seinen norwegischen Freunden geheime Informationen über die deutschen Truppen und Operationen in Norwegen beschafft, darunter über das deutsche Schlachtschiff »Tirpitz«, und damit den sowjetischen, aber auch den britischen und amerikanischen Geheimdienst versorgt. Auch erhält »Poljarnik«, so Brandts Deckname in den Akten des KGB, vermutlich zur Deckung seiner Unkosten fünfhundert Kronen, die er quittiert. Diese Informationen entstammen dem Archiv des ehemaligen KGB-Obersten Wassili Mitrochin. Als sie Ende der neunziger Jahre publik werden, taucht auch prompt wieder der alte Vorwurf des »Vaterlandsverrats« auf; doch ist er jetzt so wenig haltbar wie zuvor. Auch für Willy Brandt hat die pragmatische, allerdings sehr sporadische Kooperation nur einen Zweck: den »Kampf gegen Hitler und den Hitlerismus«. Das sieht er, wie jene Männer des inneren Widerstands, als seine patriotische Pflicht an. Darin andererseits eine ideologische oder politische Annäherung an den Kommunismus oder gar den Stalinismus sehen zu wollen, hieße Brandts Motive nicht minder zu verkennen.

Tatsächlich findet seine schrittweise Rückkehr in die Sozialdemokratie während der schwedischen Jahre ihren konsequenten Abschluß. Eine wichtige Rolle spielt dabei ein international zusammengesetzter Kreis von Sozialdemokraten, die »Internationale Gruppe demokratischer Sozialisten«, die im September 1942 ihre Arbeit aufnimmt und als »Kleine Internationale« in die Geschichte eingegangen ist – übrigens eine Bezeichnung, gegen die sich Willy Brandt, ihr damaliger Sekretär, später immer gewehrt hat. Als er viereinhalb Jahrzehnte später seinen Fünfundsiebzigsten feiert, nennt ihn Bruno Kreisky, der damals dabeigewesen ist, den »eigentlichen Architekten« der Gruppe. Im übrigen hinterläßt die Stockholmer Zusammenarbeit ihre Spuren. Das gilt für politische Konzepte, es gilt aber auch für die beteiligten Persönlichkeiten. Zwei von ihnen, Willy Brandt und

Bruno Kreisky, werden später Regierungschefs, andere machen Karriere als Minister, Abgeordnete oder Diplomaten.

Am 9. Oktober 1944 erklärt die Stockholmer SAP-Gruppe ihren Eintritt in die Exil-SPD. Vor allem die nach Amerika emigrierten SAP-Genossen, unter ihnen Jacob Walcher, empfinden den Übertritt als »Schlag ins Gesicht«. Aber in Willy Brandt ist dieser Schritt seit langem herangereift, und so schlägt er in der Endphase des Zweiten Weltkriegs einen Weg ein, der ihn zurück zu seinen Wurzeln und zugleich innerhalb von zwanzig Jahren an die Spitze der traditionsreichsten deutschen Partei führen wird. Indessen ist auch dieser Neuanfang die Konsequenz aus einer Niederlage. Der Wiedereintritt in die SPD bedeutet nichts anderes, als daß der Versuch, zwischen Sozialdemokratie und Kommunismus einen dritten Weg zu finden und diesen in eine Erneuerung Deutschlands münden zu lassen, nach dreizehn Jahren als endgültig gescheitert zu betrachten ist.

Dieses Schicksal des Scheiterns teilen Willy Brandt und die deutschen Radikalsozialisten »draußen« mit der im Zentrum der Nazi-Diktatur selbst operierenden Opposition gegen Hitler. Bis in den Sommer 1944 hinein hat Brandt kaum direkte Verbindungen zur deutschen Widerstandsbewegung, wenn man überhaupt von einer solchen sprechen kann. Da ist einmal ein Kreis Konservativer um Carl Goerdeler, Ulrich von Hassell und Ludwig Beck, dem auch der Oberst Claus Schenk Graf von Stauffenberg verbunden ist, und da ist zum anderen der »Kreisauer Kreis« um Helmuth James Graf von Moltke und Adam von Trott zu Solz; so jedenfalls wird die Gruppe in den Akten des Reichssicherheitshauptamtes nach dem niederschlesischen Gut des Grafen Moltke genannt.

Im Juni 1944 erhält Brandt Besuch aus Deutschland. Ebenjener Trott, Legationsrat im Auswärtigen Amt, trifft sich in Stockholm wiederholt mit dem Emigranten und berichtet ihm von dem bevorstehenden Staatsstreich, der dann am 20. Juli 1944 gewagt wird, aber blutig scheitert. Des weiteren erfährt Brandt,

Im schwedischen Exil: Familie Brandt (links Carlota und Ninja) mit Vera und Bruno Kreisky, 1943

daß die Widerstandsbewegung in Deutschland keineswegs einheitliche Ziele verfolgt, daß aber von beiden Gruppen der Name seines politischen Ziehvaters Julius Leber als Mitglied einer neuen Regierung ins Spiel gebracht wird. Konkret hat der Diplomat zwei Anliegen. Zunächst fragt er Willy Brandt, ob er sich der neuen Regierung zur Verfügung stellen und einstweilen für eine noch näher zu bestimmende Aufgabe in Skandinavien bleiben würde. Brandt willigt ein. Dann bittet der Emissär aus Deutschland den ortskundigen Emigranten, ein Gespräch mit der sowjetischen Gesandtin Alexandra Kollontai zu vermitteln. Die Berliner Verschwörer wollen sich nämlich ein Bild über das sowjetische Verhalten nach einem Umsturz in Deutschland machen. Die Begegnung kommt aber nicht zustande, weil es in der sowjetischen Gesandtschaft eine undichte Stelle geben soll. Der Widerstand, drinnen wie draußen, bewegt sich eben auf gefährlichem Terrain.

Die Kontaktaufnahme der deutschen Opposition gegen Hitler zu Willy Brandt zeigt, daß der Lübecker am Ende des Krieges längst keine unbekannte Größe mehr ist. Bruno Kreisky hat ihn später einmal als den »hervorragendsten Exponenten der deutschsprachigen politischen Emigration« in Skandinavien bezeichnet. Zeitgenössische Quellen, beispielsweise die Berichte des amerikanischen Sondergesandten in Schweden, bestätigen das. Herschel V. Johnson steht seit 1944 mit Willy Brandt in Kontakt. In einem Brief an den amerikanischen Außenminister Cordell Hull vom 22. Mai des Jahres charakterisiert er ihn als »einen der Fähigsten« der Gruppe und als denjenigen, der mit höchster Wahrscheinlichkeit nach dem Krieg einigen Einfluß haben werde. Und am 2. September 1944 berichtet Johnson nach Washington, daß Brandt sowohl bei den Mitarbeitern der Gesandtschaft als auch unter amerikanischen Journalisten in Stockholm als »umsichtig, eindrucksvoll und durch und durch demokratisch« gelte: »Dank seines Hintergrundes und seiner Fähigkeiten läßt sich unschwer vorhersehen, daß er eine vielversprechende politische Zukunft in Deutschland haben dürfte.«

Daran ist freilich in den Wochen nach der bedingungslosen Kapitulation Deutschlands am 8. Mai 1945 schon deshalb nicht zu denken, weil es nach dem Beschluß der alliierten Siegermächte für Deutschland keine Zukunft geben soll. Weil niemand weiß, wie es dort weitergehen wird, muß auch Willy Brandt vorerst bleiben, wo er ist. Im Spätsommer 1945 pendelt er zwischen Stockholm und Oslo hin und her. Daß er sich immer häufiger in der norwegischen Hauptstadt aufhält, hat mit einer neuen Perspektive in seinem Privatleben zu tun. Noch mit Carlota verheiratet, aber inzwischen getrennt von ihr lebend, hat er im Umkreis seines dreißigsten Geburtstags Rut Bergaust kennengelernt.

Rut Hansen, so ihr norwegischer Geburtsname, ist acht Jahre jünger als Willy Brandt und stammt wie er aus bescheidenen Verhältnissen. Als ihr Vater, Chauffeur und Kutscher, stirbt, ist sie drei Jahre alt. Seither muß die Mutter Rut und ihre drei Geschwister mit einem Job in der Milchfabrik und mit Unterstützung von der Gemeinde durchbringen. Als Sechzehnjährige stößt Rut Hansen zur Arbeiterbewegung – »nicht weil ich besonders früh politisch bewußt war. Es war beinahe selbstverständlich.« Auch für sie ist der 9. April 1940 ein »Schock«; auch sie bekämpft die deutschen Invasoren; auch sie muß schließlich ihre Heimat verlassen. Als Brandt ihr erstmals über den Weg läuft, arbeitet sie in der Presseabteilung der norwegischen Botschaft in Stockholm.

»Der Name Willy Brandt«, sagt Rut, »war schon vor dem Krieg ein Begriff für mich von seinen Zeitungsartikeln über Nazideutschland ... Willy und ich trafen uns schon im Sommer 1944 häufiger ... Wir gingen aus, aßen zusammen und gingen tanzen. Wir waren verliebt und verheimlichten es nicht.« Allerdings scheinen die Probleme »unüberwindlich«: Beide sind noch verheiratet. Die Situation ändert sich grundlegend, als Ruts Ehemann, der norwegische Widerstandskämpfer Ole Olstad Bergaust, Ende 1946 nach längerer Krankheit stirbt und Willy Brandts Ehe mit Carlota Frahm im Februar 1948 geschieden wird. Daß ein gemeinsamer Lebensweg von mehr als drei Jahrzehnten vor ihnen liegt, ahnen die Verliebten damals nicht.

Im November 1945 bietet sich Willy Brandt eine Chance, nach Deutschland zu reisen. Er soll als Korrespondent über den Prozeß gegen die »Hauptkriegsverbrecher« vor dem Internationalen Militärgerichtshof in Nürnberg berichten, der am 20. November beginnt. Anderthalb Wochen vorher macht er sich auf die Reise. Der Weg führt ihn unter anderem nach Lübeck, in dessen zerstörter Innenstadt er sich nicht mehr zurechtfindet. Erstmals seit zehn Jahren sieht »Herbert«, wie er von seiner Familie ganz selbstverständlich genannt wird, seine Mutter wieder. Seinem Stiefvater Emil Kuhlmann ist er zuletzt 1937 in Oslo begegnet, und seinen inzwischen siebzehnjährigen Halbbruder Günter Kuhlmann hat Brandt nicht mehr gesehen, seit er Lübeck vor beinahe dreizehn Jahren verlassen mußte. Das Lübecker Haus bleibt ein Bezugspunkt im Leben Willy Brandts und seiner Familie. Bald reist er, per Zug, mit Tochter Ninja zu ihren Großeltern, und später verbringen seine Söhne dort manchen Urlaubstag.

Martha und Emil Kuhlmann wohnen nach wie vor in bescheidenen Verhältnissen. Immerhin macht sie der Garten zu Selbstversorgern, und das ist in diesen Nachkriegsjahren ein Privileg. Rut Bergaust, die ihren neuen Lebensgefährten bei einem seiner nächsten Besuche nach Lübeck begleitet, hat das später so beschrieben: »Sie wohnten außerhalb der Stadt, in der einen Hälfte eines kleinen Zweifamilienhauses. Ein Ziergarten mit Blumen und Gebüsch lag zur Straße. Das Haus hatte eine Küche und ein Wohnzimmer unten sowie zwei Zimmer oben. Ein Badezimmer gab es nicht, und der Abort war im Stall, wo man in Gesellschaft mit Schweinen und Hühnern saß.«

Von der Weihnachtspause unterbrochen, bleibt Willy Brandt bis Februar 1946 in Nürnberg und kehrt im Mai noch einmal für einige Tage in die zerstörte fränkische Provinzhauptstadt zurück. Zu den Prozeßbeobachtern zählt lediglich eine Handvoll Deutscher, darunter Thomas Manns Tochter Erika. Während er den Prozeß verfolgt, schreibt Brandt ein Buch, das in Oslo erscheint und dessen Titel in den Schlammschlachten der fünfziger und sechziger Jahre gegen ihn gekehrt wird: *Verbrecher und andere Deutsche*. Auch daß er auf Anweisung der Militärregierung erneut eine norwegische Uniform trägt, hat ihm später heftige Anfeindungen eingebracht.

Obgleich er von seinen Landsleuten in der Zeit des »Dritten Reiches« verfolgt und auch nach dem Krieg von vielen alles andere als schonend behandelt worden ist, hat sich Willy Brandt nie dazu hinreißen lassen, ein pauschales Urteil über die Deutschen zu fällen. Das bleibt auch dann festzuhalten, wenn man in Rechnung stellt, daß er in Deutschland Ambitionen hat, denen eine generelle Schuldzuweisung gewiß nicht nützlich gewesen wäre. Die These von der »Kollektivschuld« hält er von Anfang an für falsch, ja gefährlich, führt sie doch dazu, daß sich viele in Ausreden flüchten und »vor sich selbst den Umfang der Verbrechen herunterzureden« suchen, wie er 1982 schreibt.

Zugleich ist er zeitlebens nie so vermessen gewesen, darüber zu urteilen, was man während des Zweiten Weltkriegs in Deutschland über die Verbrechen der Nazis und namentlich über die Vernichtung des europäischen Judentums habe wissen können oder tatsächlich gewußt hat. Freimütig räumt er ein, daß man selbst im vergleichsweise gut informierten schwedischen Emigrantenmilieu nicht die »ungeheuerlichen Einzelheiten« gekannt hat, daß einige sogar bei den ersten Berichten über systematische Vergasungen vermutet haben, es »handele sich um ein Wiederaufleben der Greuelpropaganda aus dem Ersten Weltkrieg«. Offenkundig, so Brandts ernüchternde Bilanz, sei die »Fähigkeit des Menschen, sich blind zu stellen, nahezu unbemessen. Das ist eine der wesentlichen Einsichten, die meine Generation aus der Erfahrung von Nazismus – und auf andere Weise: auch Stalinismus – davontrug.«

Mit seinem ersten Besuch in Deutschland stellt sich für Willy Brandt die Doppelfrage nach seiner politischen und beruflichen Zukunft. Daß es schließlich auf beide Fragen eine einzige Antwort geben wird, ist Anfang 1946 nicht unbedingt vorherzusehen. Zunächst macht er beruflich da weiter, wo er im Exil auf-

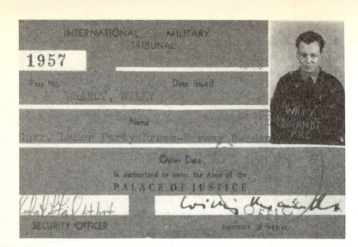

In norwegischer Uniform: Ausweis als Berichterstatter des Nürnberger »Hauptkriegsverbrecherprozesses«, 1945/46

gehört hat. Er arbeitet als Journalist, zunächst vor allem für skandinavische Blätter. Erste Sondierungsversuche bei der von den Briten eingerichteten Nachrichtenagentur DPD, Vorläuferin der DPA, scheitern, weil das entsprechende Angebot zu spät eintrifft.

Auf Vermittlung Halvard Langes, eines Mitstreiters aus Osloer Tagen, der zuletzt einige Jahre im Konzentrationslager Sachsenhausen inhaftiert war und inzwischen Außenminister in Willy Brandts zweiter Heimat ist, tritt er am 17. Januar 1947 die Stelle des Presseattachés an der norwegischen Militärmission in Berlin an. Die stellt »Herbert Ernst Karl Frahm, genannt Willy Brandt« eine Personal-Bescheinigung aus, welche ihren jetzt dreiunddreißigjährigen Inhaber so beschreibt: »Farbe der Augen: braun, Farbe des Haares: dunkel, Grösse: 1,79 m, Gesichtsform: oval«. Brandt besteht darauf, nicht als Hauptmann, sondern im Rang eines Majors an die Spree zu gehen. Da zeigt sich auch Sinn fürs Geschäftliche, nicht zum ersten und nicht zum letzten Mal. So oder so muß er wieder die fremde Uniform tragen. Er tut das, wie Rut sich erinnert, nicht ohne Stolz; damals kann er nicht ahnen, daß seine politischen Gegner in Deutschland mit diesem Thema zehn Jahre später eine bittere Kampagne gegen ihn führen werden.

Die Erkenntnis, daß er von dieser Position aus nicht in die deutsche Politik hineinwirken kann, und die Aussicht auf eine Spitzenfunktion in der Berliner SPD führen dazu, daß Brandt schon Anfang November 1947 Lange davon unterrichtet, die Stellung an der Militärmission aufgeben und in die aktive deutsche Politik eintreten zu wollen. Aus ebendiesem Grund verwirft er auch die Anfrage eines Weggefährten aus der Stockholmer Zeit, des schwedischen Handelsministers Gunnar Myrdal, einen Posten bei der UN-Wirtschaftskommission in Genf einzunehmen.

Daß die in Wiedergründung befindliche SPD seine politische Heimat sein würde, hat für Willy Brandt von Anfang an festgestanden. Dort allerdings betrachtet man den eigenwilligen und erkennbar ehrgeizigen Genossen mit gemischten Gefühlen. Obgleich nicht einmal Mitte Dreißig, hat er inzwischen seine Gegner, auch in den eigenen Reihen. So versucht ein Intimfeind aus der Emigrationszeit ihn bei der Parteiführung als Kommunisten zu diskreditieren. Kurt Heinig, der schon Brandts Aufnahme in die Exil-SPD zu hintertreiben versucht hat, wirft ihm jetzt seine Kontakte zu Jacob Walcher vor, der seit seiner Rückkehr aus den USA in der sowjetischen Besatzungszone Deutschlands lebt.

Vor allem aber sind die unterschiedlichen Temperamente Willy Brandts und Kurt Schumachers einer Zusammenarbeit nicht gerade förderlich. Der 1895 geborene Journalist und Politiker, der im Ersten Weltkrieg schwer verwundet worden ist, hat von 1930 bis zum Verbot der SPD im Frühsommer 1933 die Partei im Reichstag vertreten. 1944 ist er nach elfjähriger Haft als körperlich gebrochener Mann aus dem Konzentrationslager entlassen worden. Danach ist sein Leben, wie Brandt 1960 schreibt, »ein langsames Sterben«. Die Mischung aus Respekt vor der Biographie und ausgesprochener Distanz zur Persönlichkeit Kurt Schumachers hat Willy Brandt zeitlebens erkennen lassen: »Sein dominierender Charakterzug war ein eiserner Wille zur Macht. Er war ein ungewöhnlicher Mensch, asketisch geworden und unbestechlich geblieben, ein dynamischer Führer und Volkstribun ..., seine Art des Redens und die Überbetonung nationaler Gesichtspunkte – ich könnte nicht behaupten, daß ich mich mit Schumacher wesensverwandt fühlte.«

Brandt lernt Schumacher, der damals Vorsitzender des SPD-Bezirks in Hannover ist, im Februar 1946 kennen. Spätestens mit dessen Wahl zum Vorsitzenden der SPD auf dem ersten Nachkriegsparteitag drei Monate darauf ist klar, daß in der Parteikarriere kein Weg an Schumacher vorbeiführt. Das zeigt sich, als Willy Brandt vom stellvertretenden Parteivorsitzenden Erich Ollenhauer als Verbindungsmann des Parteivorstands zu den Alliierten in Berlin vorgeschlagen wird. Erst mit wochenlanger Verzögerung kann er zum 1. Februar 1948 sein neues Amt antreten. Der eindringliche Brief an Schumacher vom 23. Dezember 1947, in dem er sich unter anderem gegen die Vorwürfe aus den eigenen Reihen zur Wehr setzt, zeigt viele der Qualitäten, ohne

Zurück in Deutschland: Karrierebeginn in Berlin, 1948

die der Vierunddreißigjährige es kaum dahin gebracht hätte, wo er jetzt steht: »Ich behalte mir vor, mir über neu auftauchende Fragen selbst den Kopf zu zerbrechen. Und ich werde nie im voraus Ja sagen zu jeder Einzelformulierung, auch wenn sie von dem ersten Mann der Partei geprägt wird.« Dazu gehört Mut; aber die Selbstachtung, eines der Lebensprinzipien Willy Brandts, läßt ihm keine andere Wahl als den couragierten Auftritt.

Mit der Entscheidung für die Partei und damit für die deutsche Politik ist zugleich die Entscheidung gefallen, die deutsche Staatsbürgerschaft zu beantragen. Für die Bürger Lübecks ist die Landesregierung in Kiel zuständig. Von dort erhält »Herbert Ernst Karl Frahm« am 1. Juli 1948 die Einbürgerungsurkunde. Nachdem das entsprechende Bundesgesetz in Kraft getreten ist, wird Willy Brandt ein Jahrzehnt später, am 1. November 1957, durch das Berliner Entschädigungsamt die beantragte »Soforthilfe für Rückwanderer« in Höhe von sechstausend Mark gewährt.

Ein knappes Jahr nach seiner Einbürgerung, Ende Mai 1949, stellt Willy Brandt schließlich einen Antrag auf Namensänderung, weil sich aus der »Doppeltheit des ursprünglichen, legalen Namens und des behördlich bestätigten Pseudonyms ... häufig formelle und praktische Schwierigkeiten« ergäben. Im übrigen verbinde sich mit dem Namen »Willy Brandt« seine Tätigkeit als Journalist, Redner und Buchautor, mit seinem »ursprünglichen Namen« hingegen »nicht viel mehr als einige Kindheitserinnerungen und behördliche Formalitäten«. Am 11. August 1949 wird der Antrag genehmigt, so daß Brandt und seine Familie jetzt offiziell den Namen tragen, den er sich sechzehn Jahre zuvor zu Tarnzwecken zugelegt hat. Als Rut Bergaust, geborene Hansen, am 4. September 1948 Willy Brandt geheiratet und wenige Wochen später, am 4. Oktober, in einer Berliner Klinik bei Kerzenlicht ihren ersten gemeinsamen Sohn Peter zur Welt gebracht hat, heißt sie folglich noch »Rut Frahm«. Man kann all das in einem sympathischen Erinnerungsbuch nachlesen, das, von Peter einfühlsam übersetzt, Anfang der neunziger Jahre unter dem Titel *Freundesland* erschienen ist.

Mit der Gründung seiner neuen Familie endet für Willy Brandt eine schwierige Zeit, auch in seiner persönlichen Entwicklung. Bis zum Frühjahr 1947, als Rut Bergaust endgültig nach Berlin kommt, ist er, wenn nicht unterwegs, allein an der Spree und wohl auch ziemlich einsam. Mutter, Stiefvater und Halbbruder sind in Lübeck; die Geliebte, die Ehefrau, von der er noch nicht geschieden ist, und die Tochter leben in Oslo. Brandt vermißt die drei, jede auf besondere Weise; und aus dieser Situation entwickelt sich eine lebenslange, bewegende Geschichte. Sie zeigt einen Mann, den die Öffentlichkeit kaum wahrgenommen hat.

Willy Brandt bringt damals eine ganze Serie von Briefen auf den Weg nach Oslo. Die Zahl geht in die Hunderte, und die Adressatinnen sind Ninja, Carlota und vor allem Rut: Ihr schreibt der künftige Ehemann Tag für Tag, mitunter bis zu drei Briefe, alle ordentlich numeriert. Bei Carlota erkundigt er sich teilnahmsvoll nach ihren Lebensumständen in dieser schwierigen Zeit, und der Tochter erzählt er von sich und bittet das Mädchen, das gerade schreiben lernt, um einige Zeilen oder um ein selbstgemaltes Bild.

Die drei Frauen bleiben ein Leben lang in Verbindung. Das Zentrum dieser bemerkenswerten Beziehung bilden Oslo und seine Umgebung, und jedenfalls bis 1978, bis zur Trennung von Rut, hält sich auch Willy Brandt regelmäßig dort auf, häufig während des Urlaubs. So sind das Land, seine Menschen und ihre Sprache seine zweite Heimat geblieben, zumal er mit seinen drei Frauen zeitlebens Norwegisch gesprochen hat.

Daß sich Carlota Frahm anfangs mit Rut Brandt »nicht leicht« getan hat, wie diese sich erinnert, kann man nachvollziehen. Aber schon bald stehen die beiden in brieflichem Kontakt, und daraus entwickelt sich ein freundschaftliches Verhältnis, das bis zu Carlotas Tod Bestand hat. Eine sehr enge Bindung entsteht zwischen Rut und Ninja. Carlotas Tochter ist gewissermaßen das vierte Kind der Familie Brandt. Als Rut im Sommer 1949 mit ihrem zehn Monate alten Sohn Peter von einem Familienbesuch aus Norwegen nach Berlin zurückkehrt, ist Ninja dabei, um den Vater zu besuchen. So hält man es bis in die siebziger

Jahre hinein. Wenn die Brandts Urlaub machen, ob im Allgäu oder in Tunesien, ist Ninja häufig mit von der Partie.

Die Ursprünge dieser Familiengeschichte also liegen in den frühen Berliner Jahren, die für Willy Brandt in jeder Hinsicht eine schwere Zeit gewesen sind. Damals, erinnert sich Rut Brandt, war er »unsicher über sich selbst und seine Zukunft, unsicher darüber, was er tun wollte und konnte, unsicher, wo und woran und an wen er sich binden sollte«. Tatsächlich bedeutet das Ende des Krieges für ihn eine tiefe Zäsur. Zwölf Jahre ist er nicht mehr in Deutschland gewesen, von dem konspirativen Aufenthalt 1936 in Berlin abgesehen. Kennt er das Land und seine Menschen noch? Und wie werden sie ihm, dem Emigranten, begegnen? Gewiß, er hat seine Heimat innerlich nie aufgegeben und öffentlich niemals verleugnet. Aber durch die Erfahrungen des Exils und die Erkundung der Welt hat Brandt ein Profil gewonnen, das sich von dem der meisten seiner Landsleute unterscheidet. Die ersten Eindrücke scheinen dann auch darauf hinzudeuten, daß viele den Heimkehrer nicht gerne in ihrer Nähe sehen. Jedenfalls gibt es Intrigen – auch in den eigenen Reihen, nicht zum ersten und nicht zum letzten Mal in seinem Leben. Brandt hat den Verdacht, daß man bei den britischen Militärbehörden seine Einreise zu hintertreiben sucht, und beginnt sogar an eine Verschwörung zu glauben, wie Rut sich erinnert.

Natürlich zieht man in einer solchen Lebenslage Bilanz. Diejenige Willy Brandts ist ernüchternd – persönlich und politisch. Immerhin liegen zwei gescheiterte Beziehungen hinter ihm, darunter eine Ehe, und man kann verstehen, warum er damals auf Rut den Eindruck macht, »für eheliche Verhältnisse nicht geschaffen« zu sein. Ähnlich enttäuschend fällt die politische Bilanz aus: Brandt hat sich ja spätestens mit seiner Entscheidung für das Exil als Vertreter des Widerstands gegen Hitler und die Nazi-Diktatur verstanden und zeitlebens dazu bekannt. Gerade in dieser Hinsicht hat er freilich seine Ziele nicht erreicht, nicht erreichen können. Das gilt nicht zuletzt für das Bestreben des Widerstands, die Nazi-Diktatur aus eigener Kraft, also durch einen Staatsstreich zu stürzen. Bei allem Respekt, der den Widerständlern gebührt, bleibt doch festzuhalten, daß es nicht die deutsche Opposition gegen Hitler gewesen ist – ganz gleich, ob drinnen oder »draußen« –, die das Regime beseitigt hat, sondern die alliierte militärische Intervention.

Und noch in einer zweiten Hinsicht ist Willy Brandt erfolglos geblieben. Gewiß, die dreißiger und frühen vierziger Jahre sind, bei aller Belastung, eine Zeit großer Unabhängigkeit gewesen – politisch, aber beispielsweise auch bezogen auf die Möglichkeit ausgedehnten Reisens: Brandt wird gewußt haben, warum er seine Erinnerungen an diese Zeit 1982 unter dem Titel *Links und frei* veröffentlichte. Aber die Vision, eine dritte Kraft auf der politischen Linken in Deutschland zu etablieren, der er sich seit 1931 verschrieben hat, muß 1944 endgültig aufgegeben werden. In Deutschland, so die ernüchternde Bilanz eines dreizehnjährigen Kampfes, hat eine linkssozialistische, zwischen Sozialdemokraten und Kommunisten angesiedelte Partei keine Perspektive und schon gar keine Mehrheit.

Das zu bilanzieren heißt nicht, den Stellenwert dieses Abschnitts im Leben Willy Brandts zu unterschätzen, im Gegenteil: Bis ins hohe Alter hinein hat er auf diese Zeit nicht ohne Stolz und immer stärker auch mit einem Schuß Sentimentalität zurückgeblickt; dazu gehört auch, daß er den Weggefährten jener Jahre in einem für seine Verhältnisse hohen Maße auch emotional verbunden geblieben ist. An seinem politischen Scheitern ändert das nichts. Allerdings begreift er dieses Scheitern auch als Chance und versucht einen radikalen Neuanfang. Daß der neue Weg in Berlin beginnt, ist seiner weiteren politischen Karriere gewiß förderlich; das zeichnet sich jedenfalls seit den ausgehenden fünfziger Jahren ab. Vorderhand stellt sich die Sache jedoch anders dar: Als Willy Brandt zum erstenmal nach Kriegsende nach Berlin kommt, betritt er, wie er 1960 schreibt, ein »Niemandsland am Rande der Welt«.

Der Aufstieg

Aussichten »am Rande der Welt«
1948–1966

Immerhin ist man privilegiert. Zur Stellung des Vertrauensmannes des SPD-Vorstandes in Berlin, die Willy Brandt am 1. Februar 1948 übernimmt, gehören ein kleines möbliertes Haus mit Garten in der Trabener Straße 74, ein Auto mit Chauffeur und eine Hausangestellte, Martha Litzl, genannt »Litti«, die während der ganzen Berliner Zeit bei Brandts bleiben wird. Meinke, der Gärtner, sät und erntet, wie Rut Brandt sich erinnert: Mohrrüben, Bohnen und Mangold, Äpfel, Pflaumen und Pfirsiche. Einen Hund namens »Blackie« gibt es auch; und im Schlafzimmerschrank stapeln sich sechstausend Zigaretten, die Willy und Rut Brandt in ihrer Zeit an der norwegischen Militärmission angespart haben.

Im übrigen lebt man jetzt im »Niemandsland am Rande der Welt«. So hat Brandt Berlin erlebt, als er ein gutes Jahr zuvor erstmals wieder die alte Reichshauptstadt besucht: »Berlin im Winter 1946: Krater, Höhlen, Schuttberge, Trümmerfelder, Geröllhalden, Ruinen, die kaum noch erkennen ließen, daß hier einst Häuser gestanden hatten, Kabel und Wasserleitungen, die wie die zerstückelten Eingeweide eines vorsintflutlichen Untiers aus der Erde ragten, keine Heizung, kein Licht, jeder kleine Garten ein Friedhof und über allem wie eine unbewegliche Wolke der Gestank der Verwesung.« Aber auch politisch liegt Berlin im wahrsten Sinne des Wortes »am Rande der Welt«, jedenfalls der freien. Je mehr sich der Ost-West-Gegensatz verschärft, und eben das ist in der Berliner Zeit Willy Brandts der

Fall, um so stärker werden die Westsektoren der Stadt zum Vorposten der freien Welt im unmittelbaren Einzugsbereich des sowjetischen Imperiums.

Genaugenommen liegt Berlin ja schon hinter jenem »Eisernen Vorhang«, von dem der britische Kriegspremier Winston S. Churchill bereits im März 1946 gesprochen hat. Weil der vormalige Verbündete Josef Stalins in der »Anti-Hitler-Koalition« damit eine Redewendung von Hitlers Propagandaminister Joseph Goebbels aufgreift, läßt sich auch der sowjetische Diktator nicht lumpen und bezeichnet seinen einstigen Kampfgefährten öffentlich als neuen Hitler. Damit ist vor aller Welt klargestellt: Nur wenige Monate nach der Niederwerfung des gemeinsamen Feindes zeigen sich in der gegen Hitler gebildeten Koalition tiefe Risse, ja Gegensätze – auf der einen Seite das sowjetische Imperium, auf der anderen die drei westlichen Demokratien: die Vereinigten Staaten von Amerika, Großbritannien und Frankreich.

Mitten in diesem Spannungsfeld also liegt Berlin, und das erklärt, warum die bald endgültig geteilte Stadt während der kommenden Jahrzehnte immer wieder vom Rande ins Zentrum der internationalen Aufmerksamkeit rückt. So auch wenige Wochen nachdem Willy Brandt sein neues Amt angetreten hat. Als der sowjetische Vertreter am 16. Juni 1948 die Alliierte Kommandantur für Berlin verläßt und damit, ähnlich wie schon im März auf gesamtdeutscher Ebene, die Viermächteverwaltung für »Groß-Berlin« lahmlegt, ahnt man, daß der Stadt schwere Zeiten bevorstehen. Tatsächlich beginnen die Sowjets, in Reaktion auf die wenige Tage zuvor in den drei westlichen Besatzungszonen durchgeführte Währungsreform, am 24. Juni mit der Blockade sämtlicher Land- und Wasserwege in den Westteil Berlins, die fast ein Jahr, bis zum 12. Mai 1949, aufrechterhalten wird. Ohne die Luftbrücke der Westmächte, über die schließlich achttausend Tonnen Versorgungsgüter täglich eingeflogen werden, hätte die isolierte Halbstadt nicht überleben können.

Die Erfahrungen seiner ersten Monate in Berlin haben Willy Brandt stark geprägt. Das gilt für seine Haltung zu den Westmächten wie zur Sowjetunion; es gilt aber auch für die Einstellung zu seiner eigenen Partei und zu ihrer Berliner Konkurrentin. In gewisser Weise hat die deutsche Sozialdemokratie die Spaltung der Stadt und des Landes vorweggenommen beziehungsweise vorwegnehmen müssen: Bereits am 11. Juni 1945 ist es in der sowjetisch besetzten Zone Deutschlands zu einem Gründungsaufruf des Zentralkomitees der Kommunistischen Partei Deutschlands (KPD) gekommen. Wilhelm Pieck und Walter Ulbricht, die aus Moskau eingeflogen worden sind, spielen dabei die entscheidende Rolle.

Wenige Tage später, am 15. Juni, hat sich auch die SPD neu konstituiert – wie die KPD ursprünglich als »Reichspartei« für die vier Zonen. Zur vorläufigen Leitung hat man einen »Zentralausschuß« berufen, dessen Sprecher Otto Grotewohl ist. Der 1894 geborene gelernte Buchdrucker ist seit seinem achtzehnten Lebensjahr Mitglied der SPD, hat dann im Landtag von Braunschweig gesessen und seit 1925 dem Reichstag angehört. In der Zeit der Nazi-Diktatur mehrfach verhaftet, wird er später in der DDR Karriere machen, von 1949 bis 1964 als deren Ministerpräsident beziehungsweise als Vorsitzender des Ministerrats. Grotewohl ist es auch gewesen, der die SPD gegen den entschiedenen Widerstand Kurt Schumachers an die Seite der KPD geführt und gemeinsam mit Wilhelm Pieck am 22. April 1946 im Berliner »Admiralspalast« die »Sozialistische Einheitspartei Deutschlands« (SED) aus der Taufe gehoben hat.

Gegen diese Zwangsvereinigung steht eine Rebellengruppe in der Berliner SPD um Franz Neumann und Arno Scholz. Sie vertritt an der Spree die Position Kurt Schumachers, spricht mithin für die große Mehrheit und sorgt dafür, daß sich am 7. April 1946, eine Woche nach der Urabstimmung über die Vereinigung, die SPD in Berlin als selbständige Partei behauptet und im Frühsommer für ganz Berlin zugelassen wird. Am 20. Oktober 1946 zeigt sich, wer in freien Wahlen in Groß-Berlin die Menschen für seine Ziele gewinnen kann: Die SPD erhält mit 48,7 Prozent beinahe die absolute Mehrheit, während die SED durch die Wähler mit 19,8 Prozent auf den dritten Platz hinter die CDU verwiesen wird.

So gesehen sind die Fronten geklärt, als Willy Brandt antritt, um in der alten Reichshauptstadt Karriere zu machen. Das geschieht Anfang des Jahres 1949, nachdem er sich endgültig gegen ein Bundestagsmandat in Schleswig-Holstein entschieden hat. An der Spitze der Berliner SPD steht der kampferprobte Franz Neumann. Später sagt Brandt über ihn, er habe »zu denen gehört, die stärker sind in Zeiten, in denen es gilt, nein zu sagen, als in Zeiten, in denen es gilt, zu etwas ja zu sagen«. Bald wird Neumann zu seinem eigentlichen, langjährigen Rivalen. Der Berliner SPD-Vorsitzende steuert den Kurs Schumachers, und das in praktisch jeder Hinsicht, auch in der Frage der Westbindung der im Mai 1949 gegründeten Bundesrepublik und damit natürlich auch West-Berlins. Ob es um den Beitritt der Bundesrepublik zum Europarat oder zur sogenannten Montanunion geht oder ob die Frage der Wiederbewaffnung auf der Tagesordnung steht – immer bezieht Neumann in Berlin die von Schumacher in Bonn vertretene ablehnende Position.

Anders Ernst Reuter: Am 24. Juni 1947 zum Oberbürgermeister von Berlin gewählt, jedoch am Amtsantritt gehindert, weil die Zustimmung der Alliierten Kommandantur am sowjetischen Njet scheitert, ist er nach der Spaltung des Berliner Magistrats durch die SED von 1948 bis zu seinem Tod im September 1953 zunächst Oberbürgermeister, dann Regierender Bürgermeister in den Westsektoren der Stadt. Brandt begegnet ihm erstmals im Zehlendorfer Haus von Annedore Leber, der Witwe Julius Lebers, und man kann sagen, daß Ernst Reuter bis zu seinem frühen Tod für Willy Brandt die Rolle des politischen Ziehvaters und Mentors einnimmt, die zuvor Julius Leber und Jacob Walcher innegehabt haben. Keinem anderen hat er solche Denkmäler gesetzt wie Reuter. Das gilt nicht nur für die »politische Biographie«, die er 1957 gemeinsam mit Richard Löwenthal vorlegt, der sich damals noch Lowenthal nennt, sondern auch für zahlreiche andere Porträts, die Willy Brandt im Laufe der Jahrzehnte von Ernst Reuter noch zeichnen wird: »Der schwere Mann mit dem großen Schädel und den schütteren Haaren«, schreibt er etwa 1982, »sah häufig müde aus. Das Gesicht war von tiefen Falten durchpflügt. Aber in den jungen Augen irrlichterte oft ein halb weises, halb spitzbübisches Lächeln.«

Tatsächlich lassen die Lebensläufe Willy Brandts und Ernst Reuters manche Gemeinsamkeiten erkennen. Auch der 1889 geborene Reuter hat eine politisch bewegte Jugend hinter sich: Seit 1912 Sozialdemokrat, sieht man ihn im Frühjahr 1918 an der Spitze einer bolschewistischen Organisation von etwa dreißigtausend ehemaligen deutschen Kriegsgefangenen in Sowjetrußland, bis ihn Lenin im Mai 1918 zum Volkskommissar für die Wolgadeutschen macht. 1921 ist Reuter sogar für kurze Zeit Generalsekretär der KPD. Wie viele »der besten und selbständigsten überlebenden Köpfe unter den deutschen Kommunisten« wird er nach den Ereignissen der frühen zwanziger Jahre »an der Partei irre und bricht mit ihr«, so Sebastian Haffner. In die SPD zurückgekehrt, ist er unter anderem Oberbürgermeister von Magdeburg und seit 1932 Reichstagsabgeordneter, bis ihn die Flucht vor der Nazi-Diktatur in die Türkei verschlägt. Und auch das verbindet ihn und Brandt: »Wir waren beide ›draußen‹ gewesen«, sagt der Jüngere später.

So wird Willy Brandt zum Mann Ernst Reuters in der Berliner SPD und, über dessen Tod hinaus, zum politischen Gegner Franz Neumanns. Die Gegensätze zeichnen sich früh ab. Zum einen greift Brandt – mal direkt, mal indirekt – die Berliner Parteiführung mit einer seiner stärksten Waffen an: der Feder. Der vormalige Exilant ist nach wie vor als Journalist tätig. Seine Versicherungskarten weisen ihn noch 1951 als »Freien Schriftsteller« beziehungsweise »Chefredakteur« aus. Er schreibt nämlich nicht nur für einige skandinavische Zeitungen, sondern er ist seit dem 1. Januar 1950 Chefredakteur der Parteizeitung *Berliner Stadtblatt*, bis diese 1951 pleite geht. Allein während des Jahres 1950 erscheinen dort aus seiner Feder beinahe dreihundert Artikel.

Vor allem aber engagiert sich Willy Brandt immer stärker in der Berliner Lokalpolitik. Seit Jahresende 1949 ist er Kreisvorsitzender im Bezirk Wilmersdorf, ein Jahr darauf, im Dezember 1950, wird er Mitglied des Abgeordnetenhauses. Spätestens jetzt, sagt Rut Brandt, entwickelt sich zwischen ihm und Franz Neumann, dem »Typ eines richtigen Arbeiterführers, selbstbewußt, groß und dunkelhaarig, mit kräftigen Zügen«, ein politischer »Nahkampf« um die Macht. Zunächst zieht Brandt wiederholt den kürzeren, so bei den Wahlen für den Landesvorsitz der SPD im April 1952, in die er von Reuter geschickt wird. Das Ergebnis fällt mit 193 gegen 96 Stimmen deutlich aus, und Willy Brandt hat dreißig Jahre später mit Blick auf diese schmerzliche Niederlage geschrieben, daß er auch sonst »selten auf Anhieb« erreicht hätte, was er sich vorgenommen habe. Im Mai 1954 passiert ihm dasselbe noch einmal, allerdings mit nur noch zwei Stimmen Unterschied und mit dem Trostpflaster des Stellvertreterpostens. Danach ist er klüger und will erst wieder antreten, wenn er der Wahl zum Vorsitzenden sicher sein kann. »Niederlagen stählen«, schreibt er mit Blick auf diese Situation noch an seinem Lebensabend, aber eben nur, »wenn es nicht zu viele werden.«

Natürlich sind die Wahlschlappen der Berliner SPD immer auch Niederlagen ihrer Führungsriege, also auch des Stellvertretenden Landesvorsitzenden. So gelingt es den Genossen bei den Berliner Wahlen vom 8. Dezember 1954 nicht, das Ergebnis des letzten Urnengangs zu korrigieren. Damals, im Dezember 1950, hatte die Partei mit zwanzig Prozent Stimmenverlust einen der schwersten Einbrüche ihrer Geschichte hinnehmen müssen. Das schmerzte auch dann noch, wenn man das Ergebnis von 1948, sagenhafte 64 Prozent, als exzeptionell ansah.

Da die Berliner Sozialdemokraten aber 1954 stärkste Fraktion im Abgeordnetenhaus bleiben und sich im übrigen für eine Neuauflage der Koalition mit der CDU entscheiden, wird der Stuhl des Präsidenten erneut von einem der Ihren besetzt. Daß die Wahl im Januar 1955 auf Willy Brandt fällt, ist angesichts der Querelen innerhalb der Landespartei nicht selbstverständlich, zeigt aber, wie sehr er inzwischen politisch an Statur gewonnen und aus dem langen Schatten des im September 1953 gestorbenen Ernst Reuter herausgetreten ist. Die Voraussetzungen dafür sind indessen zu einem guten Teil nicht an der Spree, sondern am Rhein geschaffen worden.

Wir wissen nicht, was aus Willy Brandt geworden wäre, hätte sich sein politisches Wirkungsfeld auf Berlin beschränkt. Ehrgeizig wie eh und je und durch Erfahrung klug geworden, fährt er jedoch von Anfang an mehrgleisig. Im August 1949 hat er sich durch die Stadtverordnetenversammlung zu einem der acht Berliner Abgeordneten im Ersten Deutschen Bundestag wählen lassen, dem er bis zu seiner Wahl zum Regierenden Bürgermeister von Berlin im Oktober 1957 angehören wird. Die bundes- und außenpolitischen Erfahrungen, die er hier sammeln kann, unter anderem als Mitglied des Auswärtigen Ausschusses, sind ihm Jahre später von Nutzen. Im übrigen gibt es wegen der Annahme des ersten Bundestagsmandats Ärger mit Ernst Reuter, weil der Willy Brandt in Berlin halten will und ihm den Posten des Verkehrsdezernenten im Berliner Magistrat anbietet.

Aber auch in anderer Hinsicht hat die Entscheidung, mindestens mit einem Bein nicht am Rande der Welt zu stehen, Konsequenzen. So müssen die Brandts ihr kleines Haus in der Trabener Straße räumen. Für die dreiköpfige Familie und insbesondere für Willy Brandt, der die schönen Seiten des Lebens zu schätzen weiß, ist es nicht einfach, in ein Reihenhaus am Schlachtensee zu ziehen, wenn man dort auch später, nach einem Umzug vom Marinesteig 9 in die benachbarte Nummer 14, das Dach nur noch mit einer Partei teilen muß. Aber für mehr reichen die Diäten des Bundestagsabgeordneten nicht.

Am Rhein beginnt für Willy Brandt die erste einer Reihe amouröser Geschichten, die ihm im Verlauf seiner Karriere sehr zu schaffen machen wird. Erstmals begegnet er der dreißigjährigen Susanne Sievers, Mutter zweier Kinder, während des Jahres 1950. Im Mai 1951 lernen sich die beiden »näher kennen« und freunden sich an, wie Susanne Sievers später während eines Stasi-Verhörs zu Protokoll gibt. Die geschiedene Frau ist Sekretärin im Bundestag gewesen und arbeitet jetzt bei der *Westfälischen Rundschau*. Wann immer Brandt in Bonn ist, trifft er sie; ansonsten korrespondieren Susanne und der »Bär«, wie er sich selbst in seinen Briefen nennt. Im Juni 1952 wird Susanne Sievers in der DDR wegen Agententätigkeit verurteilt und muß eine vierjährige Zuchthausstrafe absitzen. Als sie sich danach hilfesuchend an Willy Brandt wendet, muß sie erfahren, daß diesem die Verbindung mittlerweile höchst unangenehm ist. Immerhin ist er inzwischen zum Präsidenten des Berliner Abgeordnetenhauses avanciert. Die tief Enttäuschte rächt sich auf ihre Weise und macht ihre Informationen, darunter Brandts Briefe, dem Journalisten Hans Frederik zugänglich, der das Material 1961 publiziert.

In der Zeit, in der Willy Brandt die SPD im Bonner Bundestag vertritt, hat sie im Lande keine guten Karten. Das zeigt nicht zuletzt ein dramatischer Mitgliederschwund: Zwischen 1947 und 1952 verliert die Partei mehr als ein Viertel ihrer Mitglieder, darunter besonders viele jüngere. Bei den Wahlen zum Ersten Deutschen Bundestag fahren die Sozialdemokraten im August 1949 gerade einmal 29,2 Prozent der Stimmen ein – zwar mehr als die christdemokratische Konkurrenz, die aber mit den Stimmen der bayerischen Schwesterpartei die Nase knapp vorn hat. Willy Brandt ist enttäuscht, und Kurt Schumacher ist außer sich. Mit diesem Ergebnis hat eben niemand gerechnet; und bei den nächsten Wahlen, die Schumacher allerdings nicht mehr erlebt, kommt es noch schlimmer.

Jetzt, Mitte der fünfziger Jahre, macht sich bemerkbar, daß der deutschen Sozialdemokratie einige ihrer traditionellen Hochburgen, Sachsen und Thüringen, nicht mehr zur Verfügung stehen; außerdem kann die regierende Koalition aus CDU/CSU, FDP und Deutscher Partei auf dem Feld der Wirtschafts- und Sozialpolitik beachtliche Erfolge vorweisen. Vor allem aber: Die SPD findet keinen Koalitionspartner, weil sie vorerst an der Programmatik einer linken Arbeiterpartei festhält und als solche nicht koalitionsfähig ist. Erst in der Wahl zum Dritten Deutschen Bundestag überspringt die SPD am 15. September 1957 die Dreißig-Prozent-Hürde, unter anderem auch deshalb, weil die KPD im August 1956 durch ein Urteil des Bundesverfassungsgerichts verboten worden ist. Im übrigen können auch die schärfsten Konkurrenten, CDU und CSU, deutlich zulegen und für die kommende Legislaturperiode mit absoluter

Mehrheit allein regieren. Erst danach öffnen sich für die SPD, wie Willy Brandt rückblickend sagt, »die Schleusen der Erneuerung«.

Die beachtlichen Erfolge der Christ- und die relativen Mißerfolge der Sozialdemokraten während der fünfziger Jahre haben natürlich ihre Gründe. Sie liegen in den Programmen wie in den Personen, welche die beiden großen Parteien anzubieten haben. Die SPD hat zunächst Kurt Schumacher, der polarisiert, dann Erich Ollenhauer, der als Partei- und Fraktionsvorsitzender voll und ganz damit beschäftigt ist, die vom Erfolg nicht gerade verwöhnten Genossen in einem Boot zu halten. Die CDU hat Konrad Adenauer, ihren Parteivorsitzenden und den ersten Kanzler der Bundesrepublik Deutschland. Der 1876 geborene Rheinländer ist eigentlich ein Mann der Innen- und vor allem der Kommunalpolitik. Von 1917 bis 1933, bis zu seiner Amtsenthebung durch die Nationalsozialisten, und dann noch einmal 1945, bis zu seiner erneuten Absetzung, diesmal durch die britischen Besatzer, ist er Oberbürgermeister von Köln gewesen.

Zu Willy Brandt, dem ehemaligen Linkssozialisten und Emigranten, hat Adenauer ein gespaltenes Verhältnis; das beruht auf Gegenseitigkeit. Allerdings hat Brandt dem langjährigen Bundeskanzler stets einen angemessenen Respekt entgegengebracht. Sowohl in seinem Memoirenband *Begegnungen und Einsichten* aus dem Jahre 1976 als auch in den *Erinnerungen*, die an seinem Lebensabend erscheinen, widmet er dem »Alten vom Rhein« ein eigenes Kapitel und lobt dessen »robusten Realismus«. Von dem profitiert er selbst während der späten fünfziger und frühen sechziger Jahre: Adenauer weiß aus eigener Erfahrung sehr wohl, was es heißt, eine Stadt wie Berlin zu regieren, und das auch noch unter den Bedingungen des Kalten Krieges; und Willy Brandt ist nicht nur seit 1957 Regierender Bürgermeister von Berlin, sondern seit 1958 auch Präsident des Deutschen Städtetages.

Während der fünfziger Jahre äußert sich Adenauers »robuster Realismus« in einer konsequenten Politik der Westbindung, die von der SPD auch nach dem Tod Schumachers im

Februar 1952 abgelehnt, von der Mehrzahl der Bevölkerung aber ganz offensichtlich honoriert wird. Unbeirrt führt der wenige Jahre nach dem Deutsch-Französischen Krieg von 1870/71 geborene Kanzler die Bundesrepublik 1952 in die »Europäische Gemeinschaft für Kohle und Stahl« und damit in ein enges Verhältnis zum alten Erzrivalen Frankreich sowie – nach Überwindung vielfältiger innen- und außenpolitischer Hindernisse – in die militärischen Gemeinschaften des Westens, in die »North Atlantic Treaty Organization« (NATO) und die »Westeuropäische Union« (WEU). Zwar wird der Bundesrepublik von den drei Westmächten im Gegenzug die fast vollständige außenpolitische Souveränität zugesprochen, doch läßt diese Politik aus Sicht vieler Kritiker die Wiedervereinigung Deutschlands in weite Ferne rücken. Und so stimmt die SPD am 27. Februar 1955 im Bundestag gegen die entsprechenden Verträge.

Willy Brandt verfolgt diesen Kurs seiner Partei mit Skepsis. Wie schon seine Parteifreunde Ernst Reuter oder Otto Suhr, Berlins Regierende Bürgermeister von 1950 bis 1953 beziehungsweise von 1955 bis 1957, weiß er, daß ein freies West-Berlin ohne die Hilfe der Westmächte nicht zu halten, daß diese Hilfe aber nicht umsonst zu haben ist: Die feste Einbindung in die westlichen, auch militärischen Gemeinschaften und der damit bekundete Wille, sich gegebenenfalls aktiv an der Verteidigung der freien Welt zu beteiligen, gelten als unabdingbare Voraussetzungen. In diesem Sinne hat sich Willy Brandt schon im Mai 1950 auf dem Hamburger Parteitag für den Beitritt der Bundesrepublik zum Europarat stark gemacht. Damals haben gerade einmal elf der beinahe vierhundert Delegierten, darunter sechs Berliner, seine Position geteilt und sich der Stimme enthalten, als über den Entschließungsantrag des Vorstands abgestimmt worden ist. In der geteilten Stadt erkennt man die Zeichen der Zeit eben früher als im Bundesgebiet. Außerdem erlebt man hier ganz unmittelbar, was es bedeuten kann, der Sowjetmacht hilflos ausgeliefert zu sein.

Hat der Tod des Diktators Josef Stalin, Inbegriff der Schreckensherrschaft, im März 1953 sowohl innerhalb der Sowjetunion als auch in dem von Moskau kontrollierten Machtbereich manche Hoffnung aufkeimen lassen, so ändert sich dies im Frühsommer dramatisch, jedenfalls in der DDR. Eigentlich hat es sich bei der Dampferfahrt von einigen hundert Arbeitern und Angestellten der Großbaustelle des Krankenhauses Friedrichshain um einen Betriebsausflug gehandelt; dann aber wird daraus an diesem 13. Juni 1953 eine Protestveranstaltung gegen die jüngsten Wirtschaftsbeschlüsse des SED-Politbüros, insbesondere gegen die Erhöhung der Arbeitsnormen. Am 17. Juni erreicht die dadurch ausgelöste Streik- und Protestwelle, in der inzwischen auch der Ruf nach freien Wahlen hörbar ist, ihren Höhepunkt. In mehr als zweihundertfünfzig Städten gehen die Massen auf die Straße, so auch in Ost-Berlin.

Die Antwort des sowjetischen Stadtkommandanten von Berlin und der DDR-Staatsmacht ist unmißverständlich und kompromißlos: Ausnahmezustand, Panzereinsatz, Verhaftungen, standrechtliche Erschießungen. Am Ende werden fünfzig Tote gezählt und, allein bis zum 1. Juli, etwa achttausend Verhaftete. Zu allem Übel wird auch noch die Position des Mannes gestärkt, den eine eigenartige Koalition aus streikenden mitteldeutschen Arbeitern sowie einer Fraktion im Moskauer Kreml und in der SED gerade stürzen wollte: Walter Ulbricht bleibt die bestimmende Figur in Pankow und Moskaus Mann in Ost-Berlin. Das also ist die brutale Realität; und natürlich fühlen sich in Bonn und West-Berlin alle die bestätigt, die eine rasche, feste und umfassende Integration der Bundesrepublik in die westlichen Bündnisse und Gemeinschaften fordern, unter ihnen auch eine Gruppe der Berliner SPD um Ernst Reuter und, nach dessen Tod, immer stärker um dessen politischen Ziehsohn Willy Brandt.

Der gewinnt jetzt zusehends an Statur, und das nicht nur als Politiker. Die Frau an seiner Seite spielt dabei eine herausragende Rolle. Für den Politiker wie für den Menschen Willy Brandt ist Rut ein Glücksfall, und er weiß, was er an seiner Frau hat. Ihr natürlicher Charme, die selbstverständliche Herzlichkeit, mit der sie auf andere zugeht, auf gewinnende Weise gepaart mit einer nicht gestellten Scheu vor dem Spektakel – das sind Eigenschaften, die ihrem Mann abgehen und die Rut Brandt überall bleibende Sympathien eintragen. Jahrzehnte später, als sie in Berlin ihren Achtzigsten feiert, reisen zahlreiche Weggefährten an, darunter mehr als ein Dutzend ehemaliger Sekretärinnen, Chauffeure, Hausmeister und Hausmädchen, um persönlich zu gratulieren; andere, die nicht kommen können, bringen ihre Erinnerungen, ihre Zuneigung und ihren Dank in bewegenden Zeilen zum Ausdruck.

Was für das private Umfeld der Brandts gilt, gilt für die Bevölkerung der geteilten Stadt insgesamt, und das kommt auch dem ambitionierten Aufsteiger zugute. Der Mittvierziger und seine Ehefrau wissen sich gut in Szene zu setzen. Willy Brandt gilt damals als Medienwunder. Dabei kommt ihm seine eigene journalistische Erfahrung, aber auch die Tatsache zugute, daß ihm der »hochbegabte und überaus erfolgreiche« Verleger Axel Springer damals »eher freundlich zugetan« ist, wie Brandt noch 1989 betont. Bis sich das vor dem Hintergrund der Ost- und Deutschlandpolitik Brandts ändert, bauen Springers Zeitungen den Berliner Sozialdemokraten systematisch auf.

Außerdem ist Willy Brandt ausgesprochen foto- und telegen. Ob er sich, gelegentlich mit Frau, auf Reisen begibt und beispielsweise 1954 die USA, ein Jahr darauf Italien und Jugoslawien und 1956 Schweden und Norwegen besucht, ob es darum geht, ein intaktes Familienleben öffentlichkeitswirksam vorzuführen, oder ob Rut und Willy Brandt, gutaussehend und weltgewandt, in der Berliner Gesellschaft auftreten – stets finden sie das Interesse der Medien. »Wir waren plötzlich«, erinnert sich Rut Brandt, »ins Gesellschaftsleben hinausgeschubst worden. Ich mußte zu Cocktail-Partys gehen und zu Abendessen. Wir waren dabei, wenn Besuch aus Westdeutschland kam und wenn Besuch aus dem Ausland kam. Man schickte uns Karten für die Theaterpremieren, und man lud uns zum Ball ein. Unser erster Presseball löste ein großes Spektakel aus ... wir waren zu fein. Willy

Auf dem Weg nach oben: Mit Rut Brandt, Mitte der fünfziger Jahre

hatte einen Smoking an und ich ein weißes Seidenkleid mit einem schwarzen Band um die Hüfte – die H-Linie –, und das war der letzte Schrei.« Das ist 1955, und was bei vielen Genossen, darunter Franz Neumann, auf Unverständnis, ja Empörung stößt, finden die Berliner durchweg attraktiv.

Indessen hätte der gesellschaftliche Auftritt allein für die politische Karriere nicht gereicht. Entscheidend ist dann doch die politische Tat. Sicher, das Wort Willy Brandts hat inzwischen in Berlin Gewicht – bei großen Teilen der eigenen Partei, aber nicht nur dort. Doch wird er in Besprechungen und auf Kundgebungen immer auch an Ernst Reuter gemessen, und hier schlägt am 5. November 1956 seine Stunde. Jetzt kann er, im entscheidenden Augenblick unterstützt von Frau Rut, zeigen, was in ihm steckt.

Auslöser der dramatischen Vorgänge jener Tage ist nicht die Entwicklung in Berlin, sondern in Ungarn. Hier ist es Ende Oktober 1956 zu einem Volksaufstand gekommen, der binnen kurzem zur Bildung einer reformkommunistischen Regierung unter dem Altkommunisten Imre Nagy und zum Austritt des Landes aus dem Warschauer Pakt führt. Am 4. November rollen auf den Straßen Budapests sowjetische Panzer und schießen den Volksaufstand blutig zusammen. In Erinnerung an die Vorgänge in Ost-Berlin und der DDR vom 17. Juni 1953 rufen die Berliner Parteien zu einer Kundgebung vor dem Schöneberger Rathaus auf, dem Sitz des Regierenden Bürgermeisters.

Dabei, so schreibt Willy Brandt wenige Jahre später, unterschätzten die meisten Politiker »die gefühlsmäßige Spannung, die Erregung der Berliner; die Nachrichten aus Ungarn weckten die Erinnerung an die Ostberliner Erhebung, kaum vernarbte seelische Wunden brachen wieder auf. Es waren sicherlich hunderttausend Menschen, die an jenem Abend zusammenströmten … Die Redner jener Kundgebung hatten einen schweren Stand … Mahnungen zur Besonnenheit verpufften, die Menge wollte ›Taten‹ sehen … Auch ich hatte, als außerprogrammäßiger Redner, nur schwer das Ohr der Menge finden können … Um einen wilden Marsch zum Ostsektor abzuwenden, forderte ich die

Menge auf, sich mir anzuschließen und zum Steinplatz zu ziehen, wo wir uns am Denkmal für die Opfer des Stalinismus versammeln wollten. Viele folgten mir. Andere gingen nach Hause. Damit war ein erster Erfolg erreicht ... Dann kamen bedrohliche Nachrichten. Einige tausend, meist junge Menschen, hatten einen besonderen Zug formiert und waren fackelschwingend zum Brandenburger Tor marschiert. Ein Teil der Demonstranten war auch dorthin gelangt ... Ich sprang mit Rut in ein Auto und raste hin, um das Schlimmste verhüten zu helfen ... Über einen Lautsprecherwagen der Polizei, dessen Scheiben zertrümmert waren, wandte ich mich an die erregte Menge ... Ich sagte ihnen sehr hart, daß wir das Geschäft der anderen Seite betrieben, wenn wir uns untereinander bekämpften oder uns provozieren ließen ... In diesem Augenblick erhielt ich die dringende Bitte, ich möchte mit dem Polizeiwagen direkt an das Brandenburger Tor kommen, wo sich die Lage bedrohlich zugespitzt hatte ... Ich kletterte auf ein Auto und setzte noch einmal brutal auseinander, daß ein blutiger Zusammenstoß den Ungarn nicht helfen, wohl aber einen Krieg entfesseln könnte. Dann stellte ich mich an die Spitze eines neuen, diesmal kleineren Demonstrationszuges und führte ihn weg vom Brandenburger Tor, vorbei an dem auf Westberliner Gebiet liegenden russischen Denkmal. Hier forderte ich auf, trotzig die deutsche Nationalhymne zu singen. Es ist auch in politischen Situationen nützlich, sich daran zu erinnern, daß meine deutschen Landsleute ein sangesfreudiges Volk sind ... Eigene Gesetze regieren das Verhalten der Masse. Glück mehr als alles andere, die Hilfe äußerer Umstände braucht man, um sich durchzusetzen. Aber jener Abend hat sicherlich dazu beigetragen, daß Rut und ich uns die Herzen der Berliner gewannen.«

So ist es, und die weitere Entwicklung belegt, daß die Karrierekurve des Willy Brandt seit jenem Novemberabend einen steilen Aufstieg verzeichnet. Dies bedeutet zugleich das politische Aus für Franz Neumann, der Brandt inzwischen in offener Feindschaft bekämpft. Dieser wiederum hat aus den Niederlagen der zurückliegenden Jahre gelernt. Sie haben ihm gezeigt, daß er zwar mit Ernst Reuter zunächst einen Mentor, aber damit noch keine eigene Hausmacht hat. Für deren Aufbau braucht man Zeit, die richtigen Leute und eine geeignete Strategie.

Dabei überläßt Willy Brandt nichts mehr dem Zufall. Neben einer systematischen Pressearbeit, von welcher der gelernte Journalist einiges versteht, macht er sich mit einem Trupp jüngerer Getreuer daran, die Parteibasis zu erobern, also die Kreisorganisationen für sich zu gewinnen. Als bald unentbehrlich erweist sich dabei die Hilfe von Klaus Schütz. Der 1926 geborene Politologe sitzt seit 1954 im Berliner Abgeordnetenhaus und seit 1957 im Deutschen Bundestag. In jenen Jahren wird er zu einer unverzichtbaren Stütze des Regierenden Bürgermeisters. Wie Brandt hat auch Schütz eine Entwicklung vom linken Flügelstürmer, in diesem Fall mit trotzkistischem Einschlag, zum sozialdemokratischen Reformer hinter sich, und um sich ganz in den Dienst des dynamischen Hoffnungsträgers der Partei stellen zu können, hängt er sogar seine Laufbahn als Wissenschaftler an den Nagel. 1972 nennt Willy Brandt Klaus Schütz seinen »wichtigsten politischen Mitarbeiter« während der sechziger Jahre und plaziert ihn ausdrücklich vor andere, auch vor Egon Bahr.

Die Strategie geht auf, wenn auch wieder einmal das Schicksal Willy Brandt zuspielt: Am 30. August 1957 stirbt Otto Suhr, der zweite Nachfolger des legendären Ernst Reuter im Amt des Regierenden Bürgermeisters. Auf einem außerordentlichen Landesparteitag nominiert die Berliner SPD mit 223 gegen 26 Stimmen Willy Brandt als ihren Kandidaten, und am 3. Oktober 1957 wird er zum Regierenden Bürgermeister von Berlin gewählt. Damit ist auch die Vorentscheidung über den Landesvorsitz gefallen. Im Januar 1958 schafft Brandt, im dritten Anlauf und mit einer mäßigen Mehrheit von 163 zu 124 Stimmen, den Sprung an die Spitze der Berliner SPD und beendet damit zugleich den parteiinternen Machtkampf mit Neumann. Der räumt dann auch umgehend und gründlich sein Büro: Alles wird eingepackt und mitgenommen, vor allem die Akten; nichts soll für die Genossen bleiben, schon gar nicht für Brandt.

So eindeutig der Sieg, so beschwerlich übrigens der Weg des Kandidaten dorthin: Durch die wiederholten Niederlagen verunsichert, muß Willy Brandt von seinen engsten Mitarbeitern, allen voran Klaus Schütz, regelrecht bedrängt werden, erneut die Machtfrage zu stellen. Dann freilich ist es geschafft. Knapp zehn Jahre nach seiner endgültigen Rückkehr aus dem Exil beginnen Politik und Strategie Willy Brandts Früchte zu tragen. Der Kampf der vergangenen Jahre, vor allem gegen die innerparteilichen Widersacher, hat sich am Ende doch gelohnt; die wichtigen ersten Sprossen der Karriereleiter sind genommen. Aber kann das alles gewesen sein?

Willy Brandt ist jetzt Mitte Vierzig, und er hat noch einiges vor. Berlin soll erst der Anfang sein, das Sprungbrett für höhere Ämter und größere Aufgaben. Zunächst aber muß der frisch gekürte »Regierende Bürgermeister« unter Beweis stellen, daß seine Partei die richtige Entscheidung getroffen hat, und das gelingt ihm auf spektakuläre Art: Bei den Wahlen zum Berliner Abgeordnetenhaus kann die SPD am 7. Dezember 1958 bei einer sensationellen Wahlbeteiligung von mehr als neunzig Prozent ihren Stimmenanteil von 44,6 auf 52,6 Prozent erhöhen.

Willy Brandt hat seine Gründe, gleichwohl der weit abgeschlagenen CDU eine Große Koalition anzubieten. Denn die Wahl findet vor dem Hintergrund eines bedrohlichen Szenarios statt. Im November 1958 hat der starke Mann in Moskau, Nikita Chruschtschow, in der sowjetischen Berlin-Politik eine scharfe Gangart eingeschlagen und damit auf die Massenabwanderung von Ost- nach Westdeutschland reagiert, die seit 1955 jährlich etwa 250000 Bürger der DDR nach West-Berlin beziehungsweise in die Bundesrepublik führt. Am 27. November hat die Sowjetunion den Viermächte-Status von Berlin gekündigt und den Abzug der westlichen Truppen aus der Stadt sowie die Aufnahme von Verhandlungen über den Status West-Berlins als entmilitarisierte »freie« Stadt gefordert. Mit diesem ersten, auf sechs Monate befristeten Ultimatum beginnt erneut eine schwere Krise in und um Berlin. In der Stadt geht die Angst um, auch bei Willy Brandt. Der Regierende Bürgermeister sagt zu Freunden, daß er jetzt »jedes Jahr um 5 Jahre älter« werde. Zeigen darf er das nicht, im Gegenteil: Jetzt heißt es, stark zu sein oder doch so aufzutreten.

Willy Brandt macht in der Krise, die schließlich fast vier Jahre dauern wird, von Anfang an eine gute Figur. Außerdem hilft ihm und seiner Partei, daß man in einer solchen Situation die Pferde nicht wechselt. Aber das allein erklärt nicht den durchschlagenden Wahlerfolg. Vielmehr kommt dem neuen Hoffnungsträger der SPD jetzt zugute, daß er die Politik einer konsequenten Westbindung der Bundesrepublik auch schon zu einer Zeit befürwortet hat, als diese in den eigenen Reihen höchst unpopulär gewesen ist. Inzwischen beginnt sich die SPD auch auf Bundesebene neu zu orientieren, aber das braucht bei einer derart traditionsverpflichteten Partei seine Zeit. Der Kurswechsel wird denkbar, seit Erich Ollenhauer nach dem Tod Kurt Schumachers im August 1952 den Vorsitz von Partei und Fraktion in Bonn übernommen hat. Vollzogen wird er allerdings erstmals fünf Jahre darauf. Hat man noch im Mai 1955 gegen die militärische Integration der Bundesrepublik in NATO und WEU gestimmt, so passieren gut zwei Jahre darauf, Anfang Juli 1957, die Verträge über die »Europäische Wirtschaftsgemeinschaft« (EWG) und die »Europäische Atomgemeinschaft« (EURATOM) den Bundestag mit den Stimmen der Sozialdemokratie.

So überrascht es nicht mehr, daß Willy Brandt jetzt auch auf Bundesebene jene Hürde nimmt, an der er zuvor wiederholt gescheitert ist: Auf dem Stuttgarter Parteitag der SPD schafft er im Mai 1958 im dritten Anlauf endlich den Sprung in den Parteivorstand; 268 von 383 möglichen Stimmen entfallen auf den Regierenden Bürgermeister von Berlin und Exponenten des reformistischen Flügels der Partei. Das ist nicht gerade ein berauschendes Ergebnis, aber besser als das der Parteitage von Berlin und München ist es allemal. In der bayerischen Metropole war Brandt im Juli 1956 zum zweitenmal angetreten und erneut durchgefallen. Als das Ergebnis während einer Dampferfahrt auf dem Starnberger See durchsickerte, sah man einen hemmungslos weinenden Willy Brandt. So weit unten, sagen Weggefährten später, sei er nie mehr gewesen.

Der Sprung in den Parteivorstand gelingt in Stuttgart auch einem anderen ehemaligen Emigranten: Herbert Wehner. Sieben Jahre älter als Willy Brandt, blickt er Ende der fünfziger Jahre auf eine Biographie zurück, die mit derjenigen Brandts manches gemeinsam hat. Wie dieser ursprünglich Mitglied der »Sozialistischen Arbeiterjugend«, wechselt auch Wehner früh das Lager, zunächst zu einem Kreis von Anarchisten um den legendären Erich Mühsam, dann zu den Kommunisten, wo er seit 1929 Karriere macht. Die brutale Reaktion des Hitler-Regimes auf den Reichstagsbrand zwingt ihn in den Untergrund. 1935 emigriert er in die Sowjetunion.

Dort unterhält Wehner, wie den Akten des »Volkskommissariats für Innere Angelegenheiten« (NKWD) zu entnehmen ist, »vertrauliche Kontakte« zum sowjetischen Geheimdienst. Zwar ist er niemals ein voll rekrutierter Agent gewesen, doch hat er offenbar in der Zeit des Großen Terrors mehrere seiner Genossen denunziert. Das ist nur nachzuvollziehen, wenn man die extreme Situation in Rechnung stellt, in der sich ein deutscher Emigrant während dieser Jahre in der Sowjetunion befunden hat. Wehners KGB-Akte, in der er unter dem Codenamen »Kornelis« firmiert, deutet darauf hin, daß er selbst mehrfach Opfer von Denunziationen gewesen und nur knapp der Hinrichtung entgangen ist. Immerhin werden in der Zeit des Großen Terrors unter anderem alle deutschen Funktionäre des NKWD erschossen und siebzig Prozent der in der Sowjetunion lebenden KPD-Mitglieder verhaftet. Daß Herbert Wehner überlebt, hat er – Ironie des Schicksals – wohl auch dem Umstand zu verdanken, daß Stalin am 23. August 1939 mit Hitler seinen »Teufelspakt« schließt.

Die erneute, für einen deutschen Emigranten lebensgefährliche Zuspitzung der Situation nach dem deutschen Überfall auf die Sowjetunion am 22. Juni 1941 erlebt Wehner nicht mehr in Moskau. Im Februar 1941 ist er, ausgestattet mit fünfhundert Rubeln, nach Schweden gereist, um dort »illegale Arbeit« zu leisten. Ob das auf eigenen Wunsch geschehen oder ob er durch die Führung der KPD abgeschoben worden ist, läßt sich nicht eindeutig sagen; jedenfalls wird er dort 1942 wegen »Gefährdung der schwedischen Freiheit und Neutralität« zu einem Jahr Haft verurteilt. Und auch die Frage, ob er seine Verhaftung durch die schwedische Polizei provoziert hat, um nicht im Auftrag der Moskauer Zentrale nach Deutschland gehen und dort die Partei im Untergrund führen zu müssen, ist bis heute umstritten.

Nachdem ihn die KPD ihrerseits am 6. Juni 1942 wegen Verrats ausgeschlossen hat, sagt Herbert Wehner sich vom Kommunismus los und arbeitet hinfort mit der schwedischen Polizei zusammen – möglicherweise erneut unter Preisgabe von Namen ehemaliger Genossen. Auf die Fürsprache Kurt Schumachers hin wird er im Oktober 1946 wieder in die SPD aufgenommen, ein Schritt, den er nur unter Skrupeln tut. Später berichtet er, daß er Schumacher prognostiziert habe, man werde ihm »die Haut bei lebendigem Leib abziehen«, und daß ihm dieser geantwortet habe: »Das wirst du aushalten.« Aushalten muß er zunächst einmal die Verschlechterung des Verhältnisses zu Schumacher selbst, weil der Parteivorsitzende 1948/49 von Wehners problematischem Verhalten in Schweden erfährt und auf Distanz zu dem Altkommunisten geht.

Herbert Wehner, wie Willy Brandt gelernter Journalist, arbeitet zunächst als Redakteur beim *Hamburger Echo*, und dort begegnen sich die beiden erstmals im August 1946. Fortan verbindet sie, wie Brandt 1982 schreibt, »eine ungewöhnliche Weggenossenschaft«. Mit der Wahl beider in den Parteivorstand kommt es zwangsläufig zu einer engeren Zusammenarbeit. Bislang kennt man sich vor allem aus der Fraktionsarbeit im Deutschen Bundestag, dem beide seit 1949 angehören. Dort ist Wehner von Anfang an Vorsitzender des Ausschusses für »gesamtdeutsche und Berliner Fragen« und damit ein wichtiger Gesprächspartner für die Vertreter Berlins.

Das Verhältnis von Brandt und Wehner sucht seinesgleichen in der Geschichte der Bundesrepublik. Es sind wohl die ähnlichen Erfahrungen und Lebensläufe gewesen, die beide unter zunehmendem Reibungsverlust seit den ausgehenden fünfziger Jahren aneinander binden. Beide sind über den Umweg des

Linkssozialismus beziehungsweise Kommunismus zur SPD zurückgekehrt und werden dann, vielleicht gerade wegen dieser Stationen, zu tragenden Säulen der Partei; beide sind wegen ihrer Entscheidung, die Nazi-Diktatur von »draußen« zu bekämpfen, in den fünfziger und sechziger Jahren auf übelste Weise verleumdet, ja »gehäutet« worden, wie Wehner vorhergesagt hat; beide tragen, auch hier geprägt von den Erfahrungen der dreißiger und vierziger Jahre, in außerordentlichem Maße zum Aufbau, zur inneren Festigung und damit zur äußeren Reputation des Experiments »Bundesrepublik Deutschland« bei; beide lassen schließlich ähnliche Verhaltensmuster erkennen – gezeichnet von Niederlagen und Rückschlägen, in erstaunlichem Maße sentimental, ja in gewisser Weise weich, und doch im entscheidenden Augenblick zu jener Härte fähig, die man wohl braucht, wenn man mit einer solchen Biographie im Gepäck eine politische Karriere machen will. Daß der eine – Herbert Wehner – dann die aus seiner Sicht notwendige Härte erkennen läßt, als der andere – Willy Brandt – zu weich zu werden scheint, liegt in der Logik dieser dramatischen Beziehung; und daß Wehner im Unterschied zu Brandt nie auf die Idee gekommen ist, sich und seine Geschichte zu einem öffentlichen Thema zu machen und beispielsweise Memoiren vorzulegen, offenbart dann doch auch einen beträchtlichen Gegensatz der Charaktere.

Die Wahl Brandts und Wehners, aber auch Gustav Heinemanns, Alex Möllers und Helmut Schmidts, in den Vorstand auf dem Stuttgarter Parteitag vom Mai 1958 ist Teil eines grundlegenden Reformprozesses, mit dem die SPD auf die Ergebnisse der Wahl zum Dritten Deutschen Bundestag reagiert. Dazu gehört die Modernisierung der Öffentlichkeits- und Programmarbeit, die Waldemar von Knoeringen, ebenfalls seit 1958 im Parteivorstand, entschieden vorantreibt; dazu gehört aber vor allem auch ein neues Grundlagenprogramm. Nach intensiver Vorbereitung an der Basis, die sich mit den Namen Willi Eichlers und Heinrich Deists verbindet, verabschiedet der Godesberger Parteitag am 15. November 1959 mit 324 gegen 16 Stimmen das neue

Programm, mit dem die SPD ihre grundlegende Wandlung von einer klassenkämpferisch auftretenden Arbeiterpartei hin zur »Volkspartei« vollendet.

Daß dieses Programm eine derart breite Mehrheit findet, geht maßgeblich auf Herbert Wehner zurück, der sich im Vorfeld des Parteitags die neuen Ideen zu eigen und sie mit einer eindrucksvollen Rede unter dem Motto: »Glaubt einem Gebrannten!« auch den Vertretern des linken Parteiflügels schmackhaft macht. Und noch in einer zweiten Hinsicht vollzieht Wehner für sich und seine Partei einen radikalen Kurswechsel: Haben er und andere sich noch Mitte März 1959 in einem sogenannten Deutschlandplan für eine Neutralisierung ganz Deutschlands und damit erneut gegen die Westbindung der Bundesrepublik ausgesprochen, so nimmt Wehner diesen Vorschlag am 30. Juni 1960 nicht nur zurück, sondern verkündet in einer »fulminanten Bundestagsrede«, zum Erstaunen seiner nicht informierten »engsten Bonner Kombattanten und selbst des Parteivorsitzenden: Die SPD akzeptiere die Westbindung uneingeschränkt als Grundlage künftiger Außen- und Deutschlandpolitik«. So stellt sich der Auftritt des Parteifreundes für Willy Brandt noch an seinem Lebensabend dar. Mit diesem doppelten Salto mortale katapultiert Wehner sich und damit große Teile der Partei auf den Boden jener Realität, auf dem Brandt schon seit geraumer Zeit steht.

Vor allem aber bringt sich Wehner damit an die Schalthebel der Macht in der deutschen Sozialdemokratie. Ohne oder gar gegen ihn ist in den kommenden zwanzig Jahren kaum mehr etwas möglich: Er ist nun der Königsmacher der SPD. Das gilt auch für Willy Brandt und seinen Weg zu Kanzlerkandidatur und Parteivorsitz. Wehner kennt Brandts Schwächen; er spürt, daß der Regierende Bürgermeister auf die Verleumdungskampagnen, die »Häutungen«, deutlich empfindlicher reagiert als er selbst; und er ist intelligent genug zu wissen, daß seine politische Biographie ihm selbst zeitlebens den Weg an die Spitze der Partei und damit der Regierung verstellen wird. So setzt er seine beachtlichen taktischen und intriganten Fähigkeiten ein, um einen anderen an die Spitze der SPD und damit diese und sich selbst in der Bonner Republik an die Macht zu bringen. Der Aufstieg Willy Brandts ist, jedenfalls was die Regie in der Bundespolitik anbelangt, im wesentlichen das Werk Herbert Wehners. Er ist es, der im Verlauf des Jahres 1960 – zunächst im Präsidium, dann im Vorstand und schließlich auf dem Parteitag Ende November in Hannover – Brandts Kanzlerkandidatur durchsetzt, ohne Zweifel eine taktische Meisterleistung.

Immerhin behauptet sich Wehner damit gegen Ollenhauer und bringt seinen Kandidaten Brandt gegen den Konkurrenten Carlo Schmid in Stellung. Der Professor für Völkerrecht und politische Wissenschaft, Jahrgang 1896, gehört zum Urgestein der Nachkriegs-SPD, ist er doch bereits seit 1947 Mitglied des Vorstands und zugleich aufgrund seiner Mitgliedschaft im Parlamentarischen Rat einer der Gründungsväter der Bonner Republik. Allerdings hat der Sozialdemokrat mit literarischer Begabung und politischer Ambition keine eigene Hausmacht; außerdem verzichtet ein anderer potentieller Konkurrent Willy Brandts, der außen- und wehrpolitische Sprecher der SPD, Fritz Erler, auf seine Kandidatur und unterstützt diejenige des Regierenden Bürgermeisters von Berlin. Ob das indessen für den Erfolg gereicht hätte, ist zweifelhaft. Nach der entscheidenden Sitzung von Parteivorstand und Parteirat am 24. August 1960 soll Wehner gesagt haben: »Ich habe Brandt aufgebaut und durchgeboxt.« Es mag wohl sein, daß er daraus das Recht abgeleitet hat, ihn zu demontieren, sollte er die Stunde für gekommen halten.

»Aufgebaut« hat Wehner Brandt in den Reihen der Bundespartei. Die Berliner Karriere hingegen, ohne die der bundespolitische Aufstieg undenkbar wäre, geht im wesentlichen auf Willy Brandts eigenes Konto, wenn auch seine neue Rolle als Hoffnungsträger der SPD dazu beiträgt, seine Popularität in Berlin weiter zu erhöhen. Jedenfalls ist Ende der fünfziger Jahre nicht mehr zu übersehen, daß der »weltgewandte Außenseiter« eine »Blitz-Karriere« gemacht hat, wie der *Spiegel* schon nach seiner Wahl zum Regierenden Bürgermeister schreibt.

Inzwischen ist Willy Brandt nicht mehr nur in Deutschland ein Begriff, sondern auch im Ausland. Konsequent nutzt er seine exponierte Stellung in Berlin, um sich als Außenpolitiker und Mann von Welt zu profilieren. So erstattet er am 14. Dezember 1958, drei Wochen nachdem Chruschtschow die Berlin-Krise vom Zaun gebrochen hat, dem NATO-Rat in Paris Bericht über die Lage in der Stadt. Mit dieser Rede, die er in fließendem Englisch hält, macht sich der Regierende Bürgermeister von Berlin auch international endgültig einen Namen; mit einer intensiven Reisetätigkeit festigt er in den kommenden Wochen und Monaten seinen Ruf und seine Stellung.

Als er 1960 seinen »Weg nach Berlin« in Buchform Revue passieren läßt, dokumentiert Willy Brandt am Beispiel des Jahres 1959, was es heißt, Reisediplomatie zu betreiben: »In dem einen Jahr 1959 traf ich zusammen mit Präsident Eisenhower und Generalsekretär Hammarskjöld, den Präsidenten-Generalen de Gaulle und Ayub Khan, den Ministerpräsidenten Nehru und Kishi, Diefenbaker und Bandaranaike, Erlander und Eyskens, Gerhardsen und Hansen, dem Kaiser von Japan und der Königin der Niederlande, dem König von Norwegen und der Großherzogin von Luxemburg. Ich traf die Außenminister Dulles und Herter, Selwyn Lloyd und Couve de Murville, ihre Kollegen in Kanada und Japan, Burma und Pakistan, Österreich und den skandinavischen Ländern. Ich begegnete den Führern der Gewerkschaften und der sozialdemokratischen Parteien Europas, Amerikas, der farbigen Welt.«

Peter Brandt hat von der »unglaublichen Popularität« berichtet, die »Willy« bei »seinen Berlinern genoß, etwa bei der Rückkehr von der Weltreise 1959. Es konnte geschehen, daß der Vater bei einem Sonntagsspaziergang von dem Fahrer und Schaffner eines Busses der öffentlichen Verkehrsbetriebe aufgegabelt und in Gespräche über politische und persönliche Sorgen verwickelt wurde. Willy Brandt war damals ein Volkstribun.« Wer den Regierenden Bürgermeister auf der Kundgebung vom 1. Mai 1959 sieht, weiß, wovon Peter spricht. Der Auftritt zeigt den Mann auf seinem Höhepunkt: »Der Tag wird kommen«, prophezeit er einer Million Berliner, »an dem das Brandenburger Tor nicht mehr an der Grenze liegt ... Bis jener Tag kommt, bitten wir, rufen wir, fordern wir: Macht das Tor auf!«

Gerade als Redner feiert Willy Brandt damals enorme Erfolge. Sobald er »aus dem geschlossenen Raum herauskam«, erinnert sich Klaus Schütz, entfaltete er seine volle Wirkung. Das ist nicht selbstverständlich, wenn man bedenkt, daß er, anders als beispielsweise sein großes Vorbild Ernst Reuter, stets mit einem ausformulierten Redemanuskript vor sein Publikum tritt. Aber die unverwechselbare Art, wie er beim Sprechen mit sich zu ringen, die Sätze aus sich herauszupressen scheint, hinterläßt bei seinen Zuhörern den Eindruck einer authentischen, spontanen und nicht zuletzt emotionalen Rede. Willy Brandt habe die »Seelen« der Menschen erreicht, sagt Helmut Schmidt, dem das nie gelungen ist, weil er stets der Ratio den Vortritt gelassen hat.

Jetzt, in den ausgehenden fünfziger Jahren, erlebt man den eigentlichen Willy Brandt, jenen Mann, der den Aufstieg aus dem angestammten Milieu geschafft, sich nie mit der Nazi-Diktatur abgefunden, geschweige denn eingelassen, sich durch das Exil geschlagen und eine schließlich unangefochtene Stellung in Berlin erobert hat – kämpferisch, entschlossen und das nächste Ziel vor Augen: Bonn. Nicht daß er Berlin und seine Menschen nicht zu schätzen wüßte, aber ein ambitionierter Mann von seiner Statur muß weiter. Der Ehrgeiz, der ihn aus Berlin forttreibt, gibt ihm dort die Kraft und hinterläßt bei seinen öffentlichen Auftritten in der Stadt den Eindruck eines dynamischen, zielbewußten Menschen, den man später derart intensiv nicht mehr verspürt hat.

Das ist die Glanzseite der »Blitz-Karriere«. Sie kann nicht verdecken, daß Willy Brandt, trotz der Nominierung zum Kanzlerkandidaten und seiner Erfolge in Berlin, in den eigenen Reihen und vor allem in der Bundespartei noch manchen Skeptiker und Gegner hat. Immerhin ist der von Wehner inszenierte Kurswechsel der Jahre 1959/60 im Stil einer Palastrevolte durchgeführt worden, und selbstverständlich gibt es in den Reihen der SPD noch zahlreiche Anhänger der Schumacher-Linie, die in-

Der Weltreisende: Abschied von Ehefrau Rut auf dem Flughafen Berlin-Tempelhof, 1958. Rechts: Ein Star in New York, 1959

nerlich weder den Schwenk von der Arbeiter- zur Volkspartei mitvollzogen haben, noch sich mit dem neuen Schmusekurs gegenüber den Regierungsparteien CDU/CSU im Bereich der Außen- und Sicherheitspolitik arrangieren mögen, den man jetzt »Gemeinsamkeitspolitik« nennt.

Auf dem Hannoveraner Parteitag stoßen die Vertreter der alten und der neuen Linie im November 1960 noch einmal aufeinander, und das Ergebnis scheint paradox: Dieselben Delegierten, die Willy Brandt zu ihrem Kanzlerkandidaten küren, verweigern ihm einen festen Sitz im Präsidium und verweisen ihn bei den Vorstandswahlen auf Platz 22. Dahinter steckt vordergründig ein Dissens in außen- und sicherheitspolitischen Fragen: Soll die Partei für eine atomare Ausrüstung der Bundeswehr votieren, also auch in dieser brisanten Frage dem Kurs der Bundesregierung folgen? Ollenhauer und mit ihm die überwältigende Mehrheit der Delegierten sprechen sich grundsätzlich dagegen aus, anders Brandt. Nicht daß der Berliner Bürgermeister das Land partout nuklear hochrüsten will; da sind schon die eigenen Verbündeten vor. Wohl aber will er die Bundesrepublik in diesen Fragen nicht lediglich als Objekt der Planungen anderer sehen. Darin weiß er sich übrigens mit Fritz Erler und Carlo Schmid, aber auch mit Herbert Wehner und Helmut Schmidt einig.

Bei genauem Hinsehen gibt aber die Debatte über die Ausrüstung der Bundeswehr mit Trägersystemen für taktische Nuklearwaffen den Blick auf einen sich anbahnenden Machtkampf frei. Der *Spiegel* jedenfalls sieht in Ollenhauers Auftritt auch ein »Fitzchen Ranküne gegen seinen potentiellen Nachfolger« Brandt. Ganz ähnlich schätzt Herbert Wehner die Lage ein und faßt daher den Führungswechsel ins Auge. Als er ein knappes Jahr später Willy Brandt bei viel Rotwein vorschlägt, den Parteivorsitzenden nach den Bundestagswahlen »abzuschieben«, lehnt der das rundweg ab. Brandt ist überzeugt, daß Wehner ihn seit dieser Nacht »für einen Schlappschwanz« hält, wenn auch »nicht für sein Instrument«. So jedenfalls hat er später einmal dem Journalisten Gunter Hofmann die Geschichte dieses Umsturzversuchs erzählt.

Im November 1960 frisch gekürt, ist der Kanzlerkandidat vorerst allerdings noch den Beweis schuldig, daß er West-Berlin erfolgreich durch die sich wöchentlich verschärfende Krise führen kann. Das Jahr 1961 bringt die Entscheidungen. Was die Krise in und um Berlin angeht, so sind die Deutschen, auch der Regierende Bürgermeister von Berlin, zum ohnmächtigen Zuschauen verurteilt; die Weichen werden andernorts gestellt, in Washington und Moskau. Sie haben wenig mit Berlin zu tun, sondern mit dem Rüstungswettlauf im nuklearen Bereich, der immer dramatischere Formen annimmt. Im Oktober 1961 bringen die Sowjets eine Fünfzig-Megatonnen-Bombe, die größte jemals gezündete, zur Detonation, und 1962 werden insgesamt 143 Atomversuche durchgeführt, das heißt: Alle zweieinhalb Tage wird ein nuklearer Sprengsatz gezündet. In dieser Situation müssen gefährliche Eskalationen vermieden werden. Kuba ist keinen nuklearen Schlagabtausch wert, und eine Stadt »am Rande der Welt« schon gar nicht. Daher sendet der junge amerikanische Präsident John F. Kennedy, der erst im Januar sein Amt angetreten hat, im Juli 1961 ein öffentliches, unmißverständliches Signal an die Adresse Chruschtschows. Danach kann dieser innerhalb seines Machtbereichs in Deutschland tun und lassen, was er will, solange West-Berlin nicht gefährdet ist.

Und so beginnen in der Nacht vom 12. auf den 13. August 1961 Angehörige der Nationalen Volksarmee der DDR, ermächtigt durch die Staaten des Warschauer Pakts und ermutigt durch die Haltung des Westens, mit der Schließung der Ost-West-Sektorengrenze in Berlin und wenige Tage später mit dem Bau einer Mauer quer durch die Stadt. In den folgenden Wochen, Monaten und Jahren wird das Territorium der DDR durch Stacheldraht, Betonmauern, Minenfelder, Selbstschußanlagen und Schießbefehl gleichsam in ein »Konzentrationslager« verwandelt, wie der Regierende Bürgermeister bereits in einer Erklärung vom 13. August feststellt.

Willy Brandt ist tief getroffen – von den Maßnahmen der Sowjets, aber auch vom Verhalten der Verbündeten; das schreibt er unverhohlen dem amerikanischen Präsidenten, obgleich er natürlich weiß, daß der weder handeln kann, noch handeln will. Daß der Brief gemeinsam mit Kennedys Antwort wenig später von interessierter Seite veröffentlicht wird, um ihn als außenpolitischen Dilettanten bloßzustellen, schadet ihm nicht. Im Gegenteil: Durch sein Verhalten vor Ort in diesen schwierigen Tagen empfiehlt sich Brandt für größere Aufgaben. Anders als Kanzler Adenauer, der erst am 22. August, also neun Tage nach dem Mauerbau und immerhin noch drei Tage nach dem amerikanischen Vizepräsidenten Lyndon B. Johnson, in Berlin eintrifft und einstweilen den Bundestagswahlkampf fortsetzt, bricht Willy Brandt diesen sofort ab und sieht seinen Platz in Berlin.

Die Menschen wissen dieses Verhalten zu schätzen und quittieren es bei den Wahlen zum Vierten Deutschen Bundestag am 17. September 1961 mit dem bis dahin besten Ergebnis für die SPD: Mit einem Zuwachs von knapp fünf Prozentpunkten und dreizehn neuen Mandaten erzielt die Partei ein gutes Ergebnis, bleibt aber weit hinter dem zurück, was nötig gewesen wäre, um die Regierungsverantwortung in Bonn zu übernehmen. Zwar überholen die Sozialdemokraten erstmals knapp die Christdemokraten, aber mit den 9,5 beziehungsweise 12,8 Prozent, welche CSU und FDP einfahren, hat die christlich-liberale Koalition eine komfortable Mehrheit.

Man kann das Ergebnis drehen und wenden, wie man will. Für die SPD bedeutet es eine Niederlage, und sie steht dem Kandidaten ins Gesicht geschrieben, als er gegen vier Uhr morgens, mit geröteten Augen und eine Zigarette nach der anderen rauchend, vor die Presse tritt. Wegen seines Einsatzes in den Berliner Krisentagen hat Willy Brandt sich mehr erhofft, dabei aber übersehen, daß die Wähler bei allem Respekt vor seiner Haltung in solchen Zeiten Experimente scheuen und auf Bewährtes setzen. Außerdem wird die Krise in der Bundesrepublik nicht so unmittelbar erfahren wie in Berlin. Vermutlich hat ihn auch der Eindruck seiner triumphalen Auftritte auf Massenveranstaltungen, zum Beispiel unmittelbar nach dem Mauerbau in Hannover, zu einer falschen Einschätzung seiner Aussichten geführt. Dabei hat er wegen der Krise, wenn überhaupt, in Westdeutschland nur während der Abendstunden Wahlkampfauftritte wahrnehmen können. Vor allem aber ist der Regierende Bürgermeister in Berlin nur großartige Wahlerfolge gewohnt. Fünfzehn Jahre später, nach seiner Niederlage als Bundeskanzler, schreibt er an Gustav Heinemann, daß er »natürlich aufgrund langer Erfahrung« wisse, »daß Stimmungen und Stimmen zweierlei sind«.

Mit der Niederlage vom September 1961 beginnt für Willy Brandt eine persönliche Talfahrt, die sich über einige Jahre erstreckt und nach der erneuten Niederlage des Kanzlerkandidaten bei den Bundestagswahlen vom Herbst 1965 ihren Tiefpunkt erreicht. Überstrahlt oder doch überdeckt wird diese Entwicklung, vor allem in den Jahren 1963/64, durch einige Lichtblicke. Dazu zählen die Wahlen zum Berliner Abgeordnetenhaus am 17. Februar 1963. 61,9 Prozent, also beinahe zwei Drittel der Stimmen, können die Sozialdemokraten auf sich vereinigen, und in seinem eigenen Wahlkreis holt Brandt gar 75 Prozent – ein vorher und nachher nie mehr erzieltes Traumergebnis.

Einige Monate später, Ende Juni 1963, kommt der amerikanische Präsident John F. Kennedy als erstes westliches Staatsoberhaupt seit 1945 zu Besuch nach Berlin. Das eigentliche Ziel der Visite, die nach dem Mauerbau und anderen Vorkommnissen stark angespannten deutsch-amerikanischen Beziehungen zu entlasten, wird allenfalls kurzfristig erreicht. In Erinnerung bleibt sein publikumswirksamer Auftritt in der geteilten Stadt, bei dem sich Kennedy der Menschenmenge, die auf dem Platz vor dem Schöneberger Rathaus zusammengeströmt ist, als »ein Berliner« vorstellt. Während der Trauerfeierlichkeiten für den wenig später ermordeten US-Präsidenten, zu denen auch Willy Brandt Ende November 1963 nach Washington reist, wird der Platz vor dem Schöneberger Rathaus in »John-F.-Kennedy-Platz« umbenannt.

Willy Brandt bewundert den drei Jahre jüngeren Amerikaner, stehen dieser und das Land, welches er repräsentiert, doch für vieles, was auch er für erstrebenswert hält. Deshalb hat er Klaus

Schütz und den jungen Regierungsassessor Winfried Staar, der seit kurzem seiner Mannschaft angehört, zur Beobachtung des Präsidentschaftswahlkampfes 1960 nach Amerika geschickt und einige Elemente der Kennedy-Kampagne für seinen eigenen Wahlkampf übernommen. So legt er vom 10. Mai bis zum 12. August 1961 fast vierzigtausend Kilometer in einem cremefarbenen Mercedes-Kabriolett zurück und absolviert mitunter zwei Dutzend Auftritte pro Tag. Die Wahlkampfstrategen schicken den Kandidaten regelrecht auf die Dörfer, und das ist damals keineswegs selbstverständlich.

Der spektakuläre Auftritt John F. Kennedys in Berlin läßt leicht übersehen, daß der amerikanische Präsident, als er die geteilte Stadt besucht, erfolgreich ist, sein Gastgeber hingegen nicht. Kennedy hat den Präsidentschaftswahlkampf, wenn auch äußerst knapp, gewonnen; Brandt hat den Bundestagswahlkampf verloren, trotz hohen Einsatzes und mancher Anleihe bei dem Mann aus Massachusetts. Kennedy ist, zu Recht oder nicht, aus der Kuba-Krise des Oktobers 1962 als strahlender Held hervorgegangen; Brandt muß, nicht zuletzt wegen der von Kennedy eingeschlagenen Strategie, dem sowjetischen Vorgehen in Berlin ohnmächtig zuschauen.

Und auch über einen anderen politischen Lichtblick in diesen Wochen und Monaten kann sich Willy Brandt nicht nur freuen: Auf einem außerordentlichen Parteitag der SPD am 15./16. Februar 1964 wird er mit dem nach eigener Einschätzung »überwältigenden Ergebnis« von 314 der 324 abgegebenen Stimmen zum Parteivorsitzenden gewählt. Gewiß, das ist ein Triumph. Es ist der vorläufige Höhepunkt einer wechselvollen, phasenweise unaufhaltsam scheinenden Karriere, und es erfüllt ihn, der sich in der von August Bebel begründeten Tradition sieht, mit tiefer Genugtuung. Aber kann man übersehen, daß Willy Brandt diese wohl wichtigste Position seines Lebens nicht ohne Herbert Wehner erreicht hätte, jedenfalls nicht zu diesem Zeitpunkt? Einmal mehr hat Wehner, unmittelbar nach dem Tod Erich Ollenhauers Mitte Dezember 1963, überfallartig seine Partei auf die neue personalpolitische Konstellation festgelegt.

»Ich bin ein Berliner«: Mit John F. Kennedy und Konrad Adenauer auf der Fahrt zum Schöneberger Rathaus in Berlin, Juni 1963

»Am wichtigsten ist für mich«, schreibt er am 23. Dezember an Brandt, »daß Du die Führung übernimmst. In dieser Beziehung möchte ich allerdings kleine Variationen. Gut erschiene mir, wenn Fritz Erler und ich als stellvertretende Vorsitzende gewählt würden und fungierten.« Geplant, getan; und so ist es erneut auch der Regie Herbert Wehners zuzuschreiben, daß Willy Brandt den Durchbruch schafft. Daß der Stellvertretende Vorsitzende dabei die Fäden in der Hand behalten will, versteht sich von selbst: Brandt ist für die Außendarstellung vorgesehen, fürs Repräsentieren.

Man kann sich vorstellen, daß der Triumph unter solchen Umständen auch eine Belastung bedeutet. Willy Brandt ist jetzt endgültig der Hoffnungsträger der Partei – als ihr Vorsitzender und erneut auch als ihr Kanzlerkandidat. Entsprechend wachsen die Erwartungen der Genossen. Mit den Erwartungen aber wächst auch der Druck auf Brandt, und der ist in dieser Zeit nicht in der besten Verfassung. Seine langjährige Sekretärin, Gerda Landerer, erzählt, daß er damals an »periodischen Depressionen« gelitten habe, die »im Abstand von einigen Monaten« aufgetreten seien. Sie habe den Eindruck gehabt, als zöge er in diesen Situationen die »Bilanz seines Lebens und seiner Arbeit und sei deprimiert«. Offenbar fangen diese Krisenerscheinungen damals an, um dann in der Kanzlerschaft, also auf dem Höhepunkt der Karriere, mitunter extreme Formen anzunehmen. Die Weggefährten der fünfziger Jahre wissen jedenfalls nichts von dem zu berichten, was Brandts Umgebung jetzt, in den frühen Sechzigern, als »Depressionen« wahrnimmt.

Auslöser für solche Zustände, die jetzt immer häufiger auftreten, sind die Wahlkämpfe von 1958 und 1961. Einer, der das Geschehen damals aus der Nähe beobachtet, ist Harold Hurwitz. Der junge amerikanische Soziologe lernt den aufstrebenden Sozialdemokraten bald nach dessen Ankunft in Berlin kennen, hat einen erheblichen Anteil an der Entstehung der Reuter-Biographie und bleibt Willy Brandt bis zu dessen Tod verbunden. Hurwitz lernt verstehen, daß jemand, der weiter nach oben will, sich aber durch die Wahlniederlagen auf Jahre in

Berlin »gefangen« sieht, den »Wartestand« auch als Belastung empfindet; solche ungewissen Aussichten können einen Melancholiker und notorischen Morgenmuffel gelegentlich in tiefe Niedergeschlagenheit treiben.

Aber die Wahlniederlagen sind nur ein Teil der Geschichte. Schon vor den Wahlen zum Berliner Abgeordnetenhaus 1958, vor allem aber im Vorfeld der Bundestagswahlen 1961, sieht sich Willy Brandt üblen Verleumdungskampagnen ausgesetzt. Daß hier auch Pankows Stasi mitmischt, erstaunt nicht. Seit dem Sommer 1959 plant man dort eine »Aktion zur Entlarvung des B.«. Das schlägt jedenfalls der Stellvertreter des für die Staatssicherheit zuständigen Ministers, Markus Wolf, Anfang September jenes Jahres seinem Chef Erich Mielke vor. Mit Hilfe einer zwielichtigen Figur, des ehemaligen SAP-Genossen und späteren Gestapo-Spitzels Georg Angerer, und durch Veröffentlichung »negativer Äußerungen« Brandts aus der Exilzeit, unter anderem über »führende Persönlichkeiten der SPD«, soll der populäre Regierende Bürgermeister in Mißkredit gebracht werden.

Diese geheimen, dann allerdings kaum umgesetzten Planungen der ostdeutschen Stasi kennen wir, seit deren Akten nach dem Zusammenbruch der DDR im Herbst 1989 zugänglich sind. Ganz offen hingegen ziehen Willy Brandts westdeutsche Gegner zu Felde. So stellt Franz Josef Strauß im Februar 1961 in Vilshofen die berühmt-berüchtigte Frage: »Eines wird man doch Herrn Brandt fragen dürfen: Was haben Sie zwölf Jahre lang draußen gemacht? Wir wissen, was wir gemacht haben.« Und auch Adenauer scheut nicht davor zurück, einen Tag nach dem Mauerbau von »Herrn Brandt alias Frahm« zu sprechen.

Doch 1961 wird Willy Brandt nicht nur von seiner politischen Biographie eingeholt. Im Vorfeld der Bundestagswahlen wirft der Journalist Hans Frederik unter dem Pseudonym Claire Mortensen seine Kenntnisse über die Beziehung des Regierenden Bürgermeisters und damaligen Bundestagsabgeordneten zu Susanne Sievers auf den Markt, und offenbar hat auch hier der politische Gegner in den Reihen der CSU die Finger im Spiel. Unter dem Titel *...da war auch ein Mädchen* veröffentlicht Frederik unter anderem Faksimiles der handschriftlichen Briefe Brandts an seine vormalige Geliebte. Zwar muß das Buch dann aus dem Verkehr gezogen werden, doch erfüllt die Kampagne ihren Zweck: Sie treibt den Betroffenen an den Rand eines Nervenzusammenbruchs und flankiert die politischen Manöver seiner Gegner.

Dabei spielen auch Neid und Mißgunst eine Rolle. Es ist ja kaum zu übersehen, daß Willy Brandt nicht nur in seinem Beruf erfolgreich ist, sondern daß er auch in der Damenwelt reüssiert. Eben weil er nicht in das Standardbild des Politikers paßt, weil seine Biographie, sein Lebensstil und seine attraktive Erscheinung ihn in besonderem Maße für die Medien interessant machen und weil sein Charme bestechend sein kann, übt er auf viele Frauen eine erkennbare Anziehungskraft aus. Und so sind die amourösen Affären, tatsächliche wie erdichtete, neben seiner Herkunft und seiner Zeit im Exil von Anfang an Teil der Kampagnen. Daran wird sich bis zum Sturz Willy Brandts im Mai 1974 nichts ändern.

Natürlich trifft das nicht nur den Diffamierten, sondern auch seine Familie. Rut Brandt erinnert sich: »Es war fast nicht auszuhalten ... Ich vertraute mich einem Tagebuch an, und später konnte ich lesen, daß ich niemals in meinem Leben so unglücklich gewesen war.« Sorge bereiten Willy, vor allem aber Rut Brandt die Kinder. Peter ist inzwischen dreizehn und sein Bruder Lars, der 1951 geborene zweite Sohn der Brandts, zehn. Die beiden sind also in einem Alter, in dem Kinder die Vorgänge in ihrer unmittelbaren Umgebung sehr bewußt wahrnehmen. Rut bemüht sich zwar, das Schlimmste vor ihnen zu »verstecken« – alles, »was in den Augen der Kinder einen Schatten auf Willy hätte werfen können«. Aber natürlich bekommen sie »etwas mit«.

Später sagt Rut Brandt, es wäre wohl richtiger gewesen, sie »oder besser noch Willy« hätten mit den Kindern über die Vorgänge gesprochen, über den politischen Hintergrund der Kampagne, aber auch über die Frauengeschichten – jedenfalls soweit

Der Charmeur: Vor der zweiten Kanzlerkandidatur, Frühjahr 1965

sie Teil der Kampagne sind. Das aber unterbleibt. Die Mutter ist schwanger und hat andere Sorgen, zumal man auch noch kolportiert, die Schwangerschaft diene dem »Stimmenfang«; und der Vater, auch in dieser Hinsicht konfliktscheu wie eh und je, meidet das Gespräch. Die Wahlen im Visier und die Verleumdungen im Rücken, ist Willy Brandt vor allem daran interessiert, der Öffentlichkeit eine intakte Familie zu präsentieren. 1960 hat er ebendiese Öffentlichkeit wissen lassen, daß er auf seinem »Weg nach Berlin« die Familie stark habe vernachlässigen müssen. Nunmehr aber habe er sich vorgenommen, »jeden Tag mindestens eine Stunde« in ihrem Kreis zu verbringen, bräuchten doch die Söhne »das lenkende Gespräch mit dem Vater«. Das hört sich gut an; und so sieht man den Regierenden Bürgermeister fortan häufiger mit Peter und Lars in der Öffentlichkeit, zum Beispiel am 17. September 1961, dem Tag der Bundestagswahl, zum Fototermin bei einer Kahnpartie auf dem Berliner Schlachtensee.

Rut Brandt bereitet sich derweil auf die Entbindung vor, nicht ohne Sorgen, ist doch Peter eine Steißgeburt gewesen und Lars durch Kaiserschnitt zur Welt gekommen. Außerdem sind seit dessen Geburt zehn Jahre vergangen, und sie hat inzwischen die Vierzig überschritten. Willy Brandt freilich ist der Überzeugung, es bestehe kein Risiko, und begibt sich auf Reisen. Amerika, sagt er, tue ihm nach Niederlagen wie der gerade in Bonn erlittenen gut; außerdem sind ein Vortrag zu halten und ein Ehrendoktorhut in Empfang zu nehmen. »Am Tag danach«, erinnert sich Rut Brandt an den Tag seiner Abreise, »wurde ich im Morgengrauen in aller Hast ins Krankenhaus gebracht, und der Arzt ordnete einen sofortigen Kaiserschnitt an. Mangels mündiger Angehöriger gab eine der Sekretärinnen im Bürgermeisterbüro die Einwilligung zu dem Eingriff, und Matthias war gerettet. In Washington wurde Willy als frischgebackener Vater gefeiert, und um ihn nicht zu sorgen, bekam er nur die Meldung, daß ›Mutter und Kind wohlauf‹ seien.«

Willy Brandt hat eine widerstandsfähige Natur und besitzt eine erstaunliche Regenerationsfähigkeit; der amerikanische

»Lenkendes Gespräch«: Mit Sohn Lars, 1959

Journalist Cyrus L. Sulzberger, Starkorrespondent der *New York Times*, der den Regierenden Bürgermeister im Mai 1959 besucht, beschreibt ihn als »robusten Typ«, als »großen, vertrauenerweckenden, kräftigen Mann«. Allmählich jedoch beginnen die vielfältigen Belastungen, aber auch die Lebensgewohnheiten, die Brandt sich in diesen Jahren zulegt, ihre Spuren zu hinterlassen. Der britische Publizist Terence Prittie, der 1972 mit dessen Unterstützung eine Brandt-Biographie vorlegt, hat diese Gewohnheiten für die sechziger Jahre anschaulich beschrieben: »Eine dicke Suppe mit einem Stück Wurst darin, Kartoffelpuffer, Schweinefleisch und Sauerkraut – das genügte ihm, wenn er auch gute Küche und raffinierte Gerichte zu schätzen wußte. Er hatte immer viel Bier getrunken und hatte manchmal auch etwas Stärkeres gebraucht. Journalismus verführt zum Trinken; es füllt die langen Stunden des Wartens aus, der Anspannung, der harten Arbeit am Tage oder in der Nacht ... Brandt hat im Grunde nie aufgehört, Journalist zu sein.« An den starken Raucher ist man gewöhnt; gelegentlich sieht man jetzt aber auch einen sichtlich alkoholisierten Willy Brandt, und sein Intimfeind Franz Neumann läßt es sich nicht nehmen, bei den Genossen das Wort vom »Weinbrand-Willy« in Umlauf zu bringen.

Aus einer solchen Verfassung heraus einen weiteren Bundestagswahlkampf zu führen ist wahrlich nicht leicht, zumal die Diffamierungskampagnen 1965 erneut an Schärfe gewinnen. Außerdem hat es Willy Brandt jetzt mit einem populären Konkurrenten zu tun: Ludwig Erhard, der Mitte Oktober 1963 die Nachfolge Konrad Adenauers als Bundeskanzler angetreten hat, erfreut sich dank des ihm zugeschriebenen Wirtschaftswunders der fünfziger Jahre immer noch großen Zuspruchs. So gesehen ist der Ausgang der Wahlen zum Fünften Deutschen Bundestag am 9. September 1965 für die SPD ein beachtlicher Erfolg: Die Partei kann noch einmal um gut drei Prozent und fünfzehn Mandate zulegen. Aber die knapp vierzig Prozent reichen angesichts von Erhards furiosem Wahlsieg eben immer noch nicht aus, um die politische Macht am Rhein zu übernehmen und den Kanzler zu stellen. Zum zweitenmal ist Brandt gescheitert. Das schmerzt selbst dann, wenn man weiß, daß vor der Wahl niemand ernsthaft mit einem Sieg der Genossen gerechnet hat, auch nicht der Kandidat. Das haben er und seine Berater jedenfalls später behauptet.

Natürlich ist diese Niederlage nicht geeignet, die Talfahrt des Willy Brandt zu beenden, im Gegenteil. Die Talsohle wird erst ein Jahr nach diesem schweren Rückschlag erreicht: Am 23. Oktober 1966 erleidet er einen Zusammenbruch. Wenn er später gelegentlich behauptet, die Ärzte hätten ihm nie erklärt, was damals passiert sei, trifft das nicht zu. Brandt weiß, daß es sich um das sogenannte Röhmheldsche Syndrom gehandelt hat, ein plötzlich auftretendes Herzrasen, das den Betroffenen wohl zu der Annahme führen kann, einen Infarkt zu erleben. Jedenfalls bekommt er plötzlich keine Luft mehr, hat das »Gefühl, vor dem Ersticken zu stehen«, und ist zeitweilig bewußtlos. Wenige Jahre später sagt er, damals den Übergang »vom Leben zum Nicht-Mehr-Leben« gespürt zu haben. Zum Glück sind die älteren Söhne und die Haushälterin in der Nähe und hören die Rufe nach einem Arzt. Sie finden den inzwischen blau Angelaufenen und können in letzter Minute Hilfe holen.

So kommt in diesen Jahren einiges zusammen, und schon deshalb hat Willy Brandt Grund genug, Bilanz zu ziehen. Sicher, der Rückblick auf sein bisheriges wechselvolles Leben zeigt, daß er nie aufgegeben hat, daß er immer wieder auf die Beine gekommen ist. Wer aber wieder auf die Beine kommen muß, der ist zuvor gestrauchelt oder gestürzt. Und tatsächlich kommt Brandt gerade jetzt zu dem Schluß, daß sein Leben auch eine Serie von Rückschlägen und Niederlagen gewesen ist, von denen die letzten, die verlorenen Bundestagswahlen, besonders schmerzen. Daß die Niederlagen jetzt stärker ins Bewußtsein rücken als die Erfolge, mag auch mit der Lebensphase zu tun haben, in der er sich befindet. Am 18. Dezember 1963 hat er sein fünfzigstes Lebensjahr vollendet und damit die Lebensmitte deutlich überschritten. Knapp zehn Jahre später, im Sommer 1972, kommentiert er gegenüber Terence Prittie die Lage so: Es

»ist glaube ich häufig so, daß Männer, wenn sie 50 oder etwas über 50 sind, so allmählich in eine Krise kommen. Und bei einigen ist es dann überhaupt so, daß sie etwas absacken, und bei anderen ist es so ein Zwischenstadium, bevor sie den Kopf wieder ganz hoch nehmen.«

Willy Brandt nimmt den Kopf wieder hoch. Selbst in dieser schwierigen Zeit, während der ersten Hälfte der sechziger Jahre, stellt er seine außerordentliche Fähigkeit unter Beweis, auch nach schmerzlichen Niederlagen neu zu beginnen. Dabei hilft ihm, daß er nie sein künftiges Bild in den Geschichtsbüchern aus den Augen verliert, auch jetzt nicht: Im Oktober 1964 tritt der Regierende Bürgermeister als erster Politiker überhaupt auf einem deutschen Historikertag auf, wendet den »Kunstgriff« eines »fiktiven Rückblicks« an und erläutert den in Berlin versammelten Geschichtsschreibern, wie er sich »in zwanzig Jahren« eine angemessene Würdigung seiner Leistungen vorstellt: »...diese Männer«, sagt er über sich und seine Mitstreiter, »hatten Grundsätze, sie hatten Ziele, aber sie meinten, die Grundsätze seien kein Kopfkissen zum Ausruhen, und große Ziele dürften keine Entschuldigung sein dafür, nicht das zu tun, was der Tag heute und der Tag morgen von einem verlangte.« Und er fügt hinzu, als appelliere er an sich selbst: »Nichts ist mit Nichtstun zu lösen.« An diese Maxime hält er sich auch jetzt, während dieser Lebenskrise, die 1961 mit der verlorenen Bundestagswahl begonnen hat und ihn im Herbst 1966, mit seinem Zusammenbruch, auf dem Tiefpunkt sieht.

Am 22. September 1965 gibt Willy Brandt der Öffentlichkeit auf einer Pressekonferenz seine Entscheidung bekannt, daß er zwar Parteivorsitzender der SPD und Regierender Bürgermeister von Berlin bleiben wolle, daß er aber »kein Anwärter für 1969 auf das Amt des Bundeskanzlers der Bundesrepublik Deutschland« sei, also seiner Partei nicht ein drittes Mal als Kanzlerkandidat zur Verfügung stehen werde. Wir haben keinen Grund zu zweifeln, daß er bei seiner Entscheidung geblieben wäre, hätten nicht die

Entwicklungen in Bonn dazu geführt, daß er sich ein gutes Jahr nach seiner Niederlage als Außenminister der Bundesrepublik Deutschland und als Vizekanzler einer Großen Koalition am Rhein wiederfindet.

Am 30. November 1966 tritt Bundeskanzler Ludwig Erhard nach einem rapiden Autoritätsverlust zurück. Eine Abflachung des Konjunkturverlaufs, die von den seit Ende der zwanziger Jahre sensibilisierten Deutschen gleich als schwere Rezession interpretiert wird; die kompromißlosen Attitüden der wichtigsten außenpolitischen Partner, des amerikanischen Präsidenten Johnson und des französischen Staatspräsidenten de Gaulle; die Heckenschützen in den Reihen der eigenen Partei, allen voran Altbundeskanzler Adenauer; und nicht zuletzt das Taktieren des kleineren Partners FDP, die sich Ende Oktober aus der Koalition zurückzieht – all das spielt bei Erhards Sturz eine Rolle.

Willy Brandt tritt den dadurch eröffneten Weg ins Zentrum der Macht mit gemischten Gefühlen an. Gewiß, er hat die Macht gewollt, und in den erbitterten Auseinandersetzungen mit seinem Rivalen Franz Neumann hat er das eindrucksvoll unter Beweis gestellt. Wohl nie zuvor und sicher nie mehr danach hat er einen Machtkampf mit solchem Ehrgeiz und solcher Härte, vor allem aber über einen so langen Zeitraum geführt wie während der fünfziger Jahre. Nach den Motiven wird man nicht lange suchen müssen: Ganz offensichtlich kompensiert er damit auch die schweren Niederlagen jener Jahre, und vermutlich glaubt er sich und anderen den Beweis schuldig zu sein, daß er auch »drinnen« erfolgreich kämpfen kann.

Wir ahnen, welche Kräfte dieser Machtkampf, in dieser Lebenslage und mit dieser Biographie im Gepäck, gekostet hat, und wir wissen: Nachdem dieser Kampf 1957/58 mit den Wahlen zum Regierenden Bürgermeister von Berlin, zum Landesvorsitzenden der Berliner SPD und in gewisser Weise auch in den Vorstand der Bundespartei erfolgreich abgeschlossen ist, geht er nahtlos in einen zweiten über, den Kampf Willy Brandts gegen die Verunglimpfungen und Verleumdungen seiner Person. Diesen Kampf führt er bereits mit weniger Einsatz, in jedem Fall aber mit weniger Energie als den ersten. Ob er in dieser Situation aus eigener Kraft die Funktion des Kanzlerkandidaten und das Amt des Parteivorsitzenden hätte erobern können, ist fraglich. Das weiß Herbert Wehner, und deshalb schlägt er diese Schlacht für ihn.

Bei dieser Arbeitsteilung bleibt es. Auch die nächste Weiche wird durch Wehner gestellt. Nach dem Rückzug der FDP aus der Regierung Erhard und dessen Sturz will Willy Brandt schon im Herbst 1966 eine sozial-liberale Koalition. Herbert Wehner will sie nicht; er ist der Überzeugung, daß eine Große Koalition der SPD die Möglichkeit bietet, als Juniorpartner in der Regierungsverantwortung auf Bundesebene das Laufen zu lernen. Außerdem kennt und schätzt Wehner den designierten Nachfolger Erhards, Kurt Georg Kiesinger, aus der gemeinsamen Arbeit im Deutschen Bundestag. Kiesinger hat dem Parlament bis zu seinem Wechsel in das Amt des Ministerpräsidenten von Baden-Württemberg im Jahre 1958 angehört. Am 24. November 1966 sind sich die beiden über die Grundzüge der gemeinsamen Regierungsarbeit einig. Als Brandt wegen der Verkehrslage verspätet in Bonn eintrifft, muß er zur Kenntnis nehmen, daß die Große Koalition praktisch unter Dach und Fach ist.

Die Episode ist übrigens bezeichnend: Es ist nicht das erste Mal, daß der Regierende Bürgermeister wegen der politischen, der Wetter- oder auch der Verkehrslage verspätet in Bonn eintrifft. Die Genossen am Rhein registrieren das mit einer Mischung aus Mißgunst und Verärgerung über die Eskapaden des Mannes aus Berlin, der dort seinen eigenen Laden macht, und das ziemlich erfolgreich. Im Biotop der rheinischen Provinzstadt, im Bonner Establishment, auch in dem seiner eigenen Partei, ist Willy Brandt ein Außenseiter. Das spürt er und darunter leidet er, als er endgültig in die Bundespolitik geht.

Mit den vollendeten Tatsachen konfrontiert, stellt sich der Parteivorsitzende rasch auf sie ein. Im Schulterschluß mit Herbert Wehner und Helmut Schmidt, der für den erkrankten Fritz Erler die Fraktion führt, setzt er in den Reihen der SPD-Parlamentarier in den Morgenstunden des 27. November die Große

Koalition durch. Die nächtliche Fraktionssitzung hat gezeigt, wie unpopulär sie dort ist. Am 1. Dezember wird Kiesinger im Deutschen Bundestag gegen 109 Stimmen und bei 23 Enthaltungen, die jeweils drei Berliner Stimmen nicht mitgerechnet, zum Bundeskanzler gewählt. An der SPD-Basis sieht es nicht anders aus als in der Fraktion: Der Nürnberger Parteitag, der die Koalitionsentscheidung anderthalb Jahre später hochemotional diskutiert, bringt im März 1968 lediglich eine hauchdünne Mehrheit für das rheinische Zweckbündnis mit der CDU/CSU.

Daß Willy Brandt in der Großen Koalition als Vizekanzler fungiert, steht von Anfang an außer Frage. Daß er das Amt des Außenministers erst nach einigem Zögern akzeptiert und ursprünglich an ein »zweitrangiges« Ressort, etwa das Forschungsministerium, gedacht habe, klingt zwar nicht sehr glaubhaft, ist aber nicht abwegig: Brandt weiß um die Bedeutung von Bildung, Wissenschaft und Technologie für die künftige Entwicklung, und nicht zufällig werden diese Themen drei Jahre später, in seiner ersten Regierungserklärung als Bundeskanzler, die Liste der Reformvorhaben der sozial-liberalen Regierung anführen.

Aber von solchen und anderen Erwägungen abgesehen: Wer sonst hätte das Auswärtige Amt übernehmen sollen? Kein zweiter aus den Führungsriegen der Koalitionsparteien kann auf diesem Feld eine vergleichbare Erfahrung vorweisen. Immerhin hat Willy Brandt mehr als zehn Jahre im Ausland verbracht – in Norwegen, Schweden, Spanien und Frankreich. Außerdem ist er als Regierender Bürgermeister von Berlin beinahe zehn Jahre lang so etwas wie ein zweiter Außenminister der Bundesrepublik Deutschland gewesen. Jedenfalls hat er seine Rolle so verstanden und sie mitunter genutzt, um von Berlin aus eine eigenständige Außen- beziehungsweise Deutschlandpolitik zu betreiben.

Jeder Tag in Berlin, sagt er Jahre später, sei »mit einem Stück Außenpolitik verbunden« gewesen, so daß seine »Neigung auf diesem Gebiet ... voll zur Entfaltung« gekommen sei. So auch nach dem Bau der Mauer: In zähen und äußerst komplizierten Verhandlungen, beginnend am 19. Dezember 1963, ist es gelungen, insgesamt vier sogenannte Passierscheinabkommen mit den DDR-Behörden unter Dach und Fach zu bringen. Dadurch können bis März 1966 West-Berliner erstmals seit dem Mauerbau wieder den Ostteil der Stadt besuchen. Der Erfolg gibt Brandt recht: Während die DDR mit dreißigtausend Anträgen rechnet, werden zu Weihnachten und Neujahr 1963/64 1,2 Millionen gestellt. Bei der Bonner Regierungskoalition aus CDU/CSU und FDP stoßen die Vereinbarungen auf Zurückhaltung, wenn nicht auf Ablehnung, weil man am Rhein noch an den Prinzipien der Nichtanerkennung der DDR und des Alleinvertretungsanspruchs der Bundesrepublik festhält.

Willy Brandt und ein Kreis Vertrauter hingegen, die vor Ort Politik machen müssen, loten aus, was geht und was nicht geht; sie halten »menschliche Erleichterungen« für besser als gar nichts, und sie wissen, daß man auch konzeptionell nach neuen Wegen in der Ost- und Deutschlandpolitik suchen muß. Voraussetzung ist eine realistische Bestandsaufnahme, und die führt zu Ergebnissen, die außerhalb West-Berlins alles andere als populär sind. Aber damit hat ein Mann wie Willy Brandt, wenn es darauf ankommt, kein Problem. Zu oft ist er seit frühester Jugend in einer solchen Lage gewesen. Er weiß, daß man sich als Außenseiter behaupten kann und daß darin manchmal sogar eine Chance liegt.

Ausgerechnet in einer Rede vor der berühmten Harvard-Universität, also im intellektuellen Zentrum des amerikanischen Antikommunismus, hat der Regierende Bürgermeister von Berlin schon am 2. Oktober 1962 bekannt, daß er »vor dem Kommunismus keine Angst« habe, und die sowjetische Forderung nach »Koexistenz« als Ausdruck der Schwäche gedeutet. Die Hörer stutzen: Spricht der Mann, der die seit einem Jahr brutal geteilte Stadt repräsentiert, tatsächlich von einem kommunistischen Schwächeanfall? Dahinter steckt ein hellsichtiger Gedanke, der allerdings damals nur wenigen kommt: Wer verschanzt sich hinter einer Mauer? Gewiß niemand, der sich stark und sicher fühlt. Und tatsächlich befinden sich Chruschtschow und seine deutschen Statthalter in den frühen sechziger Jahren, allem rhetorischen Getöse zum Trotz, in einer Situation allgemeiner innerer und äußerer Schwäche.

Und Willy Brandt erklärt seinem amerikanischen Auditorium auch, warum er das so sieht. Eigentlich, sagt er in jenem Herbst 1962 unter Verweis auf die Entwicklungen in China, Albanien, Jugoslawien und Polen, gebe es »schon keinen ganz einheitlichen Ostblock mehr«. Heute wissen wir, daß diese Einschätzung zutreffend und weitsichtig gewesen ist. Damals sehen das nur wenige so klar wie der Mann vor Ort, und der geht, vorerst in der transatlantischen Ferne, noch einen Schritt weiter: »Ich habe gelernt, daß ein ideologischer Gegner unter drei Umständen wirklich gefährlich werden kann: Wenn er ein unkontrollierbarer fanatischer Glücksspieler ist; oder wenn er glauben kann, den Sieg schon in der Tasche zu haben; oder wenn er sich durch die Angst vor einer Niederlage zum Äußersten treiben läßt.« Da schwingt Lebenserfahrung mit, erstaunlich viel für einen nicht einmal Fünfzigjährigen. Aber seine Zuhörer spüren: Der Mann weiß, wovon er spricht. Deshalb klingt auch seine Schlußfolgerung überzeugend: »Wir dürfen uns nicht lähmen lassen wie die Kaninchen von der Schlange ... Wir müssen entscheiden, was wir selbst wollen und was wir glauben, erreichen zu können.«

Was er und ein Kreis Gleichgesinnter wollen, erfährt man ein knappes Jahr später aus dem Munde von Egon Bahr, eines gelernten Journalisten, seit 1960 Leiter des Presse- und Informationsamtes von Berlin und enger Vertrauter Willy Brandts. Eigentlich soll er am 15. Juli 1963 in der Evangelischen Akademie Tutzing erst nach seinem Chef sprechen. Da der aber verspätet eintrifft, hält Bahr schon einmal seine mit Brandt abgestimmte Rede, die in ihren zugespitzten Formulierungen bewußt weitergeht als diejenige des Regierenden Bürgermeisters. Gewiß klingt es auch in den meisten bundesdeutschen Ohren befremdlich, wenn nicht gar abwegig, die Mauer als »Zeichen der Schwäche ..., der Angst und des Selbsterhaltungstriebes des kommunistischen Regimes« zu bezeichnen. Falls dem aber doch so sein sollte, falls also Brandt und Bahr mit ihrer Analyse richtigliegen, dann – so Bahr – stelle sich freilich die Frage, »ob es nicht Möglichkeiten gibt, diese durchaus berechtigten Sorgen dem Regime graduell soweit zu nehmen, daß auch die Auflockerung der Grenzen und der Mauer praktikabel wird, weil das Risiko erträglich ist. Das ist eine Politik, die man auf die Formel bringen könnte: Wandel durch Annäherung.«

Das also sind die Ideen, die Willy Brandt seit geraumer Zeit umtreiben, als er im November 1966 nach Bonn geht, um das Amt des Außenministers anzutreten. Natürlich ist der Weg ins Auswärtige Amt und damit in die Bundesregierung für den vormals verfolgten Emigranten und jahrelang Diffamierten nicht irgendein Gang. Und doch verläßt er Berlin mit einem weinenden Auge. Hat er sich früher »nie vorstellen« können, »mal irgendwo Bürgermeister« zu werden, so denkt er jetzt ganz anders. Einige Jahre nach dem Wechsel nach Bonn, als er sich schon im Kanzleramt eingerichtet hat, erscheint Brandt die Berliner Aufgabe als »Traumjob« und als »publikumsnahe Betätigung«. Als Regierender Bürgermeister habe man »die Möglichkeit mitzuwirken an Geschichten, aus denen was wird«. In Bonn hingegen mache man »zum großen Teil Dinge, aus denen nichts wird. Oder an denen man nicht sieht, daß daraus was wird.«

Bei allen Kämpfen und Auseinandersetzungen, die zu einem guten Teil zum Beruf des Politikers gehören, hat er sich in der geteilten Stadt doch im Laufe der Jahre eine beachtliche, zum Schluß weitgehend unangefochtene, im In- wie im Ausland respektierte Position aufgebaut, und vor allem: Die Menschen dort mögen ihn. 1964 erklären beinahe neunzig Prozent der Berliner ihre Zufriedenheit mit Willy Brandt und seiner Politik. Es waren »sehr schöne Jahre«, sagt er sechs Jahre später in der ihm gelegentlich eigenen Sprödigkeit. Und so ist der Weg nach Bonn »in mancher Beziehung schmerzlich« und für seine Frau, wie er später gesteht, »noch schwieriger«. Über die Jahre hinweg hat Rut Brandt in Berlin eine ihr gemäße, sie ausfüllende Lebensweise entwickelt und zudem in der Stadt eine Popularität erreicht, die derjenigen ihres Mannes in nichts nachsteht. Außer-

»Sehr schöne Jahre«: Mit Familie, neuem Auto und Schutzmann vor dem Amtssitz des Regierenden Bürgermeisters von Berlin, etwa 1959

dem ist man erst vor einigen Jahren in eine Villa im Berliner Grunewald, Taubertstraße 19, gezogen, die der Berliner Senat Anfang der sechziger Jahre als Dienstwohnung für den Regierenden Bürgermeister erworben hat und in der sich die Brandts heimisch fühlen. Gut möglich, daß man deshalb den Hauptwohnsitz in Berlin beläßt und dort seit 1967 in der Menzelstraße 12, dem Gästehaus des Berliner Senats, gemeldet ist.

Was Willy Brandt hingegen am Rhein erwartet, weiß er nicht; außerdem ist der Weg vom »Rand der Welt« ins Zentrum der Macht mit einem Schönheitsfehler behaftet: Er kommt nicht als Sieger, sondern als Verlierer der Bundestagswahl 1965 nach Bonn. Kandidiert hat er für das Amt des Bundeskanzlers, und das zweimal. So gesehen muß er sich mit dem Auswärtigen Amt zufriedengeben, sich gedulden und vor allem bewähren, bis er vielleicht doch noch die Chance bekommt, »richtig anzufangen«.

Die Falle

Im Zentrum der Macht
1966-1974

Ein Neuanfang ist es dann doch. Beinahe zwanzig Jahre haben die Brandts in Berlin gelebt, als sie ihre Koffer packen müssen. Immerhin tritt man die Fahrt an den Rhein in Gesellschaft an. Mit von der Partie ist das norwegische Dienstmädchen; seit den frühen Sechzigern hat Rut Brandt immer eines »im Haus«. Im Familienkreis sprechen die Brandts nämlich norwegisch, jedenfalls bis Peter eingeschult wird. Die Eltern verständigen sich auch weiterhin auf die vertraute Weise, weil der sprachbegabte Willy Brandt das Norwegische wie seine Muttersprache beherrscht; seine Frau hingegen hat sich im Deutschen nie ganz heimisch gefühlt.

Mit auf den Weg nach Bonn machen sich im Frühjahr 1967 die Siam-Katze »Nusse«, die Schildkröte »Oskar« und der ungarische Hirtenhund »Hussar«. Seit den frühen Berliner Tagen haben die Brandts Tiere um sich. Mit dieser Neigung seiner Frau kann der Hausherr leben. Gewiß, seiner Tierliebe sind Grenzen gesetzt, und die auffallend zahlreichen Fotos, die Willy Brandt mit diesem oder jenem Haustier zeigen, lassen durchaus eine gewisse Skepsis und Distanz erkennen. Immerhin: Hunde, Katzen oder auch Kaninchen stellen keine Ansprüche; sie sind da, bestehen aber nicht auf Nähe.

Familie Brandt kommt nicht vollständig an den Rhein. Anders als Lars und Matthias bleibt Peter in Berlin. Er hat nur noch ein Jahr bis zum Abitur, das er Anfang 1968 ablegt, um an der Freien Universität mit dem Studium der Geschichte zu begin-

Nicht ganz geheuer: Mit Ruts Siamkatze »Nusse«, Mitte der sechziger Jahre

nen. Wie sein Vater ist auch der älteste Sohn schon früh politisch engagiert. Als Vierzehnjähriger tritt er den »Falken« bei, gehört dort seit Ende 1966 einer trotzkistischen Gruppierung an, arbeitet an deren Zeitschrift *Neuer Roter Turm* mit und hat Kontakt zu Rudi Dutschke, dem wortgewaltigen, charismatischen Anführer der linken Berliner Studentenschaft.

Selbstverständlich, sagt seine Mutter, steht »Peter als junger Sozialist in den sechziger Jahren in scharfer Opposition zum Sozialismus seines Vaters«, der sich als Außenminister der Großen Koalition längst von seinen linkssozialistischen Anfängen entfernt, wenn auch nie öffentlich distanziert hat, im Gegenteil: Er stehe zu der »Gesinnung jener jungen Jahre«, sagt er noch an seinem Lebensabend. 1972 siedelt Willy Brandt die politische Position seines Sohnes »links« von der seiner eigenen Jugendzeit an und hält sie für »dogmatisch und sektiererisch«, will sie aber ebensowenig wie Peter mit einer orthodox kommunistischen Linie verwechselt sehen. Kein Wunder, daß es zwischen Vater und Sohn zu Konflikten kommt, die allerdings selten offen ausgetragen werden. Zum einen hat Brandt sich den Söhnen ohnehin selten »widmen« können; und seit er in Bonn ist, bleibt für das »lenkende Gespräch«, über das er einige Jahre zuvor öffentlich nachgedacht hat, noch weniger Zeit. Vor allem aber ist er gerade in familiären Dingen ausgesprochen konfliktscheu und überläßt es gerne seiner Frau, »Peter klarzumachen, was der Vater meint«.

Andererseits legt der Vater seinen Söhnen keine Steine in den Weg: 1966 haben Peter und Lars das Angebot erhalten, bei der Verfilmung der Novelle *Katz und Maus* von Günter Grass mitzuwirken. Willy Brandt unterschreibt den Vertrag, wenn auch nach einigem Zögern und mit Vorahnung. Als der Streifen, dessen Produktion vom »Kuratorium Junger Deutscher Film« unterstützt wird, in die Kinos kommt, bricht ein Sturm der Entrüstung los. Brandt selbst sieht sich einer Flut ihn großenteils heftig attackierender Reaktionen ausgesetzt, die an die alten Schmutz- und Diffamierungskampagnen der fünfziger und sechziger Jahre erinnern: Das Ritterkreuz, das Peter Brandt als der ältere »Mahlke« auf dem nackten Bauch trägt, macht es den

Fototermin: Mit Ehefrau Rut, den Söhnen Matthias, Lars und Peter (von links) sowie Schildkröte »Oskar«, 1965

Ewiggestrigen leicht, eine Verbindung zu Brandts norwegischer Vergangenheit herzustellen.

Aber auch ohne diesen Film ist Peter Brandt ganz unvermeidlich Gegenstand des öffentlichen Interesses. Was immer er tut, wird in den Medien ausgeschlachtet. Daß dem Vater die Bekundungen und Aktionen des Sohnes, wie der sich erinnert, »lästig« sind, wenn sie »ruchbar« werden, kann man verstehen. Immerhin legen viele Stimmen auch aus der Partei dem Vorsitzenden nahe, Sohn Peter zu disziplinieren oder gar »außer Landes zu schaffen«, nachdem er wegen zweier Demonstrationsdelikte, sogenannter Aufläufe, rechtskräftig verurteilt worden ist. In dem entsprechenden Urteil des Berliner Gerichts vom 6. Juni 1968, das später revidiert wird, heißt es: »Faktisch hat sich der Vater nur wenig um die Erziehung seiner Kinder kümmern können, weil er in steigendem Maß von seiner politischen Tätigkeit beansprucht war. Besonders für den intelligenten Angeklagten wäre es ratsam gewesen, wenn sich der väterliche Einfluß auf passende Weise geltend gemacht hätte.«

Tatsächlich ist die Beziehung zwischen Willy Brandt und seinem Ältesten, bei allen politischen Gegensätzen, von gegenseitigem persönlichem Respekt getragen. Anfang der siebziger Jahre sagt Brandt, daß er und Peter es trotz ihres »guten persönlichen Verhältnisses« zwar aufgegeben hätten, sich »gegenseitig politisch überzeugen zu wollen«. Insgesamt aber seien sie, »abgesehen von ursprünglicher Ungeduld« auf seiner, des Vaters Seite, »gut miteinander ausgekommen«. Als er am Rande des Nürnberger Parteitages der SPD im März 1968 von Demonstranten angepöbelt wird, schreibt ihm Peter: »Abgesehen von den tiefgreifenden und grundsätzlichen Gegensätzen, die uns politisch trennen, finde ich es ungerecht – wenn schon falsche Methoden angewandt werden –, gerade gegen den liberalsten SPD-Führer vorzugehen.«

Was die »Achtundsechziger«-Bewegung angeht, läßt Willy Brandt relativ früh ein gewisses, jedenfalls theoretisches Verständnis erkennen. Natürlich weiß er aus seiner eigenen Biographie, daß radikalsozialistische Ideen in einem bestimmten Lebensalter als

Durchgangsstufe auf dem Weg zu politischer Reife gelten können. Vor allem in späteren Jahren ist ihm das Image eines »wohlwollenden, wenngleich nicht unkritischen Förderers der ›Achtundsechziger‹« zugewachsen, wie Peter Brandt später sagt.

Allerdings muß man sehen, daß Brandt den Höhepunkt der studentischen Revolte nicht mehr in Berlin erlebt, sondern in Bonn, und aus der rheinischen Perspektive stellen sich die Vorgänge eben doch anders dar als in Berlin oder in Frankfurt. Man sollte daher keine voreiligen Schlüsse ziehen. Wie hätte er sich wohl verhalten, hätte er 1967/68 noch in der politischen Verantwortung als Regierender Bürgermeister gestanden? Gewalt als Mittel der politischen Auseinandersetzung lehnt er ab, jedenfalls unter den Bedingungen einer funktionierenden parlamentarischen Demokratie. Das gilt für den Anschlag auf Rudi Dutschke am 11. April 1968; es gilt aber auch für die Welle von Gewalt, die daraufhin zahlreiche Städte, allen voran Berlin, überzieht und zusehends auch den Alltag vieler deutscher Universitäten bestimmt; und es gilt schließlich für die mitunter überzogene Reaktion des Staates. In diesem Sinne schreibt Brandt im Februar 1969 an Bundeskanzler Kiesinger, er werde zwar bei seiner Auffassung bleiben, »daß alle Bemühungen scheitern werden, die allein polizeilich und disziplinarisch bestimmt sind«, doch wünsche er den Bemühungen Erfolg, »durch koordiniertes Handeln der Länder den Gewalttätigkeiten in den Hochschulstädten wirksamer als bisher zu begegnen«.

Der Start im Auswärtigen Amt fällt Willy Brandt nicht schwer, zumal er Vertraute mitbringt: Egon Bahr als Leiter des Planungsstabs und Klaus Schütz als Staatssekretär, der allerdings nach einem knappen Jahr wieder zurück nach Berlin geht, um die Nachfolge von Heinrich Albertz als Regierender Bürgermeister anzutreten. Auf den vakanten Posten holt Brandt dann den Berufsdiplomaten Georg Ferdinand Duckwitz. Der ist schon in den ausgehenden fünfziger Jahren, während seiner Zeit als Leiter der Ostabteilung des Auswärtigen Amtes, Verfechter einer neuen Ostpolitik gewesen, hat sich dann aber, enttäuscht über deren geringe Aussichten, als Botschafter nach Neu-Delhi zurückgezogen und ist Ende 1965 auf eigenen Antrag in den vorzeitigen Ruhestand getreten. Während des Krieges war Duckwitz maßgeblich daran beteiligt, daß die meisten der etwa achttausend dänischen Juden vor dem Zugriff der Nazis gerettet werden konnten. Vor allem dem späteren Bundeskanzler Brandt hilft der untadelige Ruf von Duckwitz, als es darum geht, die schwierigen deutsch-polnischen Verhandlungen aus der Sackgasse herauszuführen.

Die Kabinettsrunde der Großen Koalition, die nach der Vereidigung im Palais Schaumburg zusammentritt, versammelt eine Reihe fähiger Köpfe, die im Laufe von knapp drei Jahren zumindest innenpolitisch einiges zu Wege bringen. Ihr gehören Männer mit sehr unterschiedlichen Biographien an. Bundeskanzler Kurt Georg Kiesinger hat von März 1933 bis zum bitteren Ende der NSDAP angehört; Verteidigungsminister Gerhard Schröder, Willy Brandts Vorgänger im Auswärtigen Amt, ist zwar Mitglied der NSDAP und zeitweilig auch der SA gewesen, gehört aber zu jener kleinen Gruppe mutiger Zeitgenossen, die auf dem Höhepunkt nationalsozialistischer Machtentfaltung, in diesem Fall im Mai 1941, aus der Partei ausgetreten sind; Finanzminister Franz Josef Strauß schließlich, Frontoffizier des Zweiten Weltkriegs, hat sich noch kurz zuvor an der Diffamierungskampagne gegen Willy Brandt beteiligt.

Ihnen gegenüber sitzen die vormaligen Linkssozialisten beziehungsweise Kommunisten und Emigranten Willy Brandt und Herbert Wehner, der das Bundesministerium für gesamtdeutsche Fragen übernimmt. Im Rückblick hat sich das Verhältnis zum Koalitionspartner und namentlich zu Kanzler Kiesinger für Willy Brandt wohl ordentlicher dargestellt, als es angesichts der »unterschiedlichen Lebenswege und Lebensinhalte« sein konnte. Mancher Zeitgenosse, wie der Philosoph Karl Jaspers, gewinnt damals den Eindruck, daß »die innere Feindschaft nicht aufzuheben, sondern nur zu verschleiern« sei: »Der Gefangene scheint Brandt zu sein.«

Sicher, manches ist dann auch in dieser Konstellation nicht realisierbar. Das gilt für ein Gesetz, das nach dem Willen der

*In feiner Gesellschaft: Mit Kurt Georg Kiesinger, Walter Scheel und Helmut Kohl auf dem Bonner Presseball, 1967.
Links: Ehefrau Rut verpaßt den letzten Schliff*

Genossen die großen Betriebe zur Offenlegung ihrer Bilanzen zwingen soll, es gilt für die Verjährung von Mord, welche die Sozialdemokraten mit Blick auf die Verbrechen der Nazis aufheben wollen; und es gilt für die Wahlrechtsreform, die Brandt und seine Partei schließlich doch scheitern lassen, weil sie sich die Option einer Koalition mit der FDP offenhalten möchten – die Zeche einer solchen Reform hätten nämlich die Freidemokraten zu zahlen gehabt.

Erfolgreich ist die Große Koalition hingegen auf dem Gebiet der Wirtschafts- und Finanzpolitik. Die beiden in erster Linie verantwortlichen Minister bilden ein merkwürdiges Gespann; aber Finanzminister Strauß und der sozialdemokratische Wirtschaftsminister Karl Schiller – der Fall »eines sehr begabten, aber eines sehr auf sich bezogenen, um nicht zu sagen egozentrischen Mannes«, wie Willy Brandt wenige Jahre später formuliert – können Ergebnisse vorweisen. Der Abbau von Steuervergünstigungen und Ausgabenkürzungen sowie die in der ersten Jahreshälfte 1967 beschlossenen Aktionen, Gesetze und Programme tragen das Ihre dazu bei, daß die Rezession ziemlich rasch überwunden werden kann.

Die im Februar 1967 ins Leben gerufene »Konzertierte Aktion«, eine Gesprächsrunde aus Vertretern von Staat, Wissenschaft, Gewerkschaften und Arbeitgebern, wird bis in die Kanzlerschaft Helmut Schmidts hinein fortgesetzt; und auch die im Juli 1967 beschlossene »Mittelfristige Finanzplanung« (»Mifrifi«), mit der wirtschaftliches Wachstum und ein ausgeglichener Haushalt gleichermaßen über mehrere Jahre hinweg gesichert werden sollen, zeitigt Erfolge und macht auch über die Zeit der Großen Koalition hinaus Schule. Man kann nicht sagen, daß diese Themen Willy Brandt sehr interessiert hätten. Aber er trägt die zum Teil unpopulären Maßnahmen mit, weil er weiß, daß sie dann nicht von einer sozialdemokratisch geführten Regierung in Angriff genommen werden müssen, auf die er als Parteivorsitzender und vermutlich erneuter Kanzlerkandidat natürlich setzt.

Das gilt erst recht für die höchst umstrittene Notstandsverfassung, die im Mai 1968 den Bundestag passiert und am 28. Juni in Kraft tritt. Sie bildet nicht nur eine Rechtsgrundlage für die Zusammenfassung aller Hilfsmittel von Bund und Ländern bei Katastrophen, sondern auch für die Abwehr von Gefahren, die der demokratischen Verfassungsordnung der Bundesrepublik von innen drohen. Nicht zuletzt stellen die Gesetze die Versorgung der Bevölkerung und der Streitkräfte im Verteidigungsfall sicher und bilden damit die Voraussetzung für die Ablösung der entsprechenden alliierten Vorbehaltsrechte aus dem »Deutschlandvertrag« vom 5. Mai 1955. Daß auch zahlreiche Mitglieder der Koalitionsfraktionen im Bundestag gegen das Gesetzeswerk stimmen, zeigt, daß ein solches Vorhaben damals nur mit einer Großen Koalition durchsetzbar ist.

Natürlich kommt den Fraktionsführungen bei Beratungen von dieser Brisanz und Beschlüssen von solcher Reichweite eine besondere Rolle zu. Im Falle der SPD-Fraktion ist es Helmut Schmidt, der die Reihen der Genossen geschlossen hält und sich damit für höhere Aufgaben empfiehlt, zumal er sich am Jahresende 1966 der Koalitionsräson gefügt und vorerst auf das eigentlich angestrebte Amt des Bundesministers der Verteidigung verzichtet hat. Schmidt, Jahrgang 1918, hat im Unterschied zu Brandt und Wehner die Zeit der Nazi-Herrschaft »drinnen« verbracht, und zwar als deutscher Frontoffizier. Nach dem Krieg macht er sich zunächst als Verkehrsdezernent und dann von 1961 bis 1965 als Innensenator von Hamburg einen Namen, insbesondere als ebenso effizienter wie populärer Krisenmanager während der großen Flutkatastrophe von 1962.

Wenn es in der Partei neben Herbert Wehner einen gibt, der Willy Brandt gefährlich werden kann, dann ist es Helmut Schmidt, wenn auch aus anderen Gründen als jener. Ist Wehner der Strippenzieher im Hintergrund, mit ausgeprägter Neigung zu Intrige und Konspiration, so repräsentiert Schmidt den Typus des vielseitigen, für hohe Staatsämter prädestinierten Berufspolitikers. Seine überlegene Intelligenz, sein Durchsetzungsvermögen, der ebenso präzise wie pragmatische politische Stil und seine rhetorische Begabung, die ihm schon früh den Beinamen »Schmidt-Schnauze« einträgt, ergeben ein Profil, das sich deutlich von demjenigen Brandts abhebt. Das einzige Handikap des ehrgeizigen Hamburgers ist sein Alter. Nur fünf Jahre jünger als Brandt, hat er unter normalen Umständen keine Chance, an die Spitze zu kommen. Aber die Umstände sind nicht normal, und so wird Helmut Schmidt dann doch ins Kanzleramt einziehen.

Noch aber ist es nicht soweit, weder für Willy Brandt noch für Helmut Schmidt. Vorerst sitzt man gemeinsam im Boot des kleineren Koalitionspartners und steuert mit vereinten Kräften das nächste Ziel an. So konfliktträchtig die unterschiedlichen Charaktere, Neigungen und Begabungen der beiden ambitionierten Sozialdemokraten sind, so gut können sie sich ergänzen, wenn es darauf ankommt. In den sechziger Jahren, sagt Helmut Schmidt, wäre er für Willy Brandt »durchs Feuer gegangen«, und das klingt glaubhaft: Der Regierende Bürgermeister von Berlin ist damals die einzige Chance der deutschen Sozialdemokratie. So sieht das auch Herbert Wehner, der dritte im Bunde: Zwei Jahrzehnte hat man gewartet, jetzt ist die Macht am Rhein zum Greifen nahe. Sie persönlichen Animositäten oder überhaupt menschlichen Regungen zu opfern wäre unverzeihlich.

Im übrigen bietet die Große Koalition für die unnatürliche Dreierallianz ein exzellentes Exerzierfeld. Das liegt an der Juniorpartnerrolle der SPD. Unter diesen Umständen kann sich keiner der drei unverhältnismäßig in Szene setzen, schon gar nicht auf Kosten der anderen. Und so beginnt 1966 jene Zusammenarbeit zwischen Schmidt, Brandt und Wehner, die notgedrungen anhält, bis sich die SPD im Herbst 1982 wieder aus der Regierungsverantwortung verabschiedet, weil einer der drei, Willy Brandt, nichts tut, um die innerparteiliche Demontage eines anderen, Helmut Schmidts, aufzuhalten.

Für die Große Koalition gilt, was für alle Bundesregierungen vor und nach ihr gegolten hat: Die Richtlinien der Außenpolitik werden im Kanzleramt bestimmt. Brandt weiß das und nutzt die Chance, um unter den gegebenen Bedingungen an seinem politischen Profil zu feilen und sich auf höhere Aufgaben vorzubereiten. Dem neuen Bundesminister des Auswärtigen liegt das Amt, und das wiederum spüren die Beamten der traditionsreichen Bonner Behörde, von denen viele den Einzug eines Sozialdemokraten, zumal mit dieser Biographie, mit großer Skepsis betrachtet haben, hatten doch in der Zeit des »Dritten Reiches« die meisten Angehörigen des Auswärtigen Dienstes eine andere Haltung eingenommen als Brandt. Als er anläßlich des fünfundzwanzigsten Jahrestages des gescheiterten Staatsstreichs vom 20. Juli 1944 auf die »gute Tradition des Amtes« und dessen »Anteil am Widerstand« hinweist, klingt das aus seinem Munde glaubwürdig.

Der neue Außenminister stürzt sich förmlich in die Arbeit. Vor allem entwickelt Willy Brandt eine Reiseaktivität, die an seine Hochzeit als Regierender Bürgermeister von Berlin erinnert. Keiner seiner Vorgänger hat so häufig das Ausland besucht – in den Jahren 1968 und 1969 jeweils fünfundzwanzig Mal, die Reisen als Parteivorsitzender nicht mitgerechnet. Dafür gibt es Gründe. Einmal eine erkennbar neue Schwerpunktsetzung. Stärker noch als in seiner Berliner Zeit rückt die Dritte Welt in den Vordergrund seiner Politik. Kaum ein zweiter deutscher Politiker hat so frühzeitig die hier liegenden gewaltigen Probleme erkannt und darauf hingewiesen, daß die »Zukunftsaufgaben nicht nur in Europa, nicht nur in Afrika«, sondern nur »in Gemeinsamkeit zu bewältigen« sind – so Brandt vor den Missionschefs afrikanischer Länder südlich der Sahara am 16. Mai 1968 in Bonn. Dieser Typ von Konferenz ist neu, und auch in anderer Hinsicht geht der Außenminister bislang unerkundete Wege. So besucht er Anfang April 1968 eine Konferenz der in Afrika akkreditierten deutschen Botschafter in Abidjan und Mitte Oktober des gleichen Jahres eine Botschafter-Konferenz für Lateinamerika in Santiago de Chile.

Aber natürlich kommt die intensive Reisediplomatie dem Naturell Willy Brandts entgegen: Seit seiner frühesten Jugend ist er unterwegs gewesen, weltoffen, stets auf der Suche und nicht selten auf der Flucht – vor Verfolgern, Neidern, Gegnern, aber auch vor sich selbst, und dieser Hang zum Eskapismus tritt um so deutlicher zutage, je älter er wird, je mehr die Ämter zur Bürde und je schwerer die Niederlagen werden. Immer sind die Reisen auch Versuche, alles hinter sich zu lassen, den Konflikten zumindest für einige Zeit aus dem Weg zu gehen und Neues in sich aufzunehmen, um solchermaßen gestärkt die alten, nicht selten aber auch die neuen Aufgaben anzugehen: Wer reist, schaut nach vorn, nicht zurück. Daß der Blick nach vorn nicht durch die »Gespenster der Vergangenheit« verstellt werden dürfe, sagt Willy Brandt noch wenige Wochen vor seinem Tod bei seinem letzten öffentlichen Auftritt. Mit dieser Maxime hat er, im wahrsten Sinne des Wortes, überlebt.

So auch während der späten sechziger Jahre, als die Reisen nicht zuletzt Versuche sind, dem zu entgehen, was seine Umgebung als Depressionen wahrnimmt. Sie stellen sich jetzt regelmäßig ein, sind sozusagen fester Bestandteil seines Lebens geworden – unabhängig von Erfolg und Mißerfolg. Meistens kommt der Stimmungsumschwung im Spätherbst. Rut Brandt erinnert sich: »Eines Tages konnte er sich plötzlich unwohl fühlen, das Büro mußte informiert, und alle Termine mußten abgesagt werden ... Die Zeitungen schrieben, Willy leide an einer ›fiebrigen Erkältung‹. Das konnte einige Tage gehen, vielleicht eine Woche, während der er im Bett blieb. Eines Tages stand er auf, und alles war wie zuvor. Ich weiß nicht, wo die Ursache lag. Einmal sagte er zu mir, daß er sich psychisch und physisch unwohl fühle, wenn er mit Kiesinger zusammen sei. So waren die Reisen oft eine Erleichterung, nicht nur für ihn, auch für uns.«

In solchen Zeiten, fügt Rut Brandt hinzu, war ihr Mann »für niemanden zu sprechen, nicht einmal für die Familie. Ich rief in der Regel Egon Bahr an. Er scheute sich nicht, zu ihm zu gehen.« Bahr kann übrigens der Diagnose »Depression«, die medizinisch nie gestellt worden ist, wenig abgewinnen. Brandt habe »im November seine Pause genommen«, sagt er. Um eine »physische Erschöpfung« habe es sich dabei gehandelt, »die mit einer seelischen Selbstbefragung einherging«. Dann »verschwand« er, war »völlig weg«, wie Horst Ehmke sich erinnert, um alsbald »neu aufgeladen« wieder »aufzutauchen«.

Tatsächlich ist Willy Brandt, seit er an den Rhein gekommen ist, ungewöhnlich stark eingespannt. Nicht nur muß er unter Beweis stellen, daß ein Sozialdemokrat die insgesamt erfolgreiche Politik einer festen Integration in die europäischen und atlantischen Gemeinschaften fortsetzen will und kann; vielmehr sieht er die Außen-, und hier vor allem die Ost- und Deutschlandpolitik, als ein Feld, auf dem sich die SPD mit eigenen Ideen profilieren kann. Das ist dringend nötig, quittieren doch die Wähler die Große Koalition ganz offenkundig mit Mißfallen: Bei den Landtagswahlen in Baden-Württemberg verliert die SPD im April 1968 gut acht Prozent der Stimmen und rutscht damit, wenn auch auf Länderebene, wieder unter die magische Dreißig-Prozent-Marke; daß die rechtsradikale NPD bei dieser Gelegenheit beinahe zehn Prozent der Stimmen auf sich vereinigen kann, macht die Sache noch schlimmer.

Schon Kiesingers Regierungserklärung läßt die Handschrift des Außenministers erkennen. Das ist nicht selbstverständlich. Immerhin zeigt sich die neue Bundesregierung entschlossen, mit »allen« Völkern Beziehungen zu unterhalten, »die auf Verständigung, auf gegenseitiges Vertrauen und auf den Willen der Zusammenarbeit gegründet sind«. Das soll ausdrücklich auch für die Staaten Osteuropas gelten. Damit steht seit dem Dezember 1966 die Möglichkeit einer Aufgabe der »Hallstein-Doktrin« im Raum – nicht mehr, aber auch nicht weniger. Dieses merkwürdige Instrument deutscher Außenpolitik ist ausgerechnet der »Mao-Doktrin« nachempfunden, mit der die chinesischen Kommunisten seit Ende des Bürgerkriegs offensiv den Anspruch vertreten, daß allein sie – und nicht die Nationalchinesen auf Taiwan – die Interessen Chinas wahrnehmen und für dieses sprechen könnten. Die deutsche Variante ist 1955 entwickelt worden und besagt, daß Bonn die Aufnahme diplomatischer Beziehungen zur DDR durch dritte Staaten als unfreundlichen Akt betrachtet und sich abgestufte Reaktionen bis hin zum Abbruch der diplomatischen Beziehungen vorbehält. Zweimal hat man zu diesem äußersten Mittel gegriffen: 1957 gegenüber Jugoslawien und 1963 gegenüber Kuba.

Inzwischen hat sich aber die »Hallstein-Doktrin« zunehmend als Hemmschuh für die Außenpolitik erwiesen. Nach Auffassung Willy Brandts paßt sie schlicht nicht mehr in die Tauwetterperiode des Kalten Krieges, die nach Beendigung der Kuba-Krise und dem Sturz Chruschtschows eingesetzt hat. Außerdem macht sie Bonn geradezu erpreßbar. So hat der ägyptische Staatspräsident Gamal Abd el-Nasser die Doktrin 1965 kurzerhand gegen ihre Erfinder gekehrt: Mit der Drohung, die DDR anzuerkennen, falls die Bundesrepublik nicht ihre Waffenlieferungen an Israel einstelle, hat er Bonn in eine höchst unkomfortable Lage gebracht. Eigentlich gibt es nur eine Möglichkeit, um in Zukunft derart peinlichen Situationen zu entgehen: Bonn muß die DDR anerkennen. Zwar nicht diplomatisch – diesen Gefallen hat keine Bundesregierung dem nicht demokratisch legitimierten SED-Regime getan –, aber faktisch. Brandt weiß das, aber er weiß auch: Mit der Großen Koalition ist das nicht zu machen.

Also muß man zunächst »kleine Schritte« tun. Am 31. Januar 1967 wird anläßlich eines Besuchs des rumänischen Außenministers Manescu in Bonn die Aufnahme diplomatischer Beziehungen zwischen der Bundesrepublik und Rumänien vereinbart, das seit langem diplomatische Beziehungen zur DDR unterhält. Das ist ein solcher Schritt auf dem Weg zur Demontage der »Hallstein-Doktrin«, aber noch ist die Kuh nicht vom Eis. Das läßt die umständliche Argumentation erkennen, mit der man die Aktion zu begründen sucht und die als »Geburtsfehlertheorie« in die Geschichte eingegangen ist: Bukarest habe eben keine andere Wahl gehabt, als sich den Vorgaben Moskaus zu beugen und die DDR anzuerkennen. Im übrigen kann man hier gleich mehrere Fliegen mit einer Klappe schlagen. Indem Bonn Kontakte zu den Partnern des SED-Regimes aufnimmt, wird dieses zwangsläufig in ebenjene Isolierung gedrängt, aus der sich die Strategen am Rhein ihrerseits gerade zu lösen suchen. Tatsächlich ist Pankow von dieser Entwicklung alarmiert. Das zeigt

Willy Brandt, daß er mit seiner politischen Initiative richtigliegt, wenn ihn auch die Reaktionen von Walter Ulbricht und Genossen nicht freuen können. Denn die tun alles, um die Eigenstaatlichkeit der DDR zu untermauern und Bonns Isolierungsmaßnahmen zu unterlaufen: eigene Staatsbürgerschaft, neue Verfassung, Paß- und Visa-Pflicht auf den Transitwegen nach West-Berlin gehören dazu.

Dagegen ist man am Rhein machtlos; das weiß niemand besser als der langjährige Regierende Bürgermeister der geteilten Stadt. Dennoch glauben einige um so entschiedener reagieren zu müssen, je mehr Staaten der Dritten Welt die Konsequenz aus der nun wirklich nicht mehr zu übersehenden deutschen Zweistaatlichkeit ziehen. Am 8. Mai 1969 nimmt Kambodscha als erstes nichtkommunistisches Land diplomatische Beziehungen zur DDR auf. In Bonn geht es drunter und drüber. Der größere Partner in der Koalition will noch einmal aller Welt zeigen, wer am längeren Hebel sitzt, und nach bester Kalter-Kriegs-Manier die diplomatischen Beziehungen zu Kambodscha abbrechen; Brandt will das nicht und denkt an Rücktritt.

Das hat nicht nur mit dem Fall an sich, sondern auch mit der bitteren Erkenntnis zu tun, daß ihn mancher aus den eigenen Reihen, vor allem Wehner, aber auch Schmidt, bestenfalls lauwarm unterstützt, weil er die Große Koalition nicht gefährden will. Hier werden künftige Konfliktlinien sichtbar. Vor allem von Egon Bahr bedrängt, bleibt der Außenminister dann aber doch auf seinem Posten, zumal er diesen, wie er noch im Rückblick sagt, »mit Leidenschaft und Vergnügen« ausfüllt. Im übrigen gibt es einen Kompromiß: Am 4. Juni ruft Bonn seinen Botschafter aus Phnom Penh zurück, bricht aber die Verbindung nicht ganz ab, sondern bleibt ohne Botschafter in Kambodscha präsent. Das, so Willy Brandt, nennt man damals »kambodschieren«.

Natürlich sind das Scheingefechte. In den zentralen und zugleich delikaten Fragen der Deutschlandpolitik führen sie nicht weiter, im Gegenteil. Gelöst werden können diese Probleme nur in Ost-Berlin beziehungsweise in Moskau. Erste Versuche eines direkten deutsch-deutschen Kontakts, wenn man den protokollarisch umständlichen Briefwechsel zwischen Bundeskanzler Kiesinger und DDR-Ministerpräsident Stoph so bezeichnen will, scheitern bereits im Frühsommer 1967 kläglich. Erfolgversprechender scheinen sich die Sondierungen mit Moskau anzulassen. Schon am 7. Februar 1967 hat die Bundesregierung, auch hier auf Drängen Willy Brandts, dem sowjetischen Botschafter in Bonn, Semjon K. Zarapkin, den Entwurf einer Erklärung übergeben, in der Merkwürdiges zu lesen ist. Danach will sich nämlich die Bundesrepublik Deutschland bereit erklären, bei der Verhandlung von Streitfragen mit der Sowjetunion oder einem ihrer Verbündeten auf »Anwendung von Gewalt oder Drohung mit Gewalt« zu verzichten.

Gewalt? Gegenüber der sowjetischen Weltmacht? Durch den westdeutschen Zwergstaat? So absurd das in heutigen Ohren klingen mag, so naheliegend ist der Gedanke doch für eine Generation von Sowjetbürgern, die hat erleben müssen, was ein deutscher Angriff bedeutet: Eine Katastrophe wie die der Jahre 1941 bis 1944 darf sich nie mehr wiederholen. Und wenn das sowjetische Sicherheitsgefühl durch eine schriftliche Garantie des territorial amputierten, wirtschaftlich und militärisch vollständig eingebundenen westdeutschen Teilstaates gestärkt werden kann, dann muß sie eben her. Daß bei dieser Gelegenheit auch der Status quo in Europa festgeschrieben wird, ist für den Kreml keine Nebensache. Willy Brandt gehört zu denen, die die sowjetische Position verstehen und die zugleich lernen müssen, daß dieses Verständnis auf harte Proben gestellt werden kann.

Denn ebenjene Sowjetunion, die von der Bundesrepublik einen klaren Gewaltverzicht fordert, scheut ihrerseits vor der Anwendung brutaler Gewalt nicht zurück, wenn es um eine tatsächliche oder vermeintliche Gefährdung ihrer vitalen Interessen geht: In der Nacht vom 20. auf den 21. August 1968 rollen die Panzer des Warschauer Paktes in die Tschechoslowakei ein, beenden gewaltsam den »Prager Frühling« und stellen ein für allemal klar, daß eine Reformierung oder Liberalisierung des kommunistischen Systems, wenn überhaupt, nach sowjetischen Regieanweisungen zu erfolgen hat.

Daß der Kreml ausgerechnet Bonns Bereitschaft zu einem Gewaltverzicht für die Erosionserscheinungen innerhalb des Ostblocks mitverantwortlich macht, ist Teil dieser Geschichte. Dabei hat die Bundesregierung demonstrativ jede Einmischung in die inneren Angelegenheiten der Tschechoslowakei zu vermeiden gesucht – für einen Mann wie Willy Brandt, gerade in diesem Fall, keine einfache Sache. Noch schwerer verdaulich aber ist, was auf den Einmarsch folgt: Will sie Fortschritte in den ihr wichtigen Fragen, muß sich auch die deutsche Politik auf den Boden der soeben mit Gewalt geschaffenen Tatsachen stellen. Sie sind in einer »Doktrin« festgehalten, die im Umfeld des Einmarsches in die Tschechoslowakei entwickelt worden ist und die besagt, daß die Zugehörigkeit zum Warschauer Pakt gleichbedeutend mit einer Einschränkung der nationalen Souveränität ist.

Diese Doktrin verbindet sich mit dem Namen Leonid Iljitsch Breschnews. 1906 geboren und in einfachen Verhältnissen aufgewachsen, hat er es in den dreißiger Jahren, während der schwerindustriellen Aufbauphase der Sowjetunion, zum Ingenieur gebracht. Wie für die meisten seiner Generation ist der Existenzkampf gegen den deutschen Aggressor, an dem er als Politischer Kommissar teilnimmt, eine prägende Erfahrung geblieben. Seit 1957 sitzt Breschnew im Präsidium der »Kommunistischen Partei der Sowjetunion« (KPdSU), von 1960 bis 1964 und erneut von 1977 bis zu seinem Tod im November 1982 hat er zugleich den Vorsitz im Präsidium des Obersten Sowjet inne. Seit dem Sturz Chruschtschows 1964 ist Breschnew Erster Sekretär beziehungsweise, seit April 1966, Generalsekretär der KPdSU, also der eigentlich starke Mann der Sowjetunion.

Brandt begegnet Breschnew erstmals am 12. August 1970, zwei Jahre nach der Niederschlagung des Prager Frühlings, anläßlich der Unterzeichnung des Moskauer Vertrages im Katharinensaal des Kreml. Auch zwanzig Jahre später mag er nicht in den großen Chor derer einstimmen, die im Zuge einer mitunter maßlos wirkenden Bewunderung Michail Gorbatschows die Person und die Politik Breschnews in Bausch und Bogen verurteilen. Insbesondere was die »Ernsthaftigkeit« der gemeinsamen Bemühungen angeht, will Willy Brandt seinen inzwischen verstorbenen sowjetischen Gesprächspartner auch 1989 »nicht desavouieren«. Tatsächlich ist er, über seinen Rücktritt vom Amt des Bundeskanzlers hinaus, mit Breschnew in engem Kontakt geblieben, nicht immer zur Freude seines Nachfolgers. Bei allen Unterschieden und politischen Gegensätzen: Die beiden schätzen sich. Brandt weiß, was die Erfahrung des »Großen Vaterländischen Krieges« für Breschnew bedeutet; und Breschnew weiß, wo Brandt damals gewesen ist.

Bald entwickeln sie füreinander einige Sympathie, und das erweist sich als nicht unproblematisch: Da es Willy Brandt unangenehm ist, wenn ein Mensch ihn berührt, gar ein Mann ihn in die Arme nimmt, senden seine engen Mitarbeiter Signale an die Entourage des Kremlherrn, in diesem Fall – Zuneigung hin oder her – von der im kommunistischen Machtbereich üblichen Umarmung abzusehen, vom Wangenkuß gar nicht zu reden. Brandt hat seine Art, auf Menschen zuzugehen und sie zugleich auf Distanz zu halten: mit weit ausgestreckter Hand und durchgedrücktem Arm. Wenn er einmal vor aller Öffentlichkeit aus sich herausgeht, sind die Umstände außergewöhnlich. So zum Beispiel im Frühjahr 1981, bei der Amtseinführung des französischen Staatspräsidenten François Mitterrand, als ein sichtlich bewegter Willy Brandt die aufgereihten führenden Sozialisten Europas begrüßt und nicht nur die eine oder andere Dame, etwa Melina Mercouri, sondern auch, mit dessen tatkräftiger Unterstützung, den Portugiesen Mario Soares mit einem Bruderkuß versieht. Szenen wie diese sind von hoher Rarität.

Wenn es eine Maxime deutscher Ostpolitik während des Kalten Krieges gegeben hat, an die sich alle Bundesregierungen gehalten haben, dann die, keinen wichtigen Schritt ohne die Rückendeckung der Verbündeten zu tun, schon gar nicht ohne die der USA. Nun ist Rückversicherung nicht umsonst zu haben, vor allem dann nicht, wenn es sich um ein Verhältnis derart ungleicher

Darf man ihn berühren? Mit Leonid Iljitsch Breschnew, 1973

Partner handelt. Das gilt auch für die Ära des am 20. Januar 1969 ins Amt gekommenen republikanischen Präsidenten Richard M. Nixon und seines Sicherheitsberaters und späteren Außenministers Henry Kissinger: Was die amerikanische Politik umtreibt, muß mehr oder weniger unmittelbar auch die deutsche Politik beschäftigen.

Nun übernimmt die neue Washingtoner Administration ein außenpolitisches Erbe, das alle anderen Fragen der Weltpolitik in den Hintergrund treten läßt und auch keine Rücksichtnahme auf Freunde zuläßt: Schon in der Kennedy-Ära, vor allem aber in der Amtszeit von Lyndon B. Johnson, sind die USA immer tiefer in den vietnamesischen Dschungel marschiert, und selbst eine halbe Million amerikanischer Soldaten und eine Materialschlacht ohnegleichen vermögen das Blatt nicht zu wenden. Je höher die Kosten und je schwerer die Verluste, um so größer und entschiedener die Forderungen an die Verbündeten; und je massiver der Einsatz und je brutaler die Kriegführung, um so lauter der Protest, auch im befreundeten Ausland, auch bei Peter und Lars Brandt, den ältesten Söhnen des Außenministers der Bundesrepublik. Schon im Frühjahr 1965, sagt Peter Brandt, hat er seinem Vater »schwere Vorhaltungen wegen Äußerungen gemacht, die er während einer gemeinsam mit Fritz Erler unternommenen USA-Reise von sich gegeben hatte«.

Das macht die Dinge für Willy Brandt nicht leichter. Als Regierender Bürgermeister von Berlin hat er den Überlegungen, mit denen ausgerechnet der so bewunderte Kennedy den Weg nach Vietnam eingeschlagen hat, einiges abgewinnen können: Befand sich die geteilte Stadt nicht in einer vergleichbaren Lage wie Vietnam? Doch in seiner Zeit als Außenminister und Bundeskanzler beginnt sich das amerikanische Vietnam-Desaster in vollem Ausmaß abzuzeichnen. Mithin sind manche der Argumente, die unter anderem auch seine Söhne vorbringen, immer weniger von der Hand zu weisen. Zwar beherrscht Brandt die Kunst des »Sowohl als auch«, des Umgehens von Schwierigkeiten, noch nicht so virtuos wie in späteren, vor allem den achtziger Jahren; immerhin aber gelingt es ihm, nach innen, zumal gegenüber der Jugend, nicht als kompromißloser Hardliner zu erscheinen und nach außen keinen wirklich ernsthaften Zweifel an der deutschen Bündnistreue aufkommen zu lassen: In der Amtszeit des Außenministers Brandt erhöht Bonn die humanitäre Hilfe für Südvietnam um das Dreifache, und auch im Bereich der Wirtschafts- und Währungspolitik hilft man dem angeschlagenen transatlantischen Seniorpartner, soweit es irgend geht.

Leichter fällt das Entgegenkommen auf dem Feld der Entspannungspolitik. Hier nämlich sind amerikanische und deutsche Interessen beinahe deckungsgleich. So ist der Grundgedanke des sogenannten Harmel-Berichts der NATO vom Dezember 1967 für Willy Brandt von bestechender Logik: Militärische Sicherheit und eine Politik der Entspannung schließen sich nicht aus, sondern ergänzen sich. Kein Wunder, daß der deutsche Außenminister im Sommer des folgenden Jahres maßgeblich daran beteiligt ist, daß die Atlantische Allianz den Sowjets in einer Botschaft, die als »Signal von Reykjavik« in die Geschichte eingegangen ist, Gespräche über »gegenseitige ausgewogene Truppenverminderungen« vorschlägt. Nicht daß Brandt plötzlich seine Neigung zu strategischen Fragen entdeckt hätte. Die haben ihn nie sonderlich interessiert, und auf diesem Gebiet haben sich seine Kenntnisse zeitlebens in engen Grenzen gehalten. Der frühe historische Überblick über den »Guerillakrieg«, der 1942 in Schweden erschienen ist, fällt in eine andere Kategorie und sagt nichts über des Autors Sinn für strategische Fragen.

Nein, aber mit einer Initiative auf diesem Feld kann man erneut mehrere Fliegen mit einer Klappe schlagen. Jedes Kind begreift, daß ein Abbau insbesondere der östlichen Panzermassen die Sicherheit für das geostrategisch exponierte Deutschland erhöht, übrigens beiderseits der Elbe. Und dann können Verhandlungen über die konventionellen Streitkräfte in Europa nicht exklusiv zwischen den Großmächten oder gar zwischen den beiden Supermächten geführt werden. Das ist eine Sache aller, in Ost und West, und darin unterscheiden sich diese Gespräche von denen über die nukleare Frage: Dort gibt es eine Zweiklassengesellschaft.

Das Jahr 1968 zeigt, was es heißt, zu den atomaren Habenichtsen zu gehören. Die Entwicklungen geben Anlaß zur Sorge, seit die Volksrepublik China 1964 ihre erste Atom- und 1967 ihre erste Wasserstoffbombe getestet hat. Damit tritt erstmals ein Problem in den Vordergrund, das seither immer wieder auf der Tagesordnung der Weltpolitik steht: Wie kann man die Verbreitung von spaltbarem Material und insbesondere von Kernwaffen verhindern? Die Antwort scheint simpel: Am besten durch einen Vertrag, den alle unterzeichnen und an den sich, im Idealfall, auch alle halten. Um einen solchen auf den Weg zu bringen, erklären sich Sowjets und Amerikaner einseitig bereit, keine Nuklearwaffen an andere weiterzugeben. Nicht daß Washington oder Moskau eine Proliferation je vorgehabt hätten, aber die bloße Ankündigung dieser Selbstbeschränkung soll ausreichen, um von den Nicht-Nuklearmächten Zugeständnisse einzufordern.

Bei denen stößt die Inszenierung daher auf einige Skepsis, auch in der Bundesrepublik, auch bei Willy Brandt. Selbstverständlich kann in einer Zeit schwindelerregender atomarer Hochrüstung niemand ernsthaft gegen die Absicht sprechen, die Verbreitung nuklearer Materialien zu unterbinden. Es kann also nur darum gehen, die Interessen der Nicht-Nuklearstaaten angemessen einzubringen. Dazu gehört nach Auffassung des Außenministers vor allem eine Garantie, daß man »später nicht durch eine Kernwaffenmacht erpreßt werden kann«. Das schreibt er seinem amerikanischen Amtskollegen Dean Rusk. Außerdem darf sich der Vertrag nicht hemmend auf die friedliche Nutzung der Kernenergie auswirken, auf die man damals, auch bei den Sozialdemokraten, noch setzt.

Da derlei Einwände dem größeren Partner im rheinischen Bonn nicht reichen, steht die Koalition vor einer »Art psychologischer Zerreißprobe«, und es ist interessant zu beobachten, wie sich Willy Brandt in dieser Situation verhält: Der Außenminister läßt viel von jenem »robusten Realismus« erkennen, den er stets an Konrad Adenauer bewundert hat und der auch ihn, wie man jetzt sehen kann, in entscheidenden Situationen auszeichnet, jedenfalls im Bereich der Außenpolitik und zuletzt an der Epochenwende 1989/90. Vor diesem Hintergrund nehmen sich seine Eskapaden während der achtziger Jahre, etwa in der Nachrüstungsfrage, um so erstaunlicher aus. Ohne die persönliche Rivalität zu Helmut Schmidt sind sie kaum zu verstehen.

Spätestens seit der »Atomwaffensperrvertrag« am 1. Juli 1968 von der Sowjetunion, den Vereinigten Staaten von Amerika und Großbritannien unterzeichnet worden ist, weiß Willy Brandt, daß die Bundesrepublik keine Alternative hat, als ihm beizutreten. Außerdem macht man sich mit der Hinhaltetaktik nicht nur in den USA keine Freunde, sondern auch in Frankreich. Dort wird man den Vertrag zwar nicht unterschreiben, doch drängt Paris Bonn nachdrücklich zum Beitritt. Das gilt vor allem für General Charles de Gaulle, den legendären Führer des »Freien Frankreich« gegen Hitler, der den Kurs der Fünften Republik seit ihrer Gründung Ende 1958 bestimmt. Brandt begegnet dem französischen Präsidenten mit einer bemerkenswerten Mischung aus aufrichtigem Respekt und maßvollem Selbstbewußtsein. Bei de Gaulle, sagt er noch an seinem Lebensabend in einem Fernsehgespräch, sei eine »Menge angelegt« gewesen, »von dem es sich gelohnt hätte, besser hinzuhören«.

Im politischen Tagesgeschäft ist der General freilich für die Repräsentanten der Bonner Republik, auch für Willy Brandt, ein schwieriger Partner, und das nicht nur in der Frage des Sperrvertrages. So sitzt man zwar seit Jahren in einem gemeinsamen Boot namens »Europa«, aber man rudert nicht immer in dieselbe Richtung. Fortschritte und Rückschläge halten sich die Waage. Da sind auf der einen Seite zum 1. Juli 1967 die Organe von Montanunion, EWG und EURATOM in den »Europäischen Gemeinschaften« zusammengelegt worden. Andererseits macht de Gaulle, bevor er Ende April 1969 die politische Bühne verläßt, Schwierigkeiten, wo es geht, wenn auch das französisch-deutsche Verhältnis in der Zeit der Großen Koalition nicht mehr so verkrampft ist wie zu den Zeiten des Kanzlers Erhard. Dafür ist dem General nach wie vor alles zuzutrauen, wenn es um das Verhältnis Europas zu den USA und insbesondere um die Sabotage der deutsch-amerikanischen Beziehungen geht. Außerdem hat de Gaulle am 19. Dezember 1967 auch den zweiten Versuch Großbritanniens zu einem raschen EWG-Beitritt abgeschmettert. In der Endphase seiner Amtszeit weiß sich der große französische Staatsmann mit den Briten nur in wenigen Fragen einig. Zu ihnen gehört der deutsche Beitritt zum Atomwaffensperrvertrag. Daß der dann am 28. November 1969 doch erfolgt, liegt am Machtwechsel in Bonn.

Als Brandt ins Bundeskanzleramt einzieht, ist er gerade einmal drei Jahre lang Außenminister gewesen. Dennoch spielt diese Zeit in seiner Biographie eine Schlüsselrolle, bietet ihm das Amt doch die Möglichkeit, eine Befähigung unter Beweis zu stellen, die ihm viele seit seinem furiosen Aufstieg an der Spree durchaus zugetraut haben – die Übernahme politischer Verantwortung auch in der Bundespolitik. Natürlich kommt ihm dabei zugute, daß er auf außenpolitischem Terrain kein Anfänger ist, sondern auf seine langjährigen Erfahrungen als Regierender Bürgermeister von Berlin zurückgreifen kann. Auch hilft es ihm, daß er inzwischen Erfahrung mit der Führung der SPD hat und so in der Rolle des Koalitionspartners insgesamt eine gute Figur macht. Schließlich findet Willy Brandt bei seinen bundespolitischen Anfängen die Unterstützung zweier Genossen, die ihm als Bundeskanzler das Leben zusehends schwermachen werden: Herbert Wehner und Helmut Schmidt fördern ihn, weil sie wissen, daß nur mit ihm der lange und mühsame Weg der Sozialdemokraten an die Macht erfolgreich sein kann.

Am 21. Oktober 1969 wählt der Deutsche Bundestag Willy Brandt zum vierten Kanzler der Bundesrepublik Deutschland – mit der knappen Mehrheit von drei Stimmen. Bei den Bundestagswahlen vom 28. September haben die Sozialdemokraten mit 42,7 Prozent noch einmal dreizehn Mandate hinzugewinnen können. Damit bleiben sie zwar immer noch einige Prozentpunkte hinter der CDU/CSU zurück, aber mit den Stimmen der FDP, welche die Fünf-Prozent-Hürde gerade noch einmal genommen hat, reicht das aus, um die Unionsparteien erstmals seit

Bestehen der Bundesrepublik auf die Oppositionsbänke zu verweisen und die erste sozial-liberale Regierung auf Bundesebene ins Leben zu rufen. Den Neu-Koalitionären kommt zugute, daß die NPD nicht den allseits befürchteten Einzug in den Bundestag schafft. »Die NPD über fünf Prozent«, so Brandt noch zwanzig Jahre später, »und ich wäre 1969 nicht Kanzler geworden.«

Danach sieht es auch in der Wahlnacht zunächst nicht aus. Die ersten Ergebnisse scheinen darauf hinzudeuten, daß die Unionsparteien die absolute Mehrheit der Mandate erringen werden. In der Parteizentrale der CDU knallen die Sektkorken, Kurt Georg Kiesinger feiert bereits seine Wiederwahl, und auch die ersten ausländischen Gratulanten, unter ihnen der amerikanische Präsident Nixon, stellen sich telefonisch ein. Gegen 22 Uhr ändert sich das Bild, und eine halbe Stunde später ruft Willy Brandt Walter Scheel, den Bundesvorsitzenden der Liberalen, an und teilt ihm mit, daß er in einer öffentlichen Erklärung feststellen wolle, SPD und FDP hätten gemeinsam mehr Stimmen und Mandate als CDU/CSU.

Das ist zwar noch nicht die Entscheidung über die Koalition – dazu ist der über das Wahlergebnis seiner Partei deprimierte Scheel in dieser Nacht nicht in der Lage; aber es ist mehr als nur eine Vorentscheidung. Eine wichtige Weiche für die sozial-liberale Koalition ist nämlich bereits am 5. März 1969 gestellt worden. Damals hat die FDP, wenn auch nicht geschlossen, den Kandidaten der SPD für das Amt des Bundespräsidenten unterstützt und so Gustav Heinemann, dem Justizminister der Großen Koalition, im dritten Wahlgang zum Wahlsieg verholfen. Der wiederum hat es sich nicht nehmen lassen, einen »Machtwechsel« in Bonn anzukündigen.

Dann kommt die Wahlnacht, und mit ihr die Stunde des Willy Brandt. Der Historiker Arnulf Baring hat ein treffliches Porträt des Mannes in dieser Situation gezeichnet: »Kein Mensch hat ihn vorher oder nachher so aktiv gesehen wie an diesem Abend, in dieser Nacht des 28. September, nie sonst so zielstrebig und energisch. Kein Hamlet mehr, kein Parzival. Ein

Das Kanzleramt im Visier: Der Kandidat, 1968

Mann beherzter, jugendlich beschwingter Tat ... Dies war der Tag, an dem er seinem Ziehvater, seinem Zuchtmeister entlief. Sein eigener, einsamer, ganz persönlicher Entschluß, mit Hilfe der FDP Kanzler zu werden, war ein Akt des Widerstandes, gewissermaßen ein innerparteilicher Staatsstreich gegen Wehner, den er genauso loswerden wollte wie Wehner ihn.« Der nämlich kann sich den ewigen Kandidaten nicht als Kanzler vorstellen – »nicht fleißig genug, viel zu leichtlebig, nie rechtzeitig im Bett«, so Arnulf Baring.

Es sind anfänglich nur wenige aus der Führungsriege der SPD, die Brandt vorbehaltlos unterstützen. Zu ihnen gehören der nordrhein-westfälische Ministerpräsident Heinz Kühn, der seit 1966 im größten Bundesland eine sozial-liberale Koalition führt, und Gustav Heinemann, der Brandt am Morgen nach der Wahlnacht auffordert: »Willy ran, mach's!« Und der macht's tatsächlich. Die Verhandlungen mit dem alten Koalitionspartner CDU/CSU beschränken sich auf ein steifes Gespräch zwischen Brandt und Noch-Kanzler Kiesinger, und noch am gleichen Tag, am Abend des 30. September, beginnen die offiziellen Koalitionsverhandlungen zwischen SPD und FDP.

Dem ersten sozial-liberalen Kabinett gehört selbstverständlich Walter Scheel als Vizekanzler und Außenminister an. Der gebürtige Solinger mit rheinischem Gemüt, nur wenige Jahre jünger als Willy Brandt, bringt in sein neues Amt einige Erfahrung mit, unter anderem als Bundesminister für wirtschaftliche Zusammenarbeit während der Jahre 1961 bis 1966. Vor allem aber gehört er seit 1953 dem Bundestag an, und seit Ende Januar 1968 versucht er als FDP-Vorsitzender nicht ohne Erfolg, die auseinanderdriftenden Flügel seiner Partei durch neue außenpolitische Zielsetzungen auf eine gemeinsame Linie zu verpflichten. Sein Verhältnis zu Brandt ist von »Anerkennung« und »Zuneigung« geprägt, und ihre Zusammenarbeit zeichnet sich durch ein ungewöhnlich hohes Maß an Zuverlässigkeit aus. »Bis zum letzten ehrlich« sei Brandt gewesen, sagt Scheel im Rückblick, und es ist bezeichnend für die gemeinsamen Jahre in der Regierung, daß das ge-

gebene Wort genügt und es nie einer schriftlichen Vereinbarung bedurft hat.

Die erste Regierungsmannschaft Willy Brandts bindet auch manchen Konkurrenten ein. So übernimmt Helmut Schmidt, der sich noch kurz zuvor wenig vorteilhaft über Brandt geäußert hat, nach einiger Bedenkzeit das Amt des Verteidigungsministers. Ohnedies kann sich das erste Kabinett Brandt sehen lassen. Hans-Dietrich Genscher, der Mann mit der längsten Kabinettserfahrung in der Geschichte der Bundesrepublik überhaupt, hält es noch drei Jahrzehnte später für »das beste, das die Republik je gesehen hat«. Doch ist auch die beste Regierung auf die Unterstützung der Fraktionen angewiesen, zumal in Zeiten derart knapper Mehrheiten. Herbert Wehner führt fortan die SPD-Fraktion sicher durch die aufziehenden Turbulenzen im Bundestag. Dort legt Willy Brandt am Nachmittag des 21. Oktobers seinen Amtseid auf die Verfassung ab, wie seine Vorgänger mit der Beteuerungsformel »So wahr mir Gott helfe!«

Was für ein Triumph, welche Genugtuung! Der aus Deutschland Geflohene, von Deutschen Verfolgte und Diffamierte hat, sechsunddreißig Jahre nach seiner Flucht und einundzwanzig Jahre nach seiner endgültigen Rückkehr, den Gipfel der politischen Macht in Deutschland erklommen – aber um welchen Preis! Wenn jedem Menschen im Laufe seines Lebens ein gegebener Kräftehaushalt zur Verfügung steht, dann hat dieser Mann, als er mit Mitte Fünfzig die Krönung seiner Karriere erlebt, sein Budget fast ausgeschöpft. Die Entscheidung der Wahlnacht ist, so gesehen, die letzte große Mobilisierung der Ressourcen. Jetzt gilt es, mit den verbliebenen Kräften hauszuhalten. Einige Zeit schafft Willy Brandt das auch, getragen vom Erfolg, unterstützt von einem exzellenten Kabinett und von treuen Weggefährten. Dann ist die Grenze überschritten, die Kräfte lassen nach, und diejenigen, die das spüren, wie Helmut Schmidt und vor allem Herbert Wehner, ziehen ihre Konsequenzen.

Noch aber ist es nicht soweit; vorerst feiert Brandt Triumphe, und wer will ihm das getragene Pathos verdenken, mit dem er, auch noch nach seinem Sturz aus dieser Höhe, seinen Aufstieg in den größeren historischen Zusammenhang rückt. »Seit Hermann Müller 1930 vom Amt des Reichskanzlers zurückgetreten war«, schreibt er 1976, »waren fast vierzig Jahre vergangen, in denen meine Partei vom Terror zerschlagen wurde, in denen viele ihrer Mitglieder Unsägliches erlitten und nicht wenige einen gewaltsamen Tod fanden, in denen sie nach dem Ende des Schreckens und dem Aufbau einer neuen Organisation lokale und regionale Verantwortung übernahm, dem Ansturm einer neuen Diktatur Widerstand entgegensetzte, am Aufbau der Bundesrepublik entscheidend mitarbeitete und schließlich in die Regierungsverantwortung gestellt wurde.«

Es wird nicht einmal fünf Jahre dauern, bis ein völlig erschöpfter, in manchem schließlich auch überforderter Bundeskanzler Willy Brandt aus vergleichsweise nichtigem Anlaß das Handtuch wirft. Und dennoch nimmt gerade diese Kanzlerschaft bis heute im öffentlichen Bewußtsein eine besondere Stellung in der Geschichte der Bundesrepublik ein. Dafür gibt es vor allem einen Grund. 1988 in einem Fernsehinterview als »Zeuge des Jahrhunderts« befragt, was er selbst als seinen größten Erfolg betrachte, sagt Brandt: »Mit dazu beigetragen zu haben, daß in der Welt, in der wir leben, der Name unseres Landes, Deutschland also, und der Begriff des Friedens wieder in einem Atemzug genannt werden können.«

Daß diese Leistung in erster Linie auf dem Gebiet der Außen-, namentlich der Ost- und Deutschlandpolitik erbracht worden ist, wissen wir heute. Geplant gewesen ist das so nicht, man möchte fast sagen: im Gegenteil. Die erste Regierungserklärung des neuen Bundeskanzlers befaßt sich vor allem mit innenpolitischen Reformvorhaben. Die in diesem Zusammenhang abgegebene Bekundung »Wir wollen mehr Demokratie wagen« wird alsbald zum geflügelten Wort. Und auch die nicht minder programmatische Ankündigung »Wir fangen erst richtig an« findet sich in Verbindung mit der Feststellung, »nicht am Ende unserer Demokratie« zu stehen. Tatsächlich sei es so gewesen, sagt

Brandt wenig später, daß er als Bundeskanzler den »bei weitem größten Teil« seiner Zeit »für innenpolitische Fragen aufgewendet habe«. Angesichts des Reformstaus, dem sich die deutsche Wirtschaft und Gesellschaft trotz mancher Erfolge der Großen Koalition nach zwanzigjähriger Vorherrschaft einer Partei fast zwangsläufig gegenübersehen, ist das nicht überraschend.

Und damit seine Verdienste auf diesem Gebiet nicht in Vergessenheit geraten, legt Willy Brandt noch im Jahr seines Sturzes unter dem Titel *Über den Tag hinaus* eine »Zwischenbilanz« vor, die sich auf nicht weniger als fünfhundertfünfzig Seiten mit der Innenpolitik befaßt. Und in der Tat: Die Bilanz kann sich sehen lassen, wenn auch viele der zahlreichen Vorhaben, so zum Beispiel das Berufsbildungsgesetz oder eine umfassende Steuerreform, allenfalls auf den Weg gebracht werden. Immerhin: Ein neues Betriebsverfassungs- und ein Vermögensbildungsgesetz, durch welches die vermögenswirksamen Leistungen verdoppelt werden, gehören ebenso dazu wie ein Berufsbildungsförderungs- und ein Graduiertenförderungsgesetz, die den hohen Stellenwert der Bildungspolitik unterstreichen, die Abkoppelung des Kindergeldes vom Einkommen, die Garantie einer Mindestrente, eine Reform des Familien- und des Sexualstrafrechts, durch die zum Beispiel Homosexualität nicht mehr unter Strafe gestellt ist, ein Städtebauförderungsgesetz und ein erstes Umweltprogramm.

Zu den innenpolitischen Reformen im weitesten und zugleich problematischsten Sinne gehört der sogenannte Radikalenerlaß vom Januar 1972. Mit seiner Hilfe soll es möglich sein, Anhängern insbesondere der radikalen Linken den Eintritt in den öffentlichen Dienst zu verwehren. Hinter diesem erklärten Ziel steht, zumindest für Brandt, ein zweites: Man muß der lärmenden Opposition zeigen, daß die außenpolitische Öffnung nach Osten keine gefährlichen Konsequenzen für die innere Sicherheit der Bundesrepublik hat.

Keine zweite Maßnahme des Bundeskanzlers, ja des Politikers Willy Brandt hat, gerade unter Jugendlichen, solche Enttäuschung und Irritation hervorgerufen wie diese: Ausgerechnet

Willy Brandt! Der wiederum hat sich in späteren Jahren mit diesem Kapitel schwergetan. Immer wieder, so noch 1989 in seinen *Erinnerungen* oder in einem Beitrag für den *Spiegel* ein Jahr zuvor, hat er sich erklärt und gerechtfertigt. Eine Angelegenheit der Länder sei der Erlaß gewesen; das Bundeskabinett und also auch er hätten ihn lediglich mitgetragen. Im übrigen habe er »tatsächlich nicht vorhergesehen, auf eine wie idiotische und für viele abträgliche Weise der ... Extremistenbeschluß gehandhabt werden würde«. Das nimmt man ihm ab.

Die Kritiker des Beschlusses und insbesondere seiner Befürwortung durch Willy Brandt übersehen, in welchem Umfeld er zustande kommt. Im November 1971 haben die Sozialdemokraten in Bonn einen außerordentlichen Parteitag abgehalten, der vor allem der Steuerreform gilt. Weit muß es mit der Partei gekommen sein, wenn ihr Vorsitzender, der auf Ausgleich und Vermittlung bedachte Bundeskanzler Brandt, den Delegierten mit ungewohnter Deutlichkeit ins Parteibuch schreibt, »daß niemand – weder ein einzelner noch eine Gruppe noch ein ganzer Parteitag – einem sozialdemokratischen Bundeskanzler seine Pflicht und Verantwortung nach dem Grundgesetz der Bundesrepublik Deutschland abnehmen« könne.

Eigentlicher Adressat dieser in sozialdemokratischen Ohren unerhörten Klarstellung sind die Mitglieder der »Arbeitsgemeinschaft der Jungsozialisten«. Die haben in der Partei in dem Maße an Boden gewonnen, in dem deren Mitglieder jünger geworden sind: Dreiviertel der Neugenossen, die 1972 in die Partei eintreten, sind noch keine vierzig Jahre alt. Seit ihrem Münchener Bundeskongreß vom Dezember 1968 steuern die »Jusos« einen konsequenten Konfrontationskurs gegen das »Establishment«, auch innerparteilich. Daß Willy Brandt seit den enervierenden und frustrierenden Erfahrungen der Exilzeit auf endlose Theoriedebatten äußerst gereizt reagiert, ist eine Sache; daß die Nachwuchssozialisten allerdings mit ihrer Fundamentalkritik am bundesdeutschen Kapitalismus das politische System der Republik an den Pranger und in Frage stellen und nicht wenige die Nähe zu den

Kommunisten suchen, ist für den Parteivorsitzenden nicht hinnehmbar.

Aber das ist nur ein Teil der Geschichte. Noch bedenklicher und für Brandts Haltung zum »Radikalenerlaß« wohl entscheidend ist eine andere Entwicklung: Die linke Szene in der Bundesrepublik wird nämlich nicht nur größer und lauter, vielmehr werden die Ränder zwischen ihren diversen Gruppierungen und Fraktionen unschärfer, werden die Übergänge zu einigen sich vernehmlich und brutal zu Wort meldenden terroristischen Kadern fließend. Anfang 1970 hat der Aufbau der »Rote Armee Fraktion« (RAF) begonnen. Ihr gehören der aus der Haft befreite Frankfurter Kaufhaus-Brandstifter Andreas Baader und die Pfarrerstochter Gudrun Ensslin an, aber auch die untergetauchte Journalistin Ulrike Meinhof und der Rechtsanwalt Horst Mahler.

Das Jahr 1977, in dem der RAF-Terror mit Morden und Entführungen eskaliert, erlebt Willy Brandt nicht mehr als Bundeskanzler. Allerdings unterstützt er den Kampf seines Nachfolgers gegen die RAF, wo es geht. Spätestens seit dem September 1972, seit dem Anschlag der palästinensischen Terrororganisation »Schwarzer September« auf das olympische Dorf in München, weiß jedermann, wie weit Terroristen zu gehen bereit sind. Die Ermordung von elf israelischen Olympiateilnehmern ist die traurige Bilanz. »Mehr Demokratie wagen« ist für Brandt gewiß ein ernstes Anliegen; die Demokratie gegen ihre Feinde drinnen und draußen zu verteidigen, ist es nicht minder. Merkwürdig, daß man nie auf den ersten und gewiß nicht unwichtigsten Satz seiner Regierungserklärung geachtet hat: »Wir sind entschlossen«, sagt Willy Brandt am 28. Oktober 1969, »die Sicherheit der Bundesrepublik Deutschland ... zu wahren.«

Mit diesem programmatischen Satz hat der Kanzler sowohl die innere als auch die äußere Sicherheit der Bundesrepublik im Sinn. Letztere definiert er als eine »Funktion des Bündnisses, dem wir angehören und als dessen Teil wir zum Gleichgewicht der Kräfte zwischen Ost und West beitragen«. Und um Mißverständnissen von vornherein vorzubeugen, fügt er hinzu, daß damit keine Schaukelpolitik zwischen Ost und West gemeint ist, sondern »Zusammenarbeit und Abstimmung mit dem Westen« und »Verständigung mit dem Osten«. Kein zweites Thema der Kanzlerschaft Willy Brandts hat sich auch nur annähernd einen solchen Stellenwert in der öffentlichen Erinnerung sichern können wie dieses, und es ist offenkundig, warum das so ist: Wegen seiner Außen-, insbesondere seiner Ost- und Deutschlandpolitik wird er 1971 mit dem Friedensnobelpreis ausgezeichnet; ihretwegen wird er 1972 durch seine politischen Gegner beinahe gestürzt.

Wenn Willy Brandt als Bundeskanzler irgendwo nicht »richtig anfangen« muß, dann hier. Nie hat er in Abrede gestellt, daß es schon vor seiner Amtszeit, selbst in der Ära Adenauer, eine aktive deutsche Ostpolitik gegeben hat; sodann hat er die Jahre als Außenminister genutzt, um für den Fall eines Falles vorzuarbeiten. So trifft er sich bereits am 8. Oktober 1968 und erneut am 22. September 1969 mit dem sowjetischen Außenminister Andrej Gromyko. Der 1909 geborene Politroutinier, der sein diplomatisches Handwerk noch unter Stalin erlernt hat, ist seit 1957 Außenminister, außerdem seit 1956 Mitglied des Zentralkomitees der KPdSU. Brandt findet seinen Amtskollegen, wie er sich zwanzig Jahre später erinnert, »angenehmer als das Bild, das ich mir von einem bissigen ›Mr. Njet‹ gemacht hatte. Er wirkte freundlich-gelassen, auf eine angenehme Art fast angelsächsisch zurückhaltend. Seine Routine war auf eine unaufdringliche Weise zu spüren, sein Gedächtnis galt als phänomenal.«

Die beiden kommen, bei allen Unterschieden, miteinander aus. Beim zweiten Treffen, das in New York stattfindet, sprechen sie unter anderem über die Frage der Anerkennung der bestehenden Grenzen in Europa, ebenjenes Thema also, das in der Großen Koalition jede Diskussion zum Erliegen bringt. So gesehen ist es kein Wunder, daß die Regierung Brandt-Scheel auf diesem Terrain ein enormes Tempo vorlegt. Schon in seiner Regierungserklärung sagt der Kanzler, wenn auch in einem Nebensatz versteckt, wo der Neuanfang zwangsläufig enden muß:

»Eine völkerrechtliche Anerkennung der DDR durch die Bundesregierung kann nicht in Betracht kommen. Auch wenn zwei Staaten in Deutschland existieren, sind sie doch füreinander nicht Ausland; ihre Beziehungen zueinander können nur von besonderer Art sein.«

Zwei deutsche Staaten? Das klingt in vielen Ohren unerhört, aber Willy Brandt nennt erstmals in einer Regierungserklärung das Kind beim Namen und trägt damit den Realitäten Rechnung. Nicht nur gibt es seit 1967 eine DDR-Staatsbürgerschaft und seit 1968 eine neue, die Eigenstaatlichkeit der DDR unterstreichende Verfassung, vielmehr sind beide Staaten auch gleichrangige Mitglieder diverser Verträge und Organisationen. Und schließlich haben die DDR-Oberen, mit dem Bau der Mauer beginnend, ihrem Staat eine fragwürdige, aber unübersehbare eigene Identität verschafft: Ein Gürtel aus Stacheldraht, Minenfeldern und Selbstschußanlagen dokumentiert ebenso brutal wie unzweifelhaft, daß es diesen anderen Staat gibt.

Und wo bleibt die »Wiedervereinigung«, nach wie vor erklärtes oberstes Ziel Bonner Politik? Hier hält sich der Kanzler auffällig zurück. Beinahe beiläufig und nicht in der Regierungserklärung selbst sagt er, daß eine Wiedervereinigung nur in einer »europäischen Friedensordnung« denkbar sei, benennt damit zugleich das Fernziel seiner Außenpolitik und läßt erkennen, was ihn in den Augen vieler Menschen bis heute vom Durchschnittspolitiker unterscheidet: Der Mann hat Respekt vor den Realitäten, und er hat eine Vision, die es mit der Wirklichkeit aufnehmen will.

Im übrigen ist eine solche Friedensordnung nur gesamteuropäisch vorstellbar. Daraus ergibt sich die weitere Öffnung nach Osten, die den »Frieden im vollen Sinne dieses Wortes auch mit den Völkern der Sowjetunion und allen Völkern des europäischen Ostens« zum Ziel haben muß, so der Kanzler vor dem Parlament. Wie selbstverständlich das alles heute klingt; damals haben solche Ankündigungen, zumal in den Ohren ihrer zahlreichen Kritiker, fast revolutionäre Qualitäten. Das gilt auch für das Tempo, mit dem sich die Neuen ans Werk machen. Unverzüglich signalisiert man die Bereitschaft, die Gespräche über einen förmlichen Gewaltverzicht wiederaufzunehmen. Die sowjetische Intervention in Prag, so die Botschaft, ist eine schlimme Sache gewesen, aber sie darf einer Fortsetzung des Entspannungsdialogs nicht im Weg stehen. Und damit erst gar keine Zweifel an der Ernsthaftigkeit der Entspannungsabsicht aufkommen, tritt man sogleich dem umstrittenen »Atomwaffensperrvertrag« bei.

Schon mit diesen ersten Schritten gewinnt Willy Brandts Außenpolitik eine beträchtliche Eigendynamik, und durch sie wiederum gerät er zusehends unter Erfolgsdruck. Das ist keine angenehme Situation, im Gegenteil: Die Lage beginnt derjenigen zu ähneln, in der sich Brandt Mitte der sechziger Jahre als Kanzlerkandidat und frisch gekürter Parteivorsitzender befunden hat, und das sind Zeiten einer dramatischen seelischen und körperlichen Talfahrt gewesen. Offenkundig spürt man den Erfolgsdruck der neuen Regierung auch in Moskau. Jedenfalls laufen sich die Verhandlungen über einen Gewaltverzicht, die im Dezember 1969 zunächst in Form mehrerer Unterredungen zwischen Botschafter Helmut Allardt und Außenminister Gromyko geführt werden, schnell fest: Die Sowjets beharren kompromißlos auf ihren Maximalforderungen.

Willy Brandt nimmt das zum Anlaß, die Verhandlungen, nicht nur mit Moskau, fortan direkt aus dem Kanzleramt heraus zu führen. Die Voraussetzungen dafür hat er geschaffen, als er den Sachverstand des Auswärtigen Amtes kurzerhand mit ins Palais Schaumburg genommen hat. Das ganze Kanzleramt, beklagt sich Walter Scheel im April 1970 gegenüber Parteifreunden, »besteht von A bis Z, den Kanzler eingeschlossen, aus Leuten des Auswärtigen Amts: Kanzler, Staatssekretär, alle Mitarbeiter, persönliche Referenten ... Er hat alle ohne Ausnahme mitgenommen. Diese Leute haben genau das, was sie immer hatten: Sie haben ihren vollkommenen Kontakt zum Auswärtigen Amt und reden immer noch mit ihren alten Freunden ...« Zu denen gehört vor allem Staatssekretär Georg Ferdinand Duckwitz. Erst als dieser zum 1. Juni 1970 endgültig aufs Altenteil geschickt und durch Paul Frank ersetzt wird, beginnt sich die Lage zu ändern, wenn auch die Leitung der Verhandlungen mit Polen noch bei Duckwitz bleibt.

Da sind freilich die wichtigsten Entscheidungen schon gefallen. Ende Januar 1970 ist ein Sonderbeauftragter Willy Brandts in die sowjetische Hauptstadt gereist, um wieder Bewegung in die Verhandlungen zu bringen. Seither sondiert Egon Bahr, jetzt Staatssekretär im Kanzleramt, in Moskau über einen deutsch-sowjetischen Gewaltverzicht und damit zusammenhängende Fragen. Daß er das ohne schriftliche Instruktionen tut, spricht für das Vertrauen, das der Bundeskanzler, aber auch der Außenminister in ihn setzen. Bahrs wichtigster Gesprächspartner ist Außenminister Gromyko. Die beiden fassen die Ergebnisse ihrer Unterredungen in zehn Punkten schriftlich zusammen. Als dieses »Bahr-Papier« Mitte Juni an die Öffentlichkeit gelangt, geschieht prompt das, was die Initiatoren dieser Indiskretion erreichen wollen: Brandt und seine Regierung geraten in arge Bedrängnis.

Wo die undichte Stelle zu finden ist, wird sich womöglich nie endgültig klären lassen. Daß in Moskau behauptet wird, sie liege in der deutschen Beamtenschaft, überrascht nicht. Wenn man aber davon ausgeht, daß die Veröffentlichung die ohnehin schon günstige Verhandlungsposition der Sowjets weiter verbessert, scheint sich die Frage, wer aus dieser Indiskretion den größten Nutzen ziehen kann, von selbst zu beantworten. Tatsächlich gibt es fortan für die Bonner Emissäre in Moskau nichts mehr zu verhandeln, weil jedes substantielle Zugeständnis von den Sowjets als Gesichtsverlust gewertet werden muß. Vor allem aber ist jetzt schwarz auf weiß nachlesbar, was ohnehin jeder weiß, aber beileibe nicht alle wahrhaben wollen: Um auf dem Weg zu einer europäischen Friedensordnung voranzukommen, muß man sich auf den harten Boden der Realität stellen, das heißt, die Ergebnisse des Zweiten Weltkriegs förmlich anerkennen. Nichts anderes geschieht durch jenen Vertrag, der am 12. August 1970 unterzeichnet wird. Für die Zeremonie reisen Willy Brandt und

Neue Horizonte? Mit Ehefrau Rut und Egon Bahr, Anfang der siebziger Jahre

Walter Scheel mit großem Gefolge nach Moskau. Daß die Maschine der Bundesluftwaffe wegen einer Bombendrohung erst verspätet abheben kann, ist für die innenpolitische Brisanz dieser Reise bezeichnend.

Der Vertrag bestätigt unter anderem die Unverletzlichkeit der bestehenden Grenzen in Europa einschließlich der Oder-Neiße-Linie, also der Grenze zwischen der DDR und Polen. Das muß in Warschau Irritation und Empörung hervorrufen. Auch wenn es in diesem Fall gerade um die Bestätigung der polnischen Westgrenze geht, ist doch nicht vergessen, daß der polnische Staat dreißig Jahre zuvor aufgrund einer geheimen Absprache zwischen Hitler und Stalin liquidiert worden ist und daß der Krieg das Land sechs Millionen Opfer gekostet hat. Nun sprechen also Deutsche und Sowjets erneut über polnische Grenzen. Dabei werden doch seit Februar 1970 direkte deutsch-polnische Verhandlungen geführt.

Wenn jemand um die Problematik dieser Situation weiß, dann ist es Willy Brandt. Deshalb schickt er mit Duckwitz einen Diplomaten seines Vertrauens und von untadeligem Ruf in die Verhandlungen mit Warschau; deshalb auch reisen er und Außenminister Scheel persönlich in die polnische Hauptstadt, um dort am 7. Dezember 1970 den deutsch-polnischen Vertrag zu unterzeichnen; deshalb erweist die deutsche Delegation den jüdischen Opfern des Warschauer Ghettos ihre Reverenz; und deshalb entschließt sich Willy Brandt spontan, vor dem Mahnmal für die Opfer des Ghettoaufstands niederzuknien. Daß gerade er, der in der Zeit des »Dritten Reiches« selbst Verfolgter, nicht Täter gewesen ist, sich für sein Volk zu diesem Schuldeingeständnis bereitfindet, gibt diesem Kniefall sein besonderes Gewicht. Als Rut Brandt ihn nach der Rückkehr aus Polen fragt, ob es sich dabei um eine spontane Geste gehandelt habe, zuckt er die Schultern und sagt: »Irgend etwas mußte man tun.« Nicht ambitiös, nicht berechnend und eben deshalb authentisch – genau das haben die Menschen damals gespürt, und es erklärt, warum sich bis heute, gerade auch unter Jüngeren, kein zweites Bild so mit Willy Brandt verbindet wie dieses.

Einer für alle: Warschau, 7. Dezember 1970

Daß ihm diese Geste zu Hause nicht nur Freunde macht, versteht sich: Fast fünfzig Prozent der Deutschen finden sie nach einer Blitzumfrage des *Spiegel* übertrieben. Je höher das Alter, um so deutlicher die Ablehnung. Und weil sich Polen bei der Umsetzung des Abkommens beziehungsweise ergänzender Vereinbarungen Zeit läßt, weil es erst 1972 zur Aufnahme diplomatischer Beziehungen kommt und die Frage der Übersiedlung Deutschstämmiger gar erst 1975 endgültig geregelt werden kann, schwillt der Chor der Brandt-Kritiker erneut kräftig an.

Dabei sind die schwierigsten Hürden der neuen Ostpolitik erst noch zu nehmen: Das deutsch-deutsche Verhältnis bedarf der vertraglichen Klärung, und vor allem muß eine Regelung der Berlin-Frage her. Die wiederum ist leichter gefordert als umgesetzt. Zwar kann die Bundesregierung versuchen, informell einen gewissen Einfluß auf die Verhandlungen zu nehmen, und sie tut das auch. Im übrigen aber ist das Abkommen über Berlin ausschließlich eine Angelegenheit der vier alliierten Sieger des Zweiten Weltkriegs, und namentlich Amerikaner und Sowjets verknüpfen dieses Thema mit anderen, wie zum Beispiel den SALT-Verhandlungen über die strategischen Atomwaffen oder dem Rückzug der USA aus Vietnam. Wer Fortschritte in den Verhandlungen über Berlin sehen will, ohne an ihnen selbst teilnehmen zu können, muß manche Kröte schlucken.

Willy Brandt weiß das, als er im Juni 1971 in die USA reist, zu einem seiner insgesamt fünf Besuche als Bundeskanzler. Die erheblichen Vorbehalte des Präsidenten und seines Sicherheitsberaters spürt er; heute wissen wir, was die beiden wirklich von ihm denken, weil die geheimen Tonbandaufzeichnungen aus dem Oval Office auch die Meinungen Nixons und Kissingers über den deutschen Kanzler festhalten, und die sind unzweideutig. Über das »Hauptproblem« sind sich die beiden bei Brandts Besuch einig. »Nicht sehr helle« sei er, vielmehr »ein bißchen dumm«, und außerdem, so Kissinger: »Er trinkt.« Immerhin scheint sich der Kanzler zu »benehmen«, denn er versteht, daß er den beiden »eine ganze Menge« schuldet. Seine wachsende Skepsis über die amerikanische Kriegführung in Vietnam äußert

Brandt allenfalls hinter verschlossenen Türen; und als die amerikanische Regierung am 15. August 1971 in einer Nacht- und Nebelaktion die Umtauschverpflichtung von Dollar in Gold und damit das Währungssystem von Bretton Woods aus dem Jahre 1944 außer Kraft setzt, ist Brandt zwar, wie alle Europäer, über diesen »brüsken Alleingang« empört, beißt sich aber, schon weil es nichts mehr rückgängig zu machen oder auch nur zu korrigieren gibt, auf die Lippen.

Immerhin weichen in Washington die letzten Bedenken gegen Brandts Ost- und Deutschlandpolitik, und da mit der Regelung der Berlin-Frage auch für die USA ein lästiger Dauerkonflikt endlich vom Tisch kommt, wird am 3. September 1971 in Berlin das »Viermächteabkommen« unterzeichnet. Es schreibt den Status quo in der geteilten Stadt endgültig fest, bringt den Menschen in und um Berlin erhebliche Erleichterungen und bietet, da die Sowjetunion wieder selbst den Zugang von und nach Berlin garantiert, eine gewisse Gewähr, daß es »in Zukunft keine Berlin-Krisen« mehr geben wird. Das sagt Willy Brandt am Tag der Unterzeichnung in einer Fernsehansprache, und man spürt die Genugtuung und Erleichterung, die der langjährige Regierende Bürgermeister der Stadt dabei empfindet.

Das geht vielen damals am Rhein ganz anders. Und weil die Sowjets das Inkrafttreten des Viermächteabkommens von der Ratifizierung des Moskauer und des Warschauer Vertrages im Deutschen Bundestag abhängig machen, wittern die Kritiker und Gegner Brandts und seiner Politik eine Chance, das ganze Unternehmen Ostpolitik vielleicht doch noch zu Fall zu bringen. Die politische Atmosphäre in der Bundesrepublik wird zusehends gereizter. Vieles steht auf dem Spiel, nicht zuletzt das politische Schicksal Willy Brandts. Das nehmen auch andere so wahr, nicht nur in Deutschland. Von allen Enden und Ecken der Welt bekommt er Zuspruch und Unterstützung, insbesondere auch aus seiner zweiten Heimat Norwegen: Am 20. Oktober 1971 wird ihm der Friedensnobelpreis zugesprochen.

Am Nachmittag des 20. Oktober unterbricht Bundestagspräsident Kai-Uwe von Hassel die Haushaltsdebatte des Bundestags und unterrichtet die Abgeordneten von der Entscheidung. Die Reaktion in den Reihen der Opposition ist durchwachsen, was man verstehen kann, wenn man sich ihre künftigen Chancen gegenüber einem Politiker ausmalt, der solche Weihen erfährt. Während die Mitglieder der Regierungsfraktionen sich geschlossen zum Applaus erheben, bleiben die meisten Abgeordneten der Unionsparteien sitzen; einige, wie der Fraktionsvorsitzende Rainer Barzel, gratulieren spontan. Nur ein einziger Oppositionspolitiker, Hermann Höcherl, erscheint abends zur Party bei Brandts.

Die Familie des Kanzlers wohnt übrigens weiterhin in der Dienstvilla des Außenministers am Kiefernweg auf dem Bonner Venusberg, in direkter Nachbarschaft zu Altbundespräsident Heinrich Lübke und seiner Frau Wilhelmine. Da Walter Scheel und Ehefrau Mildred in ihrem soeben erworbenen und aufwendig hergerichteten Privathaus, nur wenige hundert Meter entfernt, bleiben wollen, können die Brandts weiterhin in der Dienstvilla des Außenministers wohnen. Das freut vor allem Rut Brandt. Nicht nur wird der Familie so ein erneuter Umzug erspart. Vielmehr ist der Kanzlerbungalow von Kiesinger neu gestaltet worden, und der Plüschstil, der Bewohnern und Besuchern seither zugemutet wird, entspricht nun wirklich nicht dem Geschmack der gebürtigen Norwegerin.

Im elterlichen Haus leben noch die Söhne Matthias und Lars, der inzwischen volljährig ist und der Mutter in der Zeit der Trennung von Willy Brandt eine wichtige Stütze sein wird. Willy Brandt selbst wohnt eigentlich nicht mehr im Kreis der Familie. Wie er als Kind in der »Dachkammer« der Lübecker Wohnung Ludwig Frahms gelebt hat, bezieht er auf dem Venusberg einen Bereich der umgebauten ehemaligen Hausmeisterwohnung unter dem Dach, bestehend aus einem Arbeits- und einem Schlafzimmer. Hausmeister Kurt Weber, der mit seiner Familie einen neuerrichteten Bungalow im Garten bewohnt, ist für Brandt zugleich eine Art Kammerdiener, weckt ihn morgens, kümmert sich um die Kleidung und achtet darauf, daß sein Chef die körperliche Ertüchtigung nicht ganz vernachlässigt.

Die Brandts bekommen häufig Besuch, etwa von Conrad Ahlers, Brandts Pressesprecher, von Ex-Staatssekretär Duckwitz, der gleich nebenan wohnt, oder von Scheel. Duckwitz und Scheel sind, von Haus aus und jeder auf seine Weise, Frohnaturen, und das hilft gelegentlich, das Gemüt des grübelnden, melancholischen und immer wieder auch depressiven Bundeskanzlers aufzuhellen. Wenn härtere Maßnahmen gefordert sind, müssen Egon Bahr oder auch Horst Ehmke einspringen. Der Universitätsprofessor für öffentliches Recht hat schon in jungen Jahren Karriere im Bundesjustizministerium gemacht. Bis zu seinem von Wehner und Schmidt betriebenen Rausschmiß nach der Bundestagswahl 1972 ist der Mittvierziger Chef des Kanzleramts. Mit scharfer Intelligenz und hohem Selbstbewußtsein ausgestattet, umtriebig und bald mit praktisch jedem auf Kollisionskurs, entwickelt er jene Energien, die sein Chef immer seltener mobilisieren kann.

Zwanzig Jahre später hat Ehmke anschaulich und glaubhaft geschildert, in welcher Verfassung sich der Kanzler in dieser Zeit immer häufiger befindet: »Wenn Willy Brandt abtauchte, war er völlig geistesabwesend. Das konnte überraschend passieren ... Ein solcher Zustand konnte sich aber auch langsam aufbauen. Brandt konnte gut mit sich alleine sein. Eines Tages lag er mehrere Tage zu Hause, angeblich krank. Die Kommunikation mit seiner Umwelt hatte er nach und nach eingestellt. Ich brauchte von ihm aber Unterschriften ... Ich fuhr auf den Venusberg, ließ mir von Rut eine Flasche Rotwein und zwei Gläser geben und ging in sein Zimmer. Da er so tat, als ob er mich nicht wahrnähme, fuhr ich gleich schweres Geschütz auf: ›Willy, aufstehen, wir müssen regieren.‹«

Regiert wird damals noch im charmanten Palais Schaumburg, einer stattlichen Villa mit großzügigem Park und Blick auf den Rhein. Der im Park gelegene Wohnbungalow wird von Gästen des Kanzlers und des Außenministers genutzt. Im Palais geht

Willy Brandt seinen täglichen Geschäften nach, in der Regel mit dem Stift, kaum mit dem Telefon. Alles wird schriftlich fixiert – in der gleichförmigen, klaren, gut lesbaren Handschrift, die seinen ausgeprägten Ordnungssinn erkennen läßt; und alles wird aufgehoben: für den Kanzler selbst, für seine Mitarbeiter, für das Archiv und immer auch für die Geschichte.

Bei der Arbeit wird Willy Brandt konsequent von der Außenwelt abgeschirmt. Dafür sorgen seine Mitarbeiter und seine beiden Sekretärinnen Marga Lenzen und vor allem Gerda Landerer, die ihm seit vielen Jahren zur Seite steht. Der Kolumnist Mainhardt Graf von Nayhauss, der Brandt seit 1947 kennt und gelegentlich im Kanzleramt zu Gast sein darf, hat diese Atmosphäre so empfunden: »Ich dachte: Es gibt wohl keinen Mächtigen in Politik und Wirtschaft, in dessen Büro eine so kreative Stille herrscht. Brandt hatte diese Stille der Rücksichtnahme seiner Mitarbeiter zu verdanken.« Die wissen, was ihr Chef braucht: Energie und starke Nerven – im Frühjahr 1972 mehr denn je.

Durch Übertritte von Abgeordneten der Koalition in die Reihen der Opposition ist die ohnehin nie komfortable Mehrheit im Bundestag derart dahingeschmolzen, daß die Fraktion der CDU/CSU am 27. April mit guten Erfolgsaussichten in ein konstruktives Mißtrauensvotum geht. Das Ergebnis überrascht nicht nur den Herausforderer Rainer Barzel, dem mit 247 Stimmen zwei zum Erfolg fehlen, sondern auch den Kanzler und sein Amt, in dem Ehmke bereits den Auszug organisiert hat. Wie es zustande gekommen ist, hat sich nie »voll ... rekonstruieren« lassen, wie Willy Brandt noch an seinem Lebensabend sagt. Bedenkliche Methoden sind jedenfalls auf beiden Seiten im Spiel, auch Geld, und das nicht erst 1972. Kein Wunder, daß die Geschichte Brandt bald wieder einholt.

Vorerst geht er aus dem Manöver gestärkt hervor, zumal er sich staatsmännisch verhält und, auf Anraten Ehmkes, in einer Fernsehansprache vom »verfassungsmäßigen Recht« der Opposition spricht. Außerdem zeigt er sich am folgenden Tag mit dem Verlierer bei einem Glas Bier im Restaurant des Bundeshauses.

Barzel hatte wohl die Idee zu diesem Stelldichein, auch um der angespannten Lage gegenzusteuern. Denn in der Öffentlichkeit schlagen die emotionalen Wogen hoch. Willy Brandt kann damit wie kaum ein zweiter umgehen, und er nutzt die Konjunktur. Drei Tage später, am 1. Mai, tritt er vor hunderttausend Menschen in Dortmund auf, unter freiem Himmel. Das kann er. Hier ist er nicht nur der populäre Kanzler, den finstere Mächte mit verwerflichen Mitteln aus dem Amt haben befördern wollen; hier tritt er auch als der Vorsitzende der großen deutschen Arbeiterpartei auf, der das Erbe August Bebels verwaltet, was immer davon noch übrig ist. Viel zu selten kommt es zu solchen Auftritten.

Jedenfalls schlägt die Stimmung für die Regierung zu Buche, als wenig später die entscheidende Abstimmung über die Ratifizierung der Ostverträge stattfindet. Siebzehn Abgeordnete votieren am 17. Mai 1972 gegen den Warschauer und zehn gegen den Moskauer Vertrag. Die große Mehrheit der CDU/CSU-Fraktion enthält sich der Stimme und läßt so die Verträge passieren. Das ist vor allem dem Partei- und Fraktionsvorsitzenden Rainer Barzel zuzuschreiben. Was immer sonst über ihn zu sagen ist, sein Verhalten in diesen entscheidenden Wochen und Monaten hat Willy Brandt ihm stets hoch angerechnet. Als er im Januar 1989 seinen Fünfundsiebzigsten feiert, ist Barzel unter den Gästen.

Voraussetzung für den Stimmungswechsel innerhalb der CDU/CSU-Fraktion ist ein Entschließungsantrag zum deutsch-sowjetischen Vertrag, der als Antrag aller im Bundestag vertretenen Parteien eingebracht wird und die »Wiederherstellung der nationalen Einheit im europäischen Rahmen« als Ziel deutscher Politik bekräftigt. Erarbeitet worden ist er unter anderem von Horst Ehmke und Franz Josef Strauß. Der stimmt dann zwar im Bundestag nicht für die Verträge, aber er ist Realist genug zu wissen, daß sie nicht scheitern dürfen. Willy Brandt hat das zu würdigen gewußt.

Wie es überhaupt interessant ist zu sehen, welche Persönlichkeiten er im Rückblick einer ausführlichen Würdigung für wert hält. Herbert Wehner gehört nicht dazu, Helmut Schmidt auch nicht; wohl aber, wie gesehen, Konrad Adenauer und eben Franz Josef Strauß, »eine der großen Begabungen aus der Kriegsgeneration ... Auch er kam nicht aus der Oberschicht.« Die beiden lernen einander kennen, »gut sogar«, als sie zu den jungen Mitgliedern des Ersten Bundestages gehören. »Nein, ein Dutzendmensch war er ganz und gar nicht«, so Brandt rückblickend. »Eher ein Motor mit zu schwacher Bremse. Eine seltsame Mischung von Herrscher und Rebell.« Im Unterschied zu ihm selbst, und darin steckt zugleich eine bemerkenswerte Selbstcharakterisierung Brandts, übt Strauß »direkten Einfluß aus«. Alles in allem, so das Resümee am Lebensabend, war Brandt weder Straußens »Freund noch sein Feind«, und doch hat er unter ihm gelitten. Gewiß, der Bayer lobt, auch öffentlich, zum Beispiel im März 1975 vor dem Deutschen Bundestag, dessen »menschliche Bonhomie« und »personale Jovialität«, aber er beteiligt sich eben auch an den Kampagnen der sechziger Jahre und führt die Riege derer an, die gegen Willy Brandts Deutschlandpolitik mobil machen.

Ohne diesen deutschlandpolitischen Eckpfeiler jedoch ist die gesamte Konstruktion einer europäischen Friedensordnung gefährdet. Gerade weil kein Weg an einer förmlichen Anerkennung der Tatsache vorbeiführt, daß zwei Staaten auf deutschem Boden existieren, hat diese Politik viele Gegner; und der Mißerfolg der ersten Gehversuche scheint die Kritiker und Skeptiker in ihren Vorbehalten zu bestärken. Das gilt für einen ersten Briefwechsel zwischen Bonn und Ost-Berlin, und es gilt für den Besuch von Ministerpräsident Willi Stoph in Kassel am 21. Mai 1970. Bei seinem voraufgegangenen Besuch in Erfurt am 19. März war Willy Brandt von der Reaktion der Menschen gerührt und zeigte sogar einmal »eine echte Reaktion«, die wiederum seine Frau Rut »tief beeindruckte«. Noch beinahe zwanzig Jahre danach findet diese Überhöhung seiner Gefühle in der Erinnerung des alten Mannes und in den Formulierungen seiner dritten Frau ihren spezifischen Niederschlag: »Der Tag von Erfurt. Gab es einen in meinem Leben, der emotionsgeladener gewesen wäre? ... Ich war bewegt und ahnte, daß es ein Volk mit mir war.«

Der Weg zur politischen Normalität zwischen Bonn und Ost-Berlin ist steinig. Daß am 3. Mai 1971 der inzwischen vielen auch in der DDR als unbeweglich geltende Parteichef Walter Ulbricht durch Erich Honecker ausgetauscht worden ist, macht die zähen Verhandlungen immerhin um einiges einfacher. Am Ende gibt es ein ganzes Konvolut komplizierter Vereinbarungen, Verträge und Briefwechsel, in denen Praktisches, wie Besuche oder Postangelegenheiten, ebenso angesprochen wird wie Grundsätzliches, das der »Grundlagenvertrag« regelt.

Paraphiert wird dieses Dokument am 8. November, unterzeichnet am 21. Dezember 1972. Dazwischen liegen die Wahlen zum Siebten Deutschen Bundestag, die damit auch zu einem Entscheid über diesen Vertrag, ja über Politik und Person Willy Brandts überhaupt werden. Sie sind nötig geworden, nachdem sich am 28. April, einen Tag nach dem gescheiterten Mißtrauensvotum, bei der Abstimmung über den Kanzlerhaushalt im Parlament erstmals eine Pattsituation ergeben hat, der Etat also bei Stimmengleichheit gescheitert ist. Da der Kanzler fortan nicht mehr mit einer Mehrheit rechnen kann, entschließt er sich, seinerseits die Vertrauensfrage zu stellen und damit den Weg für Neuwahlen freizumachen. Als das Parlament am 22. September über seinen Antrag befindet, bleiben die Kabinettsmitglieder der Abstimmung fern und sorgen so dafür, daß der Antrag scheitert.

Was folgt, ist als »Willy-Wahl« in die Geschichte eingegangen. Auch sie hat, wie Brandt später in einer Art Tagebuch festhält, ihre »Dreck-Phase«, unter anderem »mit gefälschten und aus dem Zusammenhang gerissenen Zitaten«. Offensichtlich hat ihm das ebensowenig geschadet wie seine amourösen Affären oder seine Vorliebe für Alkohol und Nikotin. Zwar versuchen seine politischen Gegner auch jetzt, alle möglichen Klatschgeschichten gegen ihn zu wenden, doch zeitigen die gezielt lancierten Indiskretionen keineswegs die erhoffte Wirkung, im Gegenteil: Solche Geschichten verleihen dem Mann menschliche

Züge. Willy Brandt ist eben jemand wie du und ich, nicht einer jener Machtbesessenen, die sich sonst in der Politik tummeln.

So jedenfalls wirkt er nach außen; und ein Mensch mit solchen Schwächen flößt keine Angst ein, sondern weckt Vertrauen. Seine Person wird Gegenstand der Stilisierung und Überhöhung. Die Massenveranstaltungen während des Wahlkampfs lassen mitunter einen »Willy«-Kult erkennen, der in einer regelrechten Verherrlichung des Kandidaten gipfelt. Brandt hat damit keine Probleme: Wie in seinen besten Berliner Zeiten läuft er vor der Menge zur Hochform auf, solange seine Gesundheit mitspielt. Ob er damals geahnt hat, wie tief ein Sturz aus solchen Höhen sein muß?

Am 19. November 1972 geht die SPD erstmals, wenn auch nur mit einer Mehrheit von knapp einem Prozent der Stimmen, vor CDU und CSU als stärkste Partei aus dem Rennen hervor. Sieht man einmal von ausländischen Helfern wie Breschnew ab, der kurz vor der Wahl einigen tausend Deutschen die Ausreise aus der Sowjetunion gestattet, und das ohne Gegenleistung, so ist der Erfolg nicht zuletzt der Lohn für die von Holger Börner generalstabsmäßig organisierte Kampagne. Unter dem Motto »Willy wählen« mobilisieren dreihundertfünfzig lokale Wählerinitiativen die Klientel, vorwiegend mit innenpolitischen Themen.

Zudem ist es Willy Brandt wie keinem zweiten Kandidaten vor oder nach ihm gelungen, die Vertreter des kulturellen Lebens der Bundesrepublik, und insbesondere die Schriftsteller, für sich und seine Politik zu gewinnen. Die Keimzelle dieser Bewegung ist im Dezember 1967 gegründet worden, als eine kleine Gruppe von Künstlern und Schriftstellern im Haus von Günter Grass die erste »Sozialdemokratische Wählerinitiative« aus der Taufe gehoben hat. Brandt ist klug und als Journalist und Buchautor auch interessiert und engagiert genug, um die Verbindung über den Machtwechsel des Oktobers 1969 hinaus zu halten.

Im übrigen beweist diese Unterstützung ja auch Respekt und Anerkennung durch die Intelligenz des Landes, und die sind für einen Aufsteiger wie Willy Brandt, der schon als junger Mann um den Status eines »akademischen Bürgers« gekämpft hat, von besonderer Bedeutung. Im November 1970 spricht er als erster Bundeskanzler auf einem Schriftstellerkongreß, und im Kanzlerbungalow hält ein neuer Stil Einzug. Die Brandts, sagt Rut, laden auch »andere Menschen ein, als das bislang in Bonn üblich gewesen war: Maler, Theaterleute, Wissenschaftler, Schriftsteller und Journalisten kamen aus Hamburg und Berlin, aus München, Stuttgart und Frankfurt.« Außerdem veranstalten sie als erstes Kanzlerpaar ein Sommerfest im Garten des Palais Schaumburg, mit eintausend Gästen, darunter viel Prominenz aus Kultur, Wissenschaft, Showgeschäft und Publizistik.

Viele kommen nicht nur Willy Brandts wegen. Wie schon in den Berliner Jahren hat die Frau an seiner Seite ihren Anteil an seinem gesellschaftlichen und wohl auch an seinem politischen Erfolg. Jahrzehnte später, als Rut Brandt in ihr neuntes Lebensjahrzehnt eintritt, schreibt ihr Katharina Focke, bis 1972 Staatssekretärin im Kanzleramt, dann Ministerin für Jugend, Familie und Gesundheit, wie »glücklich« sie damals gewesen sei, »als endlich einmal die Frau eines Bundeskanzlers schön, klug, herzlich, voller Charme und Ausstrahlung, gewandt und würdig in jeder Situation« gewesen sei, kurzum, wie es Helmut Schmidt aus gleichem Anlaß im Januar 2000 ausdrückt: »... ein Vorbild und für uns Deutsche zugleich ein Glücksfall«.

Der Kandidat kommt vor allem bei jungen Wählern an. Sechzig Prozent der drei erstmals wählenden Jahrgänge stimmen für die SPD, und das heißt: für Willy Brandt. Für den freilich ist der Höhepunkt seiner politischen Laufbahn auch der definitive Scheitelpunkt. Von da an, sagt Egon Bahr, »ging's bergab«. Mit dem Triumph der Wiederwahl beginnt unwiderruflich der Abstieg des Willy Brandt, der schließlich, innerhalb von anderthalb Jahren, in einen Absturz ins Bodenlose münden wird. Das liegt nicht zuletzt am hohen Wahlsieg: Der knappe Vorsprung von 1969 hatte die Koalitionspartner zur Disziplin verdammt. Die komfortable Mehrheit des Novembers 1972 läßt alsbald allerlei Allüren erkennbar werden, insbesondere in den Reihen der Genossen.

Was den Kanzler selbst angeht, so kann man schon während des Wahlkampfs Anzeichen für eine schwere Krise beobachten, und zwar zuhauf. Brandt fühlt sich schlecht, körperlich und seelisch. Eine inzwischen chronische Stimmband-Erkrankung verschlimmert sich während des pausenlosen Wahlkampfeinsatzes derart, daß sich eine Geschwulst zu bilden beginnt. Brandt glaubt Krebs zu haben. Kein Wunder, daß die herbstlichen Depressionen 1972 besonders schwer sind, zumal der behandelnde Arzt, Professor Walter Becker, seinem Patienten drastische Maßnahmen verordnet. Schlimm genug, daß Willy Brandt seine Wahlkampfreden kürzen, mitunter die Auftritte auch ganz absagen muß, ist er doch gerade hier in seinem Element. Hier vor allem kann er die Menschen unmittelbar erreichen und sich die dringend benötigte Bestätigung holen, ohne die für ihn notwendige Distanz aufgeben zu müssen. Auch daß er sich beim Alkoholkonsum zurückhalten, überdies von Bier auf Wein umsteigen muß, trifft ihn hart.

Das schlimmste aber ist das Rauchverbot – kaum auszuhalten. Immerhin ist Brandt seit vierzig Jahren Kettenraucher, und jeder, der diese Karriere hinter sich hat, kennt die enge Verbindung von körperlicher Sucht, Habitus und beruflicher Anspannung. Die Folgen dieser verordneten Lebensumstellungen sind für jedermann erkennbar: Willy Brandt legt mächtig zu. Hat er bislang Körpergewicht und Leibesumfang in einem angemessenen Verhältnis zu Körpergröße und Statur halten können, so wird er jetzt fettleibig. Allerdings entwickelt er dabei nicht, wie es in anderen Fällen zu beobachten ist, einen verstärkten Hang zu Geselligkeit und Jovialität, sondern das Gegenteil tritt ein.

War er ohnehin »vom Naturell her bedächtig und kontemplativ, mitunter depressiv«, wie der ihn aus der Nähe beobachtende Journalist Hans Ulrich Kempski feststellt, so ist er jetzt »ungesellig – oft brummig und mißvergnügt, nicht selten abgesondert, manchmal apathisch«. Natürlich sind das alles nur Symptome. Willy Brandt ist am Ende: erschöpft, ausgebrannt, fertig. Man wird diesen Zustand nicht allein mit Entzugserscheinungen und der Umstellung der Lebensgewohnheiten oder mit einer anstrengenden ersten Amtszeit und einem kräftezehrenden Wahlkampf erklären können. Sicher, die letzten Jahre haben ihren Tribut gefordert, aber sie sind gewissermaßen nur der berühmte Tropfen, der das Faß zum Überlaufen bringt.

Im Frühsommer 1972 erscheinen, herausgegeben von Dagobert Lindlau, in Buchform *Gedanken über einen Politiker von 35 Wissenschaftlern, Künstlern und Schriftstellern* – ein einzigartiges Dokument. Die Beiträge wurden zu einem Zeitpunkt verfaßt, als vorgezogene Bundestagswahlen noch kein Thema sind. Gemeinsam ist den Autoren der hohe Respekt und die Sympathie für Willy Brandt, für seine Schwächen und seine Verletzbarkeit. »Ein Einsamer« sei er und »ein Einzelgänger«, schreibt Luise Rinser, »höchst empfindlich und leicht verwundbar«, dabei »derart diszipliniert, daß es einem leid tut, daß er auch noch das Trinken aufgegeben hat. Er überfordert sich.« Vor allem wenn er spricht, so erscheint es Siegfried Lenz, »wird eine ganz besondere Mühsal deutlich: die Mühsal eines Überzeugungsprozesses, bei dem man sich auf Wörter verläßt. Wer dem Wort so viel zutraut, kann der Verletzlichkeit nicht entgehen.« Daß seine »Affekte« ihn »überwältigen können«, beobachtet auch Dorothee Sölle, und so enttäusche er »tatsächlich alle Führererwartungen«. Brandt sei »ein Symbol für die Stärke der Schwachen, nicht für die Stärke des Chefs«. Und man versteht, warum Heinrich Böll nicht recht weiß, ob er ihm eine zweite Regierungsperiode, die »schwerer als die erste« würde, »wünschen möchte«.

Als diese nach dem Wahlsieg des 19. November beginnt, liegt Willy Brandt im Krankenhaus; seine Regierung wird an ihm vorbei gebildet. Sicher, diese Situation ist außergewöhnlich. Aber es fällt auf, daß Brandt bei Personalentscheidungen ohnehin nicht immer eine glückliche Hand gehabt hat und daß ihm, auch deshalb, die Dinge gelegentlich entglitten sind. Das hat schon die erste Amtsperiode gezeigt. Unterschiedliche Charaktere mit nicht selten primadonnenhaften Attitüden wie der Verteidigungsminister Helmut Schmidt und der Wirtschaftsminister Karl Schiller, aber auch der grundsolide Finanzminister Alex Möller sind eben nur schwer in einem Boot zu halten. Und so wirft der eine, Möller, im Mai 1971 resigniert das Handtuch, inszeniert der zweite, Schiller, im Juli des folgenden Jahres als Wirtschafts- und Finanzminister pikiert seinen Abtritt, und der dritte, Schmidt, bleibt schließlich, von Willy Brandt bedrängt, als Superminister beider Ressorts übrig.

Daß der Kanzler jetzt, zu Beginn der zweiten Amtszeit, krankheitsbedingt außer Gefecht gesetzt ist, läßt für die Zukunft wenig Gutes erahnen. Es ist die Stunde Herbert Wehners, auch Helmut Schmidts. Die schriftlichen Anweisungen für die Koalitionsverhandlungen, die Brandt vom Krankenbett aus Wehner durch Ehmke hat zukommen lassen, bleiben im Jackett des Fraktionsvorsitzenden. So werden Tatsachen geschaffen, die der Kanzler nach seiner Genesung zum Teil schon deshalb akzeptieren muß, weil sie durch Indiskretion an die Öffentlichkeit gelangt sind. Vor allem fällt auf, daß enge Vertraute und Stützen Brandts aus Schlüsselpositionen entfernt werden: Egon Bahr wird zum »Bundesminister für besondere Aufgaben« im Kanzleramt befördert, erhält aber nicht dessen Leitung; die fällt an den integren, aber mit der Aufgabe überforderten Horst Grabert. Pressesprecher Ahlers muß seinen Posten räumen; daß das Presse- und Informationsamt mit Rüdiger von Wechmar besetzt wird und damit an die ohnehin schon üppig versorgte FDP geht, spricht für sich. Vor allem aber wird Horst Ehmke von der Schaltstelle der Macht auf den Posten des Forschungs- und Postministers abgeschoben.

Und natürlich nutzen die Rivalen die Gunst der Stunde, allen voran Helmut Schmidt. Während der Kanzler wieder auf die Beine zu kommen versucht, erhebt sich der »ehrgeizige Thronprätendent«, so der *Spiegel*, »zum Lenker von Haushalt und Finanzen, Konjunktur und Währung«. Innerhalb weniger Monate macht er sich, dank seiner zupackenden Art, wie zuvor auf der Hardthöhe auch auf diesem politischen Minenfeld einen Namen. Hatte er im Sommer, wie er Willy Brandt zehn Jahre später ins Gedächtnis ruft, mit dem Doppelministerium eine Funktion übernommen, für die er »in keiner Weise ausgebildet oder vorbereitet war«, zeigt er jetzt dem Kanzler, wo es langgeht.

Brandt reagiert wie immer in solchen Situationen und fordert nicht etwa den Herausforderer zum Duell, sondern zieht sich, so der *Spiegel*, »verärgert über Schmidt, die eigenen Leute und die Freidemokraten«, in seine »Venusberg-Villa« zurück – »voller Wut, wild und böse«, wie ein Kabinettsmitglied zu berichten weiß.

Schlechter hätte die zweite Amtszeit kaum beginnen können, zumal es für sie einen Maßstab gibt: die Erfolge der ersten und das Tempo, mit dem sie erzielt worden sind. So läßt sich das nicht durchhalten oder gar wiederholen, auch nicht auf dem Feld, auf dem Willy Brandt besonders erfolgreich gewesen ist: der Außen- und namentlich der Ost- und Deutschlandpolitik. Einige haben eine solche Entwicklung schon zu Beginn von Brandts Kanzlerschaft kommen sehen und ihn eindringlich gemahnt, das innenpolitische Terrain nicht zu vernachlässigen oder gar anderen zu überlassen. »Immerhin«, hat ihm Günter Grass schon im März 1970 geschrieben, »könnte es sein, daß, nach einer relativ erfolgreichen Anlaufphase, die Ost- und Deutschlandpolitik zu stagnieren beginnt; dann wird sich das allgemeine öffentliche Interesse mit Vorrang auf die Innenpolitik richten. Und immerhin könnte es dann sein, daß Du ungeschützt dastehst als ein Bundeskanzler, dessen außenpolitisches Image nicht darüber hinwegtäuschen kann, in welchem Ausmaß er als Kanzler der inneren Reformen blockiert ist.«

Es kommt noch schlimmer. Kaum daß Brandt mit glänzendem Ergebnis im Amt bestätigt ist, steht sogar das »außenpolitische Image« des Kanzlers selbst auf dem Spiel. Was noch aussteht, ist kurzfristig die Verständigung mit der Tschechoslowakei und langfristig die Überführung der einzelnen Bestandteile der Ost- und Deutschlandpolitik in eine übergreifende europäische Friedensordnung. Erst am 11. Dezember 1973 kann der in Begleitung des Außenministers nach Prag gereiste Bundeskanzler den deutsch-tschechoslowakischen Vertrag unterzeichnen. Zweifellos bildet die Frage der Ungültigkeit des Münchner Abkommens vom September 1938 eine schwierige Hürde, die nur mit Hilfe einer Kompromißformel genommen werden kann. Gleichwohl überrascht die Dauer der Sondierungen und Verhandlungen, wenn man bedenkt, daß die Ausgangslage für die Bundesregierung vergleichsweise günstig ist: Während ihrem Verhandlungspartner nach wie vor die Niederschlagung des »Prager Frühlings« anhängt, hat sie selbst mit jedem ost- und deutschlandpolitischen Schritt an internationaler Reputation gewonnen. Daß Willy Brandt und seine Mitstreiter diese Konjunktur nicht zu nutzen verstehen, sagt einiges über ihre Verfassung.

Besser scheint es mit der europäischen Friedensordnung beziehungsweise ihren Vorstufen voranzugehen. Im November 1972 beginnen in Helsinki die Vorgespräche für die »Konferenz über Sicherheit und Zusammenarbeit in Europa« (KSZE), deren Abschluß im August 1975 Willy Brandt freilich nicht mehr im Amt des Bundeskanzlers erleben wird; und im Januar 1973 werden in Wien die Gespräche über eine beiderseitige und ausgewogene Truppenreduzierung (MBFR) aufgenommen. Brandt verfolgt die Entwicklung aufmerksam. Seit dem »Signal von Reykjavik« der NATO-Außenminister vom Juni 1968, zuletzt während seines Treffens mit Leonid Breschnew in Oreanda auf der Krim Mitte September 1971, hat er sich nachdrücklich für diese Verhandlungen eingesetzt, die übrigens bis zum Ende des Kalten Krieges zu keinem Ergebnis gebracht werden können.

Eine Wolke trübt freilich den europäischen Entspannungshimmel: Ohne die Vereinigten Staaten geht auch hier nichts. Sicher, es sind die Europäer und namentlich die Deutschen gewesen, die die Teilnahme der NATO-Partner USA und Kanada zu einer Voraussetzung für das Zustandekommen der KSZE erhoben haben. Damit aber hat man die Abhängigkeit von Washington weiter erhöht, und das gefällt dem deutschen Bundeskanzler nicht besonders, zumal Nixon und Kissinger, zusehends entlastet von der Bürde des Vietnam-Krieges, ohnehin dabei sind, den Europäern und vor allem den Deutschen zu zeigen, wer die Richtung vorgibt und wer nicht.

Probleme mit dem amerikanischen Partner gibt es auf praktisch allen Ebenen, geradezu notorisch bei den sogenannten Devisenausgleichszahlungen, einer Art Gegenleistung Bonns für die Stationierung amerikanischer Truppen in Deutschland, seit März 1973 aber auch wieder bei den Wechselkursen. Wenige Wochen später folgt die nächste der »Washingtoner Zumutungen«, wie sie Brandt später einmal bezeichnet hat. In einer Nachricht Henry Kissingers an die europäischen Verbündeten, die als »Osterbotschaft« in die Geschichte eingegangen ist, hebt der frisch gekürte Außenminister kurzerhand die globalen Interessen der Amerikaner von den regionalen der Europäer ab und fordert diese auf, sich entsprechend in das amerikanische Weltmachtkonzept einzufügen.

Langfristig mag dieses brüske Vorgehen einiges zum Schulterschluß beziehungsweise, so Willy Brandt, zur fortschreitenden »Europäisierung Europas« beigetragen haben; ganz unmittelbar sind Ton und Methode allerdings ernüchternd, zumal die weltpolitische Entwicklung den Europäern alsbald zeigt, daß sich die Praxis um keinen Deut von der Theorie unterscheidet: Am 6. Oktober 1973, dem jüdischen Feiertag »Jom Kippur«, eskaliert das angespannte Verhältnis zwischen Israel und seinen arabischen Nachbarn zum vierten Nahost-Krieg. Wie selbstverständlich benutzen die Vereinigten Staaten ihre Militärdepots und Basen in der Bundesrepublik, zum Beispiel Bremerhaven, als Drehscheibe für den Nachschub zur Unterstützung der israelischen Kriegführung. Natürlich kann das der Öffentlichkeit nicht verborgen bleiben. Nach Bekanntwerden der Vorgänge sieht sich Bonn zu einem förmlichen Protest in Washington gezwungen. Die Antwort auf diese und andere Vorhaltungen ist unmißverständlich: Aus Sicht der Vereinigten Staaten, erinnert sich Brandt nach seinem Rücktritt, »verfüge die Bundesrepublik nur über beschränkte Souveränität«. Washington behalte »sich das Recht vor, Maßnahmen zu ergreifen, die im Interesse der internationalen Sicherheit als angemessen und notwendig erschienen«.

Das also ist die Lage, und man kann sich leicht vorstellen, daß ein deutscher Bundeskanzler unter solchen Umständen keine gute Figur macht, vor allem nicht gegenüber der eigenen Öffentlichkeit. Überhaupt trägt die Krise im Nahen Osten einiges dazu bei, daß ausgerechnet der Außenpolitiker Willy Brandt erhebliche Blessuren davonträgt. Im Juni 1973 hat er als erster deutscher Bundeskanzler auf Einladung Golda Meirs Israel einen offiziellen Besuch abgestattet – ohne Zweifel ein wichtiger Schritt auf dem schwierigen Weg der deutsch-jüdischen Aussöhnung. Seine Vermittlungsbemühungen im eskalierenden Nahostkonflikt sind hingegen erfolglos.

Genaugenommen kann der Kanzler gar keinen Erfolg haben, weil der ägyptische Präsident Anwar as-Sadat, wie wir heute wissen, den Krieg will und einen Erfolg über Israel als Voraussetzung für den Friedensprozeß auch braucht. Schon im Vorfeld seiner Visite hatte sich Brandt in Schreiben an Breschnew und Nixon für eine koordinierte Aktion der beiden Supermächte eingesetzt, doch ist sein Vorschlag unzweideutig zurückgewiesen worden. Vor allem Washington zeigt dem deutschen »Friedenskanzler« seine Grenzen. In Jerusalem spricht er sich zwar öffentlich dagegen aus, »eine Vermittlerrolle zu spielen«. Aber dann kann er der Versuchung doch nicht widerstehen – und das Ergebnis ist ernüchternd.

Offensichtlich überschätzt Willy Brandt damals sein internationales Gewicht. Ist er nicht jüngst mit dem Friedensnobelpreis ausgezeichnet worden? Hat er nicht als erster Bundeskanzler eine Einladung nach Israel erhalten? Erfreut sich seine Ost- und Deutschlandpolitik nicht, aus welchen Gründen auch immer, des amerikanischen Zuspruchs? Ist nicht erst einige Wochen zuvor, im Mai 1973, mit Leonid Breschnew erstmals überhaupt ein Generalsekretär der KPdSU zu Besuch in Bonn gewesen? Und erwächst aus alledem nicht geradezu die Verpflichtung zur Moderation? Wie dem auch sei, die Nahost-Krise zeigt Willy Brandt, daß ein deutscher Bundeskanzler nicht in der ersten Liga der Weltpolitik spielt.

Das schmerzt, denn Willy Brandts Ausflüge in die Weltpolitik sind jetzt immer häufiger auch Versuche, der Tristesse des politischen Alltags in Bonn, aber auch den herbstlichen Depressionen zu entkommen: Der Eskapismus gewinnt an Intensität. Es gibt kaum jemanden in seiner Umgebung, dem der Stimmungsumschwung Willy Brandts, sobald er unterwegs ist, nicht auffällt. Hier blüht er auf, erzählt Witze und Anekdoten und wirkt überhaupt gesellig. Zu Hause hingegen vergeht dem Kanzler seit der Wahl zusehends das Lachen. »Willy Wolke« nennt man ihn am Rhein, mit einer Mischung aus Sympathie und Kopfschütteln. Tatsächlich entwickelt Brandt jetzt einen starken Hang zur Sentimentalität. Anzeichen waren schon gegen Ende seiner ersten Amtszeit erkennbar. Häufig blickt er jetzt auf sein Leben zurück, auf die schwierige, aber bewegte Zeit des Exils, vor allem aber auf den Berliner »Traumjob«.

Während der Bundeskanzler sinniert oder, wenn irgend möglich, seinen Neigungen nachgeht und Gespräche mit Intellektuellen führt, ein neues Buch plant oder sich auf Reisen begibt, verselbständigt sich die Politik. Zu Pfingsten 1973 erfährt eine erstaunte Öffentlichkeit von einem Bestechungsskandal, wie man ihn in der Bundesrepublik bis dahin nicht gekannt und wohl auch nicht für möglich gehalten hat. Jetzt erklärt der CDU-Abgeordnete Julius Steiner einer deutschen Illustrierten, ein gutes Jahr zuvor fünfzigtausend Mark für seine Stimmenthaltung beim konstruktiven Mißtrauensvotum gegen Brandt kassiert zu haben – und zwar vom Parlamentarischen Geschäftsführer der SPD, Karl Wienand. Der Schaden ist erheblich. Dabei ahnt man damals noch nicht, daß wohl auch die Stasi ihre Finger im Spiel gehabt und an der Finanzierung Steiners mitgewirkt hat. Spätestens als im Jahr 2000 auch der Name des zweiten Abtrünnigen, des nachmaligen Parlamentarischen Geschäftsführers der CDU/CSU-Fraktion Leo Wagner, aus Quellen der Stasi bekannt wurde, konnte es an deren Beteiligung keinen Zweifel mehr geben.

Daß Herbert Wehner von der Sache gewußt hat, gilt vielen als wahrscheinlich und ist später von diesem, auf seine Art und indirekt, bestätigt worden; und daß diese Geschäfte nicht am

Schatzmeister der Partei, Alfred Nau, vorbei gemacht worden sind, glauben schon damals einige. Niemand allerdings unterstellt Willy Brandt ernsthaft eine Beteiligung oder auch nur eine Mitwisserschaft. Der Kanzler, vermutet Rainer Barzel, sei schon deshalb nicht in die Operation eingeweiht worden, weil man ihm nicht die »konspirative Kraft« zugetraut habe, sie durchzustehen.

Dennoch sind die Folgen auch für Brandt verheerend, weil die Affäre den hohen moralischen Anspruch der Regierung in Frage stellt und einen ohnehin schon vorherrschenden Eindruck bestätigt: Nichts ist mehr unter Kontrolle, schon gar nicht unter derjenigen des Bundeskanzlers und Parteivorsitzenden Willy Brandt. Zu allem Überfluß hält ein parlamentarischer Untersuchungsausschuß, der seit Juni 1973 ohne substantielles Ergebnis tagt, die Sache im Gespräch. Daß Walter Scheel im Frühjahr 1973 angekündigt hat, für das Amt des Bundespräsidenten kandidieren zu wollen, macht Brandts Lage nicht gerade leichter. Denn seither steht der loyale Partner und sensible Gefährte dem Kanzler nur noch eingeschränkt zur Seite.

Das alles wäre noch einigermaßen zu verkraften, ginge es nicht im Kanzleramt drunter und drüber. Jetzt kehrt sich Brandts Führungsstil, wenn man denn noch von einem solchen sprechen kann, gegen ihn selbst. Egon Bahr, der ihn damals schon seit beinahe zwanzig Jahren aus der Nähe beobachtet, sagt später, Willy Brandt habe sich immer »gescheut, Befehle zu geben«, zu »bossen«. Von Natur aus abwägend, selbstzweifelnd, aber eben auch vorsichtig, will er »durch Überzeugung führen«. In Berlin, wo der Regierende Bürgermeister als »Primus inter pares« agierte, ist das gutgegangen. Aber in Bonn, gar im Kanzleramt?

Jedenfalls wird jetzt Ehmkes ordnende Hand an allen Ecken und Enden vermißt; Grabert ist der Aufgabe nicht gewachsen; zahllose Entwürfe, Vorschläge, Ergänzungen und Korrekturen werden angefertigt, bis Willy Brandt schließlich am 26. September 1973, als erster deutscher Bundeskanzler, vor den Vereinten Nationen seine sehr positiv aufgenommene Rede halten kann; alle möglichen Berater mischen sich in alles mögliche ein. Zu diesen gehören Günter Gaus, vormaliger Chefredakteur des *Spiegel*, der als Nachfolger Bahrs den Posten des Staatssekretärs bekleidet; der Filmproduzent und Schriftsteller Klaus Harpprecht, der die Schreibstube des Kanzleramts leitet; aber auch Egon Bahr, der, seit der Grundlagenvertrag unter Dach und Fach ist, als Bundesminister für besondere Aufgaben nicht mehr so recht weiß, was er mit sich und seiner Zeit anfangen soll.

Diese Leute haben einiges gemeinsam. Wie Willy Brandt selbst sind auch sie Autodidakten; auch sie weisen alle Merkmale des Aufsteigers auf. Eigenwillig und mit einem ausgeprägten Hang zur Selbstdarstellung, hochbegabt und als Journalisten nicht ohne Brillanz, sind sie für eine konstruktive Zusammenarbeit in einer Behörde, zumal unter extremen äußeren Bedingungen, denkbar ungeeignet. Einer von ihnen, Klaus Harpprecht, führt in dieser Zeit Tagebuch. Seine Notizen werfen ein bezeichnendes Licht auf die Zustände im Kanzleramt: Ganz offensichtlich ist da eine ausgebrannte und ziemlich frustrierte Truppe am Werk. Einige ziehen sich in »Gleichgültigkeit und Resignation« zurück; andere stehen sich in »tiefer Abneigung« gegenüber; alle buhlen um die Gunst und die Zuwendung des Kanzlers; und irgend jemand hat immer ein Glas in der Hand – mit Wein oder auch mit Stärkerem.

Und dann die »Ölkrise«, eine unmittelbare Folge des Nahost-Krieges. Die drastische Erhöhung der Rohölpreise bei gleichzeitiger Reduktion der Fördermengen führt dazu, daß man seit Ende November 1973 Szenen sehen kann, die sich bis dahin im Land des Wirtschaftswunders kaum jemand hat vorstellen können: Anstelle einer Jahr für Jahr wachsenden Auto-Karawane sind an vier aufeinanderfolgenden Sonntagen auf deutschen Straßen Fußgänger, Radfahrer und Reiter zu beobachten, Folgen eines bis dahin und seither einmaligen »Fahrverbots«. Außerdem wird auf Autobahnen und Landstraßen für sechs Monate eine für deutsche Verhältnisse radikale Geschwindigkeitsbegrenzung eingerichtet.

So etwas hinterläßt Spuren in der Reputation der Regieren-

Der Steuermann: Kanzler ohne Führerschein

den, auch wenn sie, wie in diesem Fall, nicht die Verantwortung für die Ursachen der Misere tragen und wenn von einer ernsthaften Gefährdung der Ölversorgung keine Rede sein kann. Aber hier kommt eins zum anderen. Vor allem rückt die Krise die zweifelhafte Kompetenz Willy Brandts auf dem Gebiet der Wirtschafts- und Finanzpolitik in ein grelles Licht. »Wirtschaftslaie Brandt« nennt ihn spöttisch der *Spiegel*, der inzwischen emsig an der Demontage des Kanzlers arbeitet. Damit stimmt auch dieses einflußreiche Organ, das seit den frühen sechziger Jahren einen erheblichen Anteil am Aufstieg Brandts gehabt hat, in den anschwellenden Chor seiner Gegner ein. Der allerdings macht seinen Kritikern das Geschäft leicht, weil ihm ganz offenkundig die Kontrolle entgleitet.

Kaum ist Willy Brandt, was die Ölkrise angeht, aus dem Gröbsten raus, zeigen ihm Deutschlands Müllmänner, wer in der Republik die Macht hat. Begleitet von wilden Arbeitsniederlegungen und Warnstreiks in der Metallindustrie, haben 1 600 Fluglotsen schon im Sommer und Herbst 1973 mit einem Bummelstreik demonstriert, wie man gegenüber dieser Regierung erfolgreich Forderungen durchsetzen kann. Fast fünf Millionen Reisende sind von diesem »Dienst nach Vorschrift« betroffen gewesen, vornehmlich während der Hauptreisemonate Juli und August. Jetzt zieht der öffentliche Dienst nach, und nur zwei Tage, nachdem dessen bundesweiter Generalstreik begonnen hat, gibt die Politik nach: Elf Prozent mehr Lohn und Gehalt setzt Heinz Kluncker, der gewichtige Chef der Gewerkschaft »Öffentliche Dienste, Transport und Verkehr« (ÖTV) und Parteifreund Brandts, am 13. Februar 1974 gegen diesen durch. Denn so wirkt der Vorgang in der Öffentlichkeit, weil der Kanzler einen Abschluß in zweistelliger Höhe zuvor mehrfach abgelehnt hat. Daher bleibt das Odium des Nachgebens und Scheiterns nicht an Hans-Dietrich Genscher hängen, der als Innenminister für die Verhandlungen zuständig gewesen ist, sondern an Willy Brandt selbst; und viele von denen, die diese Vorgänge aus der Nähe beobachten, sind auch später noch der Ansicht: »Kluncker hat Brandt gestürzt.«

Jedenfalls muß der schon wenige Tage später die Zeche zahlen: Bei den Wahlen zur Hamburger Bürgerschaft erlebt die SPD am 3. März 1974 mit einem Stimmenverlust von mehr als zehn Prozent ein Desaster; und mit ihr Willy Brandt, den seine Frau Rut jetzt regelrecht »verzweifelt« sieht. Seit geraumer Zeit schon denkt er an Rücktritt, und längst scharrt ein ehrgeiziger und ungeduldiger Helmut Schmidt vernehmlich mit den Hufen. Im Kabinett macht er Brandt das Leben schwer, wo es geht. Selten ist der Unterschied der beiden Charaktere den Anwesenden so unmittelbar spürbar gewesen wie in diesen Tagen: Hier der angeschlagene, skrupulöse, immer noch auf Ausgleich und Kompromiß bedachte Kanzler; dort sein konzentrierter, auf Entscheidungen drängender, zusehends machtbewußter Finanzminister. Der sucht jetzt, fünf Tage nach dem Debakel von Hamburg, auch im Parteivorstand die direkte Konfrontation und kündigt Brandt wenig später an, sich mit Ende der Legislaturperiode aus der Regierung zurückziehen zu wollen – »leise und ohne Aufhebens«, aber wegen gravierender »Meinungsverschiedenheiten über die Führung der Partei«. Daran erinnert er jedenfalls Willy Brandt wenige Tage nach seinem eigenen Scheitern als Kanzler, im November 1982.

Es sind nur wenige, die dem Parteivorsitzenden in diesen Frühjahrstagen des Jahres 1974 die Stange halten. Daß jetzt in den Reihen der Genossen laut darüber nachgedacht wird, ob Brandt nicht besser auf dem politisch einflußlosen Posten des Bundespräsidenten aufgehoben wäre, ist symptomatisch. Da geschieht das Unerwartete: Nach monatelangem Zerwürfnis nehmen Willy Brandt und Herbert Wehner am 12. März in der Fraktion ostentativ wieder nebeneinander Platz, und selbst der vorgepreschte Helmut Schmidt fügt sich unter solchen Umständen der Parteiräson. Mit Wehner schließt jener Mann noch einmal die Reihen, der wie kein zweiter Sozialdemokrat zur Demontage des Bundeskanzlers beigetragen hat, vor allem im Herbst des Vorjahres, als ihm in Moskau die Galle übergegangen ist.

Lange hatte er sich auf die Lippen gebissen, dann gab es kein

Halten mehr. Ausgerechnet bei einem Besuch in der Sowjetunion hatte sich der Fraktionsvorsitzende gegenüber Journalisten Luft gemacht, und was er denen so alles zu sagen wußte, wollte der *Spiegel* seinen Lesern nicht vorenthalten. Am 8. Oktober 1973 war in großer Aufmachung unter dem Titel »Was der Regierung fehlt, ist ein Kopf« alles zu lesen, was Wehner hatte loswerden müssen: »Entrückt« und »abgeschlafft«, war es in Moskau aus ihm herausgekommen, sei die »Nummer eins«; außerdem bade der Herr »gern lau – so in einem Schaumbad«. So habe er sich zwar nicht geäußert, suchte Wehner nach seiner Rückkehr in mehreren Rechtfertigungsschreiben an Brandt die Wogen zu glätten; aber mit dem *Spiegel*-Titel war die Geschichte nun einmal in der Welt.

Der Angesprochene befand sich damals, im Herbst 1973, gerade in den USA. Als Pressesprecher Rüdiger von Wechmar dem Kanzler auf einem Flug nach Aspen die Fernschreiben mit den Agenturmeldungen über Wehners Ausfälle in die Hand drückte, wurde der »aschfahl«, sagte aber, wie üblich, »nichts und versuchte, seine Wut zu verbergen«. Nach seiner vorzeitigen Rückkehr wollte Brandt seinen Peiniger vor Fraktion, Präsidium und Parteivorstand zur Rede stellen, mußte aber zur Kenntnis nehmen, daß viele Genossen die Einschätzung Wehners teilten. Später hat Willy Brandt gesagt, er habe sich davon abbringen lassen, den Parteivorstand in einer Kampfabstimmung über die Frage entscheiden zu lassen: er oder ich? Ob er, der Konflikten gern aus dem Weg geht, tatsächlich überredet werden mußte? Dabei, sagt Horst Ehmke, war er »mächtiger, als er selbst glaubte«. Das gilt auch bezogen auf seine eigene Partei im Herbst des Jahres 1973.

Aber Brandt hat die Machtprobe nicht gewagt, und das hieß nichts anderes, als daß sie vertagt wurde. Denn im Kern ging es, wie er am 23. Oktober an Wehner schrieb, um nichts anderes als um die Frage, »ob das, was als persönlicher Bruch erscheint, zwischen uns noch in Ordnung gebracht werden kann«. Kurzzeitig sieht es dann tatsächlich so aus, als könnten sich die beiden noch einmal arrangieren. Weil er die Attacke eröffnet hat, muß diesmal Wehner auf Brandt zugehen. Und er tut den Schritt, ein halbes Jahr später. Rut Brandt, die in diesen turbulenten Zeiten wieder Tagebuch führt, hat die Szene beobachtet: »Eines Nachmittags saßen sie unten mit mehreren Flaschen Wein, während ich oben wartete. ›Was hat Wehner gesagt?‹ fragte ich, als Willy endlich hinaufkam. ›Er hat mich gebeten, es noch einmal mit ihm zu versuchen‹, antwortete Willy. Ihr Verhältnis kam nie mehr in Ordnung.« Versucht haben sie es, beginnend mit der berühmten Fraktionssitzung des 12. März 1974, tatsächlich noch einmal, doch geht das gerade einmal acht Wochen gut, dann zieht der eine die Konsequenz, wegen einer Lappalie.

Günter Guillaume, Jahrgang 1927, gelernter Fotograf mit Volksschulbildung, ist im Mai 1956 gemeinsam mit Ehefrau Christel als DDR-Flüchtling zunächst nach West-Berlin und von dort nach Frankfurt am Main gekommen. Hier macht er sich an den Aufbau einer bescheidenen beruflichen, alsbald auch einer parteipolitischen Karriere: Seit 1957 ist er Mitglied der SPD; seit 1964 arbeitet er in geschäftsführenden Positionen für die Partei, zunächst im Unterbezirk Frankfurt, vier Jahre darauf in der dortigen Fraktion. Theodor Eschenburg, Vorsitzender der Ende Mai 1973 eingesetzten Kommission »Vorbeugender Geheimschutz«, hat später, im Sommer 1975, das folgende Bild von Guillaume gezeichnet: »Er galt als clever und fix, organisationsbefähigt und findig, ständig in Bereitschaft, keine Arbeit scheuend. Dabei war er umgänglich gegenüber Kollegen und Nachgeordneten. Daß er neugierig war, daß ihn alles interessierte, was um ihn herum an Diskretem geschah, fiel nicht allzusehr auf; so waren auch andere öffentliche Bedienstete.«

So überrascht es nicht, daß man Guillaume seit Januar 1970, wenige Monate nachdem er nach Bonn gezogen ist, als Angestellten im Kanzleramt antrifft, sehr bald in der Funktion eines Referenten, von Herbst 1972 an sogar im Persönlichen Büro des Kanzlers. Dabei ist der Personalrat dagegen gewesen, weil dem Kandidaten die geforderte Hochschulbildung fehlte, und auch bei der Sicherheitsüberprüfung hat es Unklarheiten gegeben. Aber die Recherchen bleiben an der Oberfläche, und die Beurteilung des Kandidaten fällt auch deswegen günstig aus, weil Guillaume in Georg Leber, Bundesminister für Verkehr, und Herbert Ehrenberg hartnäckige und einflußreiche Fürsprecher hat. Der damalige Abteilungsleiter im Bundeskanzleramt und spätere Bundesarbeitsminister kennt den effizienten Mittvierziger aus der Frankfurter Zeit. Und so kommt der in die Nähe des Mannes, der wenig später über ihn stolpern wird. Seit dem Herbst 1972 geht Guillaume bei den Brandts »aus und ein«, wie Rut sich erinnert. Er »fotografierte, ... holte Papiere, die Willy unten im Wohnzimmer auf den Tisch gelegt hatte, und brachte andere Papiere. Daran war nichts Merkwürdiges. Die Türen waren immer unverschlossen und oft weit geöffnet.«

Das gilt auch für den Juli 1973, den Willy und Rut Brandt in ihrem Ferienhaus in Norwegen verbringen. Der Referent ist mit von der Partie, und zwar als einziger Mitarbeiter des Kanzleramtes, weil andere, auch höherrangige Beamte mit ihren Familien in den Ferien sind. Zu diesem Zeitpunkt weiß der Bundeskanzler bereits, daß gegen Guillaume und seine Frau Christel wegen Spionageverdacht ermittelt wird. Fast zufällig sind die westdeutschen Behörden auf die Spur der beiden gekommen. Irgendwann Anfang des Jahres 1973 ist es den Aufklärern gelungen, seit fünfzehn Jahren empfangene und entschlüsselte Funksprüche der Stasi auf die Guillaumes zu beziehen. Für den Fall zuständig ist Günther Nollau, seit 1972 Chef des »Bundesamtes für Verfassungsschutz«. Vier Jahre nach Brandts Rücktritt, dem sein eigener wenig später folgt, hat Nollau die Enttarnung so beschrieben: »Der von Anfang Februar stammende Geburtstagsglückwunsch an ›Georg‹ paßte zu Günther [sic] Guillaume, ... der am 4. Oktober abgesandte Glückwunsch für ›Chr.‹ verwies gleich in zweifacher Hinsicht auf Guillaumes Ehefrau ... Auch der Mitte April 1957 empfangene Glückwunsch ›zum 2. Mann‹ paßte zu den Guillaumes. Ihr Sohn Pierre war am 8. April 1957 geboren worden.«

Am 29. Mai 1973, unmittelbar nach dieser Erkenntnis, setzt

Nollau Innenminister Hans-Dietrich Genscher ins Bild, und der wiederum unterrichtet einen Tag später den Bundeskanzler. Wie umfassend Genscher tatsächlich durch Nollau informiert worden ist, läßt sich nicht mehr feststellen. Offensichtlich hat der Verfassungsschutzpräsident den Minister aber nicht von der Überzeugung seiner Beamten unterrichtet, daß Guillaume immer noch als Spion tätig sei und daher unter aktuellem Tatverdacht stehe. Auch ist nicht auszuschließen, daß Nollau vor dem zuständigen Minister bereits andere eingeweiht hat, beispielsweise Herbert Wehner. Festzuhalten bleibt, daß Genscher den Präsidenten auch dann noch gedeckt hat, als das krasse Versagen des obersten Verfassungsschützers offenkundig geworden ist. Festzuhalten ist schließlich, daß ein knappes Jahr später nicht der verantwortliche Minister seinen Hut nimmt, sondern der Kanzler. Das sagt einiges über die taktischen Qualitäten Genschers aus, aber auch über dessen inzwischen unanfechtbare Stellung in der Koalition und über die innere Verfassung, in der sich der tragische Held dieser Geschichte seit Beginn seiner zweiten Amtszeit als Kanzler befindet.

Denn nicht nur läßt Willy Brandt die Leute in seiner Umgebung gewähren; er folgt auch, zusehends ungeprüft, ihrem Rat. So auch jetzt. »Ich Rindvieh«, notiert er bald nach seinem Rücktritt, »hätte mich auf diesen Rat eines anderen Rindviehs nie einlassen dürfen!« Welcher Rat? Welches Rindvieh? Offenbar hat er aus der Schilderung Nollaus und Genschers den Eindruck gewonnen, daß es sich bei den Vorwürfen gegen den Referenten um einen der »häufig« auftauchenden »Verdachtsmomente« gegen ehemalige DDR-Flüchtlinge handelt, »von denen dann meistens nichts übrig bleibt«. Und da ihm gegenüber nicht von einem aktuellen beziehungsweise »konkreten Verdacht« gegen Guillaume die Rede ist, folgt Brandt dem Rat Nollaus und Genschers und läßt den Spion zur Observierung da, wo er seit einem halben Jahr ist: in seinem engsten Umfeld.

Man mag es nennen, wie man will: dilettantisch, grob fahrlässig, möglicherweise sogar böswillig oder berechnend; in jedem Falle arbeiten die westdeutschen Behörden der Stasi zu.

Gewiß, Markus Wolf, bis November 1986 Chef der »Hauptverwaltung Aufklärung«, gehört in dieser Angelegenheit nicht gerade zu den seriösen Zeugen. Aber legt der nachgerade schlampige Umgang der bundesdeutschen Behörden mit dem Fall nicht beinahe von selbst den Schluß nahe, daß die »Plazierung Günter Guillaumes im Bundeskanzleramt und schon gar in unmittelbarer Nähe des Bundeskanzlers ... nicht das Ergebnis einer planmäßig gesteuerten Aktion« des ostdeutschen Geheimdienstes gewesen ist? Immerhin hatte die Stasi durch die Bestechung zweier Unionsabgeordneter ja einigen Anteil daran, daß Willy Brandt im April 1972 das konstruktive Mißtrauensvotum politisch überlebte. Daß Pankows Abwehr in »keinem Fall eine dringend verdächtige Person in der Nähe des ersten Mannes des Staates ... belassen« hätte, das zumindest nimmt man dem DDR-Chefspion ab.

Am Rhein aber handhabt man den Fall anders, und so geht das Ganze beinahe ein Jahr weiter, bis das Material Anfang März 1974 dem Bundesanwalt übergeben wird. Brandt ist daher auch nicht wirklich überrascht oder besorgt, als er am 24. April, bei der Rückkehr von einer Ägypten-Reise, auf dem Flughafen Köln-Bonn durch Grabert ins Bild gesetzt wird, daß Guillaume verhaftet worden sei und sich bereits als Offizier der »Nationalen Volksarmee« der DDR zu erkennen gegeben habe. Dieses Eingeständnis Guillaumes gehört zu den Merkwürdigkeiten der Geschichte; denn zu diesem Zeitpunkt reichen die Beweise keineswegs aus, um den Spion hinter Schloß und Riegel zu bringen.

Wenige Tage später beginnt dem Kanzler zu dämmern, daß der Fall erhebliche Konsequenzen haben könnte, auch für ihn selbst. Behauptet er noch am 26. April in der Fragestunde des Deutschen Bundestages, vom Wahrheitsgehalt seiner Aussage überzeugt, Guillaume sei »nicht mit Geheimakten befaßt« gewesen, weil das »nicht zu seinen Aufgaben« gehört habe, so muß er sich wenig später korrigieren: Zumindest in Norwegen hat der Spion schon deshalb Zugang zu allen Papieren gehabt, weil sonst niemand aus dem Kanzleramt vor Ort gewesen ist.

Dennoch wäre dieser Fall vermutlich wie andere Spionagefälle in der Zeit des Kalten Kriegs ausgegangen, hätten die amtlichen Ermittler, aber auch Angehörige seines immerhin acht bis zehn Mann starken Begleitkommandos, ihre Nasen nicht auch in das Privatleben des Kanzlers gesteckt und dabei Informationen über Willy Brandts Beziehungen zu Frauen zusammengetragen. Davon erfährt er am 1. Mai, als Genschers persönlicher Referent und späterer Nachfolger im Auswärtigen Amt, Klaus Kinkel, bei ihm vorstellig wird und ihm einen an Genscher gerichteten Brief des Chefs des Bundeskriminalamts zeigt. Was Brandt diesem Schreiben, das ja ursprünglich nicht für seine Augen gedacht gewesen ist, nicht entnehmen kann: Die Ermittler gehen sogar dem abwegigen Verdacht nach, daß die von ihnen so genannten »Frauendienste« zum Teil aus Partei- und Staatskassen finanziert worden sein sollen.

Was Willy Brandt im Brief Horst Herolds zu lesen bekommt – den internen Bericht des Bundeskriminalamts PR 1/74 hat er selbst nie gesehen –, verblüfft ihn dann doch: So viele sollen es gewesen sein, rund um den Globus, in Hotels, Zügen und wer weiß wo noch? An manche Situationen kann er sich gar nicht erinnern, zumal kaum Namen genannt werden. Überhaupt nur vier sind es, darunter ein Name, den die Gewährsleute nicht einmal korrekt zu buchstabieren wissen, und derjenige einer bekannten Journalistin, die Brandt nach Guillaumes Aussage allerdings erst im »zweiten Anlauf geschafft« haben soll. Im übrigen sind den Schnüfflern bestenfalls der Beruf beziehungsweise die Nationalität der einen oder anderen Dame oder auch ein Schmuckstück erinnerlich, das angeblich im Bett des Kanzlers gefunden worden ist.

Insgesamt ist das, was Brandt da lesen kann, zwar nicht durchweg »ein Produkt blühender Phantasie«, wie es in seinen *Erinnerungen* heißt, wohl aber vage, übertrieben und außerdem: Was sagen solche Beobachtungen schon aus? Daß er sich gelegentlich mit einer Dame zurückgezogen hat, in ein Hotelzimmer oder auch in die Kanzlerräume des Sonderzuges, ist wohl richtig. Aber dann? Gewiß, mancher Weggefährte hat bei Brandt schon in den fünfziger Jahren Züge der Hemmungslosigkeit im Umgang mit Frauen beobachtet; andere glauben, der Einsame habe diese Nähe gebraucht; und dann der Streß, gerade in Zeiten des Wahlkampfes.

Welche Rolle Frauen für Willy Brandt wirklich spielen, hat sich den forschenden Polizistenaugen ohnehin nicht erschließen können. Die subtile Charakterisierung blieb der Feder Arnulf Barings vorbehalten: »Sie bedeuteten ihm viel – nicht nur als Genuß, so sinnenfroh Brandt war. Frauen gehörten für ihn zum Geheimnisvollen, zum Irrationalen und Mythischen des Lebens: Urgrund des Daseins. Aus dem starken, bisweilen überwältigenden Bewußtsein der eigenen Verlassenheit suchte er Zuflucht bei ihnen, wollte bei ihnen ein ständiges Verlangen nach wirklicher Nähe und menschlicher Bestätigung, nach Welt- und Selbstvertrauen stillen ... Immer neu, immer wieder; rastlos – und vergeblich.«

Aber wer sieht in diesen Tagen den Dingen schon auf den Grund? Und vor allem: Brandt ist eben nicht irgendwer, sondern der amtierende Bundeskanzler.

Das macht die Geschichte zu einer Affäre, und die wiederum macht den Kanzler angreifbar. So jedenfalls sieht es der Präsident des Bundesamtes für Verfassungsschutz: »Wenn Guillaume diese pikanten Details in der Hauptverhandlung auftischt, sind Bundesregierung und Bundesrepublik blamiert bis auf die Knochen. Sagt er aber nichts, dann hat die Regierung der DDR, der Guillaume natürlich auch das berichtet hat, ein Mittel, jedes Kabinett Brandt und die SPD zu demütigen.« Genau das sagt Nollau Herbert Wehner, seinem Gönner und Förderer, und der wiederum sagt es am Rande eines Treffens der engeren Parteiführung am 4. Mai 1974 in Bad Münstereifel Willy Brandt. Auch Helmut Schmidt ist in der Eifel dabei und gibt später zu Protokoll, sich »gegenüber Brandt saumäßig benommen«, ihn angeschrien zu haben – das einzige Mal in seinem Leben und in der Absicht, den Kanzler von einem Rücktritt aus »völlig unzureichendem« Anlaß abzuhalten. Wehner wiederum drängt Brandt nach eigener Aussage zu einer schnellen Entscheidung, weist ihn darauf hin, daß es »hart« werde, und versichert ihm: »Ich stehe zu dir, das weißt du.«

So mag es sich zugetragen haben oder auch nicht. Brandt jedenfalls weiß, was er davon zu halten hat. Lange genug kennt er Wehner, um auszuschließen, daß der Fraktionsvorsitzende in dieser Situation an seinem politischen oder persönlichen Schicksal interessiert sein könnte. Was Wehner will, ist klar: Die Partei muß so schnell und so unbeschadet wie möglich aus der Affäre heraus, will sie an der Regierung bleiben. Wenn es dafür des Opfers eines amtierenden sozialdemokratischen Bundeskanzlers bedarf, dann wird es eben gebracht.

Daß er zurücktreten wird, steht für Willy Brandt seit dieser Nacht außer Frage, wenn er auch, bedrängt von engen Weggefährten, in den kommenden Stunden noch einmal zu schwanken scheint. Tatsächlich bringt er sein vordatiertes Rücktrittsgesuch bereits am 5. Mai zu Papier. Am folgenden Tag überbringt Staatssekretär Grabert das Schreiben dem Bundespräsidenten. Darin unterrichtet Brandt Heinemann, daß er die »politische Verantwortung für Fahrlässigkeiten im Zusammenhang mit der Agentenaffäre« übernehme. Die Öffentlichkeit läßt er wissen, daß es »grotesk« sei anzunehmen, ein deutscher Bundeskanzler sei »erpreßbar«.

Erpreßbar? Offensichtlich bezieht sich diese Bemerkung auf das Dossier der Ermittler, und also ist es nur ein Vorwand. Denn daß Brandt, was Frauen angeht, kein Kostverächter ist, hat sich ja längst herumgesprochen. Selbst wenn man unterstellt, der Kanzler hätte bei einer dieser Gelegenheiten vertrauliche Informationen preisgegeben, die gegen ihn hätten verwendet werden können, dann wäre er in jeder Funktion, so auch als Parteivorsitzender, »erpreßbar« gewesen. Nein, das alles ist kein Grund für einen Rücktritt, eher schon die Angst vor einer erneuten »Diffamierungskampagne«, von der er wenige Monate später spricht. Das kann und will er nicht noch einmal ertragen. Er ist ein gebranntes Kind, und die Erfahrungen der Enthüllungskampagne des Jahres 1961 (... *da war auch ein Mädchen*) stecken ihm noch tief in den Knochen: Diese Geschichte liegt ja gerade einmal dreizehn Jahre zurück.

BUNDESREPUBLIK DEUTSCHLAND
   DER BUNDESKANZLER

                              den 6. Mai 1974

Sehr geehrter Herr Bundespräsident!

Ich übernehme die politische Verantwortung für Fahrlässigkeiten im
Zusammenhang mit der Agenten-
affaire Guillaume und erkläre meinen
Rücktritt vom Amt des Bundeskanzlers.

Gleichzeitig bitte ich darum, diesen
Rücktritt unmittelbar wirksam werden
zu lassen und meinen Stellvertreter
Bundesminister Scheel, mit der
Wahrnehmung der Geschäfte des Bundes-
kanzlers zu beauftragen, bis ein
Nachfolger gewählt ist.

                  Mit ergebenen Grüßen
                  Ihr

*Ende einer Kanzlerschaft: Vor der Fraktion, 7. Mai 1974.
Links: Das Rücktrittsgesuch an Bundespräsident Heinemann*

Erneut trifft das alles nicht nur Brandt, sondern auch seine Familie, vor allem seine Frau: »Willys Neigung in diese Richtung«, erinnert sich Rut Brandt, »war mir nicht unbekannt ... Es war entsetzlich, wie diese Dinge in den Zeitungen ausgebreitet und hochgespielt wurden ... Ich bat ihn, sich am Morgen die Zeitungen selber zu holen und mit aufs Zimmer zu nehmen. Ich wollte nichts mehr davon lesen, und ich wollte erst recht nicht, daß Matthias das las.« Am Abend des Rücktritts fragt sie ihn dann doch, »ob an diesen Frauengeschichten etwas wahr sei. Er ging schnell darüber hinweg und sagte, daß das alles unwichtig sei. Aber er erzählte, daß er ein ernstes Verhältnis gehabt habe, das über zwei Jahre gegangen, aber jetzt zu Ende sei.«

Zu Ende geht an diesem 6. Mai 1974 auch ein Leidensweg. Denn das ist die Kanzlerschaft für Willy Brandt über weite Strecken gewesen, gelegentlich auch schon in der ersten Runde. Viele haben ihm das Leben schwergemacht – Gegner, Konkurrenten, Neider und immer wieder Herbert Wehner. Ihm hat er nie verziehen, später auch alle möglichen Überlegungen über dessen Rolle im »Fall G« angestellt und beispielsweise einen Kontakt Wehners mit Erich Honecker auch in dieser Sache vermutet. Das trifft so nicht zu. Gewiß, da war die Begegnung der beiden, die sich aus gemeinsamer KPD-Zeit kennen – damals, Ende Mai 1973, in der Schorfheide. Dabei war es Wehner vor allem darum gegangen, wieder Bewegung in den festgefahrenen deutsch-deutschen Dialog zu bringen. Daß er sich bei dieser Gelegenheit abschätzig über Brandts Haltung zur »Einheit Deutschlands unter Verwirklichung des Selbstbestimmungsrechts« ausgelassen hat, wissen wir heute; aber ans Messer geliefert hat der Fraktionsvorsitzende den Kanzler nicht.

Der wiederum sieht später seinen eigenen entscheidenden Fehler genau. »Mein Fehler«, notiert er bald nach seinem Rücktritt mit Bezug auf Wehners »unflätige« Moskauer Ausfälle vom Herbst 1973, »daß ich dies durchgehen ließ«. Daß Willy Brandt aber dieses und anderes durchgehen läßt, zeigt den Mangel an Kraft und Willen, die nötig gewesen wären, um zum Beispiel

Wehners Herausforderung oder später sein Münstereifeler Angebot offensiv anzunehmen und die Guillaume-Affäre durchzustehen. So aber kommt es, wie es wohl hat kommen müssen: der Absturz aus einem Anlaß, der nichtiger kaum hätte sein können. Und wäre es nicht dieser Anlaß gewesen, dann gewiß ein anderer.

Jetzt, in der Stunde größter Schwäche und Verwundbarkeit, kommt alles zusammen. Wie so oft, vor allem in Zeiten psychischer Belastung, ist Brandt nicht in bester körperlicher Verfassung. Aus Kairo hat er eine lästige Mageninfektion mitgebracht, und dann machen ihm auch noch die Zähne zu schaffen. Was nicht unbedingt wahrgenommen werden muß, wie die Fragestunde im Parlament, wird abgesagt. Eine Woche quält sich der Kanzler so, bis er sich am 29. April endlich zwei eitrige Zähne ziehen läßt. Die dicke Backe begleitet ihn noch eine Weile und signalisiert die angeschlagene Verfassung.

Das gilt auch für sein Seelenleben. Willy Brandt ist zeitlebens ein einsamer Mann; wenn sich langjährige Weggefährten in einer Beobachtung einig sind, dann in dieser. Und natürlich wird Einsamkeit in Extremsituationen wie dieser besonders intensiv spürbar, zumal dann, wenn man im Rampenlicht steht. Nie hat er das so erlebt wie in diesen ersten Maitagen des Jahres 1974. Niemand ist da, dem er sich anvertrauen, dem er sagen könnte, daß er daran denkt, mit allem Schluß zu machen. Einige in seiner Umgebung spüren, daß er »düsteren Gedanken« nachhängt, wie er selbst notiert. Willy Brandt hat damals, am 1. oder 2. Mai, wohl auch einen Abschiedsbrief an die Familie zu Papier gebracht, ihn dann aber doch wieder zerrissen.

Über all das kann er mit niemandem sprechen. Gewiß, Vertraute hat er, aber keinen, der ihm »wirklich nahe« ist. Diese Bilanz hat Willy Brandt schon 1960 mit Blick auf die Lübecker Jahre gezogen. Daran ändert sich später nichts, und das kann auch nicht überraschen: Er selbst konnte ja anderen kein Freund sein. Dieser Mann, sagt mit Egon Bahr ein treuer Weggefährte, »hatte sich abgeschlossen«. So ausgeprägt sein »Urtrieb« gewesen sei, etwas »für die Menschen zu tun«, so wenig habe er sich »einzelnen Menschen öffnen« können. Wesen und Charakter

Willy Brandts, geprägt durch die vielfältige Erfahrung, Außenseiter zu sein, lassen Freundschaft nicht zu.

Ähnliche Beobachtungen macht Walter Scheel. Wie nicht viele in dessen Umgebung versteht der Außenminister das komplizierte Wesen Willy Brandts, und er gehört zu den wenigen, die im Laufe der Jahre freundschaftliche Gefühle für den Partner entwickeln. Eigentlich, sagt Scheel, habe Brandt den Kontakt und die Nähe gesucht, dabei aber mit einem »nicht beherrschbaren Hindernis«, einer Art »magnetischem Feld« zu kämpfen gehabt, das um ihn jene »merkwürdige Aura« gebildet habe, die auch heute noch aus vielen Bildern spricht. Brandt, da ist sich dieser sensible und in manchem wesensverwandte Beobachter sicher, »hat niemandem je sein Innerstes offenbart«. Einige Wochen nach dessen Sturz und wenige Tage, bevor er selbst als Bundespräsident eine weitere Sprosse der Karriereleiter nimmt, schreibt Walter Scheel an Willy Brandt, zu den Jahren ihrer Zusammenarbeit habe auch die wichtige Erfahrung gehört, »daß man in der Politik nicht immer siegen muß. Belastung ertragen, ja, leiden können, darauf kommt es an, wenn man das Herz des Volkes will.«

Willy Brandt hat das Herz des Volkes gewollt, und er hat es erobert, weil er gelitten hat – vor allem an sich selbst. Das ist Handikap und Stärke zugleich; in jedem Falle ist es nicht mehr änderbar. »Dieser Willy Brandt«, sagt er im September 1972 in einem Hintergrundgespräch, »so wie er geworden ist und so alt wie er jetzt auch geworden ist, den funktioniert keiner mehr um.« Die Menschen spüren: Dieser Mann ist nicht einer jener gefühlskalten, hemdsärmeligen Karrieristen, kein Machtmensch, im Gegenteil. Im Zentrum der Macht angekommen, läßt er bezeichnenderweise keinen jener Züge erkennen, die andere dort alsbald annehmen. Er wird weder zum Zyniker, noch entwickelt er nennenswertes Mißtrauen gegenüber seiner Umgebung. Vor allem aber hält er sich zu keinem Zeitpunkt für unersetzlich. Nein, dieser Politiker ist anders als die meisten, und so entsteht aus der Distanz eine besondere Form der Nähe. Es gibt ja auch nicht viele in seiner Position, die von den Menschen beim Vornamen genannt werden.

Willy Brandt ist verletzbar, empfindlich und konfliktscheu; Menschenkenntnis gehört nicht zu seinen starken Seiten. Seine Jovialität, seine Höflichkeit oder auch seine Ader für Witze, von denen er die besten sammelt, um sie einmal unter dem Titel *Lachen hilft* zu veröffentlichen, täuschen darüber hinweg, daß er Nähe nur schwer erträgt. Das erklärt die tiefe Enttäuschung über diesen Günter Guillaume, den Mann, der ihm über zwei Jahre so nahe gewesen ist wie wenige sonst in dieser Zeit: Sogar die Kleidung hat der persönliche Referent dem Kanzler zusammengestellt, wenn der unterwegs gewesen ist. Die Konsequenz, mit der Brandt während des Düsseldorfer Prozesses im Dezember 1975 den Blickkontakt zu Guillaume meidet, spricht Bände.

Vor allem aber ist Willy Brandt im Frühjahr 1974 müde, unendlich müde. »In Wahrheit«, hat er später einmal vor laufender Kamera gesagt, »war ich kaputt, aus Gründen, die gar nichts mit dem Vorgang zu tun hatten, um den es damals ging.« Kaputt von einer beispiellosen Serie politischer, aber auch persönlicher Niederlagen, die er seit seiner Jugend hat einstecken müssen; kaputt von der enormen Kraft, die benötigt und verschlissen worden ist, um immer wieder auf die Beine zu kommen; kaputt von der seelischen und nervlichen Anstrengung, die es gekostet hat, die Diffamierungskampagnen über die Jahre und Jahrzehnte auszuhalten; kaputt schließlich von der Karrierefalle, in die er spätestens 1969 geraten ist. Sicher, der Aufsteiger ist von Natur aus ehrgeizig und ambitioniert, und vor allem in seiner Berliner Zeit hat Brandt, wenn es denn sein mußte, rücksichtslos von seinen Ellenbogen Gebrauch gemacht. Die Spitzenstellungen in der Partei und in der Stadt hat er gewollt. Aber die Bonner Karriere?

Schon die Startbedingungen sind ungünstig, kommt Willy Brandt doch als Außenseiter an den Rhein. Zum Bonner Establishment hat der Regierende Bürgermeister nie gehört, auch nicht zu dem seiner eigenen Partei, und ob dem introvertierten Einzelgänger die schwierige Assimilierung ohne Ehefrau Rut überhaupt gelungen wäre, sei dahingestellt. So oder so fordert der Gang nach Bonn seinen Tribut. Man erinnert sich seiner sentimentalen Reflexionen am Ende der ersten Amtszeit im

Kanzleramt. Von »sehr schönen Jahren« in Berlin hat er damals, im Frühjahr 1972, gesprochen, vom »Traumjob« des Regierenden Bürgermeisters und von einem »in mancher Hinsicht schmerzlichen« Gang nach Bonn. Auch die folgende Anekdote, die einige Jahre früher spielt, wird ihren wahren Kern haben: Als Brandt zum erstenmal als Außenminister nach Berlin fliegt und auf die Lichter der Stadt blickt, fragt er: »Kann mir irgend jemand sagen, warum ich so verrückt gewesen bin, hier wegzugehen?«

Tatsächlich hat man den Mann in Berlin auf dem Höhepunkt seiner Schaffenskraft erlebt. Dort konnte er seine Stärken entfalten und die Menschen erreichen, ohne die ihm lebenswichtige Distanz aufheben zu müssen. Eigentlich ist er ja in die Politik gegangen, weil er »geliebt werden wollte«. Das hat nicht nur Klaus Schütz so empfunden. In Berlin hat Brandt diese Liebe erfahren, so unmittelbar, wie ihm das überhaupt möglich ist. In Bonn ist alles anders, und noch so viele Briefe – weit über zweihunderttausend sind es während seiner Kanzlerschaft – können nicht ersetzen, was ihm jetzt fehlt, und nicht gutmachen, was ihm in Bonn in zunehmendem Maße entgegenschlägt: Neid, Mißgunst, Rivalität und Unverständnis.

Auch ist Berlin ein überschaubares Terrain gewesen, nach der Ausschaltung der parteiinternen Konkurrenz im großen und ganzen unter Kontrolle und zugleich von nationaler und internationaler Reputation und Wirkungsmöglichkeit. Während letztere in Bonn, zumal im Palais Schaumburg, ohne Zweifel noch erheblich zunehmen, geht der Überblick zusehends verloren, von der Kontrolle gar nicht zu reden. Kein Zufall, daß Brandt jetzt immer deutlicher jene Entscheidungsschwäche erkennen läßt, die für viele Beobachter zu einem Merkmal seiner Kanzlerschaft wird. Dabei wachsen die Erwartungen und mit ihnen der Druck auf einen schließlich völlig überforderten Mann. Einer, der ihn bis zu seinem Sturz sehr genau und sehr nah mit der Kamera beobachten konnte, hat das so erlebt: »Dieser knorrige, zutiefst rechtschaffene Sozialdemokrat«, sagt der Fotoreporter Robert Lebeck, »wurde ziemlich überschätzt. Alle sahen in ihm den großen Visionär und Lenker ... – nur er selbst nicht ... seine sphinxhafte Introvertiertheit diente ihm als Schutzschild gegen die hohen Erwartungen seiner Anhänger.«

Konnte das gutgehen? Wie ist Willy Brandt eigentlich in diese Falle geraten? Wäre er überhaupt je an den Rhein gekommen, gar ins Kanzleramt eingezogen, ohne eine Serie von Zufällen und ohne die Planungen anderer, allen voran Herbert Wehners? Auch das hat Walter Scheel gespürt und gegenüber Brandt »immer die Meinung vertreten ..., daß nur eine außergewöhnliche Häufung von Zufällen einen Mann Ihrer Struktur an die Spitze einer Regierung bringen konnte«. Selbstverständlich wird niemand gegen seinen Willen Minister und Kandidat für das Kanzleramt, schon gar nicht vier Mal. Was ihn aber dort erwartet, weiß Willy Brandt erst, als er, mit deutlich abgebautem Kräftehaushalt, an der »Spitze« der Regierung angekommen ist. Sehr bald wird ihm vieles zur Last, auch das Amt selbst, und man muß davon ausgehen, daß er mit diesem Empfinden in seine letzte Kandidatur gegangen ist; aber da sitzt er ja schon in der Falle. Er wolle in der Politik bleiben, schreibt er am 6. Mai 1974 an Gustav Heinemann, »aber die jetzige Last muß ich loswerden«.

So gibt er das Amt auf – und sich damit eine neue Chance. Man mag es kaum glauben, aber selbst diese schwere, wenn nicht schwerste Niederlage seines Lebens wirft Willy Brandt nicht aus der Bahn. Auch jetzt kommt er wieder auf die Beine. Anderthalb Jahre später, im Dezember 1975, schreibt ihm ausgerechnet Rudolf Augstein, daß er »fast nie einen erlebt habe, der sich aus solch tragischem they never come back so souverän und erfolgreich erhoben hat«. Tatsächlich hat er unmittelbar nach seinem Sturz damit begonnen, das Beste aus der Situation zu machen.

Die Last des Amtes, 1973

Die Flucht

Als Staatsmann unterwegs
1974-1987

Verwunden hat er die Niederlage nie. Für den Rest seines Lebens macht Willy Brandt der Rücktritt vom Amt des Bundeskanzlers zu schaffen. Er sucht nach Schuldigen, und er findet sie: in den vordergründig Verantwortlichen, Nollau und Genscher, der damals, so Brandt noch 1989, alles daran setzt, »unbeschädigt zu bleiben«; vor allem aber in Herbert Wehner und Ehefrau Rut. Die beiden, sagt er später, seien an seinem Rücktritt schuld, weil sie ihn nicht davon abgehalten hätten.

Herbert Wehner und Willy Brandt müssen sich so lange ertragen, bis sich einer von ihnen aus der Politik zurückzieht. Das ist erst 1983 der Fall, als Wehner mit seinem Bundestagsmandat auch die Fraktionsführung aufgibt. So lange sitzen die beiden Seite an Seite in der ersten Reihe der SPD-Fraktion im Bonner Parlament, jedenfalls soweit Brandt nicht unterwegs ist. Insgesamt ist das Verhältnis nicht mehr so spannungsgeladen wie zuvor. Zwar muß Brandt gegenüber Wehner, wie im Juni 1977, noch gelegentlich mit Nachdruck »darauf bestehen, daß uns Vorgänge erspart bleiben, die der Partei womöglich schwersten Schaden zufügen würden«. Doch ist Wehner zusehends krank und erschöpft, und seine »Neurosen« machen ihm, wie Brandt nicht ohne eine Spur von Schadenfreude im Rückblick feststellt, »noch mehr als anderen über den Durchschnitt herausragenden Politikern zu schaffen«. Außerdem gibt es eben doch Gemeinsamkeiten. Als sich Wehner in der Bundestagsdebatte vom 11. Mai 1976 gegen den Wahlkampfslogan der Opposition »Freiheit oder Sozialismus« verwahrt, dabei die historische Rolle der SPD während der Nazi-Diktatur würdigt und mit Bitterkeit an die Attacken erinnert, die er habe aushalten müssen, weil er »Kommunist gewesen« sei, da weiß ein zweiter im Parlament, wovon der Fraktionsvorsitzende spricht.

Willy Brandt geht mit der Niederlage auf seine Weise um. Einmal beginnt er jetzt mit der Ordnung und Öffnung seines Archivs. Vor allem aber bringt er sein Leben zu Papier. Innerhalb von acht Jahren erscheinen allein drei voluminöse Bände mit Erinnerungen, der erste bereits wenige Monate nach dem Rücktritt. Die Arbeit an dieser »Zwischenbilanz der Probleme«, die ihn als Bundeskanzler beschäftigt haben, ist bezeichnenderweise bereits im Herbst 1973 aufgenommen worden und wird jetzt in Norwegen abgeschlossen. Die Brandts haben hier, in der Nähe von Hamar, Anfang der sechziger Jahre für 25 000 Mark ein Blockhaus erworben und es über die Jahre ausgebaut. Unterstützt von Klaus Harpprecht, legt Brandt ein um Tagebuchnotizen erweitertes programmatisches Vermächtnis seiner »Gesellschafts- und Innenpolitik« vor. Ursprünglich unter dem Titel »Mut zur Vernunft« beziehungsweise »Die Kraft der Vernunft. Die Politik der neuen Mitte« geplant, heißt das Buch jetzt *Über den Tag hinaus. Eine Zwischenbilanz*.

Während Brandt mit seinen Mitarbeitern das Manuskript abschließt, hat er längst das nächste publizistische Vorhaben im Blick. Bereits wenige Tage nach seinem Rücktritt steht er darüber in intensivem Kontakt mit seiner ersten Frau, die in Oslo die Agentur »Carlota Frahm« betreibt. Die Verbindung ist nie abgebrochen, und schon wegen der gemeinsamen Tochter geht es in der Korrespondenz nicht nur um Geschäftliches, wenn dieses auch im Vordergrund steht. Immerhin hat Brandts Ex-Frau vor Jahren den Zuschlag für die skandinavischen, ursprünglich sogar für die englischsprachigen Rechte an seinen Veröffentlichungen erhalten. In einem Schreiben Carlota Frahms an Willy Brandt ist drei Wochen nach dessen Rücktritt erstmals von zweibändigen »Erinnerungen« die Rede. Der erste Band soll die Zeit von 1960 bis zur Gegenwart, also bis zum Rücktritt, behandeln, der zweite den ersten Lebensabschnitt.

Mit Hilfe seines Schweizer Agenten bringt Brandt bis Ende Juli 1974 die Verträge mit »Little, Brown and Company« für die amerikanische und mit »Hoffmann und Campe« für die deutsche Ausgabe unter Dach und Fach. Bis Jahresende folgen – vertreten durch Carlota Frahm – die Verträge über eine norwegische, eine schwedische und eine finnische Ausgabe, außerdem Verträge für Frankreich, Italien, Spanien, die Niederlande, Großbritannien und die meisten Commonwealth-Staaten sowie ein Lizenzvertrag über die deutsche Taschenbuchausgabe. Keine Frage, der Autor Willy Brandt ist begehrt, und das tröstet über einiges hinweg. Welchen Anteil der spektakuläre Rücktritt an dieser Nachfrage hat, läßt sich schwer sagen. Festzustellen ist jedenfalls, daß Brandt und seine Agenten einen beachtlichen Geschäftssinn an den Tag legen. Allein die Lizenzen für Deutschland und die USA bringen Vorschüsse in Millionenhöhe. In diesem Metier ist das damals keineswegs selbstverständlich.

1976 erscheinen unter dem von Brandt ersonnenen Titel *Begegnungen und Einsichten* die Erinnerungen des Außenpolitikers an die Jahre 1960 bis 1974; 1982, vier Jahre nach dem ursprünglich vereinbarten Termin, folgt unter dem Titel *Links und frei* der autobiographische Bericht über die frühen Jahre. Die Bücher spiegeln Brandts Hang zum Eskapismus, der nie so deutlich hervorgetreten ist wie jetzt: Er ist gedanklich auf der Flucht, entweder in Visionen »über den Tag hinaus« oder in der Rückschau auf vergangene Zeiten. Daß sich Willy Brandt dabei gewissermaßen rückwärts bewegt und mit seinen Erinnerungen schließlich bei seinen politischen Anfängen ankommt, ist kein Zufall. Hier nämlich gibt es, unbeschadet aller Wandlungen und Wendungen, eine Kontinuität und eine Heimat.

Zwangsläufig ist die Parteiarbeit in den Jahren der Kanzlerschaft in den Hintergrund getreten, wenn auch nie vernachlässigt worden. Jetzt erlebt sie eine neue Blütezeit. Brandt weiß, was er an der SPD hat. Während er als Kanzler schon die ersten Blessuren davongetragen hat, ist er als Parteivorsitzender glänzend bestätigt worden: Mit 404 von 428 Stimmen hat er auf dem Hannoveraner Parteitag im April 1973 ein Traumergebnis erzielt. Daß er nach dem 6. Mai 1974 Parteivorsitzender bleiben wird, steht außer Frage, vor allem auch für ihn selbst. Sicher, die Niederlage ist schmerzlich und angesichts der äußeren Umstände, unter denen sie sich vollzogen hat, auch nicht mit Aussicht auf Erfolg zu verdrängen. Aber der Verlust des Parteiamtes wäre schlimmer gewesen. Wie hätte er sich entschieden, hätte er für das eine oder das andere Amt optieren, sich für den Posten des Kanzlers oder den des Parteivorsitzenden entscheiden müssen? Eine hypothetische Frage, gewiß. Aber kann es einen Zweifel geben, daß die Entscheidung für die Sozialdemokratie und damit zugunsten jener Tradition ausgefallen wäre, aus der Willy Brandt kommt und in der er nach wie vor – und stärker als die meisten in seiner Umgebung – tief verwurzelt ist? So wie die Dinge liegen, stärkt der Auszug aus dem Kanzleramt seine Position in der Parteizentrale.

Umgekehrt weiß die Partei, was sie an ihrem Vorsitzenden hat. Sein Sturz aus nationalen Höhen ändert ja nichts an seiner internationalen Reputation als Friedenspolitiker und Nobelpreisträger. Außerdem ist weit und breit niemand in Sicht, der mit Aussicht auf Erfolg die integrierende Rolle Willy Brandts in den keineswegs geschlossenen Reihen der Genossen übernehmen könnte. Schon deshalb tun diese einiges, um ihrem Vorsitzenden über die schwere Niederlage hinwegzuhelfen. Dazu gehört auch eine Villa auf dem Venusberg, die Schatzmeister Alfred Nau für den Parteivorsitzenden erwirbt und die dieser mit Frau Rut und Sohn Matthias im Juli 1974 bezieht. Nach Brandts Rückkehr aus Norwegen organisiert Bundesgeschäftsführer Holger Börner eine Reihe von Begegnungen mit sämtlichen Ortsvereinsvorsitzenden der SPD. Sie zeigen, was der Mannheimer Parteitag im November 1975 ein weiteres Mal bestätigt: In seiner Partei ist Brandt populär wie eh und je. Das unterstreicht ein Poster, das den neuen, von der Last des Staatsamtes befreiten Willy Brandt präsentiert: sichtlich gut erholt, eine Zigarette zwischen den Lippen, mit offenem Hemd im Freien die Mandoline zupfend. Das Plakat ist ein Renner, auch heute noch.

Das alles mildert die Schmerzen des Rücktritts, setzt Brandt aber auch unter einen neuen Erwartungs- und Erfolgsdruck – ein Zustand, der ihn seit seinem Aufstieg in der Berliner SPD begleitet. Er sucht die Aufgabe zu lösen, indem er die Parteibasis verbreitert, die deutsche Sozialdemokratie, stärker noch als zuvor, nach links öffnet und vor allem der oppositionellen Jugend eine politische Heimat in Aussicht stellt. Daß Willy Brandt damit auch seinen Anteil am »Radikalenerlaß« zu kompensieren sucht, vermuten damals nicht wenige. Die Strategie zeitigt Erfolge, zum Beispiel in der schwierigen, aber insgesamt erfolgreichen Behauptung der SPD gegenüber der neuen Konkurrenz aus Friedensbewegung, Bürgerinitiativen und Grünen, aber sie ist nicht ohne Risiko. Denn nicht nur muß die SPD die rebellischen Neuzugänge verkraften, sondern es tut sich, nicht zuletzt wegen dieser Bemühungen, zusehends ein Gegensatz zwischen der Partei und der von ihr gestellten Regierung auf. Und in dem Maße, in dem sich große Teile der Basis und mit ihnen der Parteivorsitzende, insbesondere in der Frage der Umsetzung des »NATO-Doppelbeschlusses«, gegen den Kanzler stellen, verschlechtert sich das Verhältnis Helmut Schmidts zu Willy Brandt.

Nicht daß es je harmonisch gewesen wäre; dafür hat Schmidt zu sehr unter der Aussicht gelitten, als nur wenige Jahre Jüngerer wohl immer in der zweiten Reihe stehen zu müssen, wenn er Brandt auch, jedenfalls bis 1972 und im Rahmen seiner Möglichkeiten, unterstützt. Als dann im Mai 1974 unerwartet eine neue Lage eintritt, vollzieht sich der Wechsel immerhin, so Brandt, »reibungslos« und der Würde des Amtes angemessen. Wie schwierig der Vorgang für ihn gleichwohl gewesen sein muß, zeigt noch der Rückblick des Jahres 1989, in dem er sich auf die Interpretation verlegt, schon mit der Ernennung Schmidts zum Wirtschafts- und Finanzminister im Frühsommer 1972 die »Vorentscheidung zur etwaigen Nachfolge« im Kanzleramt getroffen zu haben. Jedenfalls hält der Parteivorsitzende dem Kanzler, nachdem der Konkurrent einmal seine Nachfolge angetreten hat, den Rücken frei, solange es irgend geht, und flankiert Schmidts Politik in innerparteilich umstrittenen Fragen wie der Steuerreform oder der Terrorismusbekämpfung.

Gegen Ende der siebziger Jahre macht Brandt dem Kanzler das Leben jedoch zunehmend schwer, schon weil er nach wie vor – zeitweilig sogar mehr denn je – vielfältige Aktivitäten auf dem Gebiet entwickelt, das Schmidt als seine ureigene Domäne betrachtet, auf dem Feld der Außenpolitik. Solange er keine regelrechte Parallel- oder gar Gegendiplomatie betreibt, wie Anfang der achtziger Jahre im Falle des »NATO-Doppelbeschlusses«, mag das noch angehen, ja sogar Schmidts eigener Position und der Popularität seiner Regierung nutzen. Aber dann wird doch die Grenze des Erträglichen überschritten.

Die Aktivitäten Willy Brandts ergeben sich aus seinen zahlreichen Funktionen, beispielsweise in der Sozialistischen Internationale (SI). Die ist nach einigen Vorstufen 1951 in Frankfurt am Main aus der Taufe gehoben worden und versteht sich als Nachfolgerin der 1940 aufgelösten »Sozialistischen Arbeiter-Internationale«. Mitte der siebziger Jahre gehören ihr mehr als fünfzig Parteien als Voll- oder assoziierte Mitglieder an, darunter auch solche aus Asien und Afrika. Für die Wahrnehmung ihrer Aufgaben, wie der Kontaktpflege zwischen den Mitgliedsparteien oder der Koordinierung der gemeinsamen Anstrengungen in der Entwicklungs- und Entspannungspolitik, ist Brandt geradezu prädestiniert.

Seit 1966 ist er Vizepräsident der SI. Auf ihrer Tagung in Genf wählen ihn die Delegierten am 26. November 1976 zu ihrem Präsidenten. Daß sich der SPD-Vorsitzende um diese Position reißt, kann man nicht sagen. Er läßt sich bitten. Das ist fortan sein Weg, um sich neuen Aufgaben zu nähern. Lange genug hat er kandidieren und kämpfen, dabei immer wieder schmerzliche Niederlagen und demütigende Abfuhren hinnehmen müssen. Das hat er jetzt nicht mehr nötig; diese Zeiten sind endgültig vorbei.

Links und frei, 1976

Unter denen, die ihn bedrängen, sind so illustre Persönlichkeiten wie Schwedens Ministerpräsident Olof Palme oder der österreichische Bundeskanzler Bruno Kreisky, Weggefährte seit der gemeinsamen Exilzeit. Die drei werden dann auch für einige Jahre das Erscheinungsbild der Sozialistischen Internationale prägen. Auf den ersten Blick ergänzen sie sich gut; dabei gibt es durchaus Konkurrenz, weniger zwischen Brandt und dem im Februar 1986 unter nie geklärten Umständen ermordeten Palme als zwischen den beiden führenden Sozialdemokraten aus Deutschland und Österreich. Wie Brandt versteht sich Kreisky als Homme de lettres; ähnliches gilt übrigens für François Mitterrand, und führt auch hier zu einer nie ausgesprochenen, aber spürbaren Rivalität im Verhältnis zu Brandt. Außerdem betreibt Kreisky eine sehr eigenständige Außen- und Vermittlungspolitik, und das vor allem in jener Weltgegend, in der Brandt ziemlich erfolglos ist: Allein sechsmal trifft sich der Österreicher zwischen 1974 und 1981 mit Jassir Arafat. Als Präsident der Sozialistischen Internationale muß Willy Brandt den Aktivitäten des Partners seinen Segen geben.

Noch aber ist es nicht soweit, denn zunächst einmal stellt Brandt Bedingungen, etwa in einem langen handschriftlichen Schreiben nach Wien, in dem er die Gründe nennt, die gegen eine Übernahme des Amtes sprechen. Die Adressaten verstehen, daß damit auch Forderungen angemeldet werden. Unter diesen steht an erster Stelle eine durchgreifende Strukturreform der Organisation mit dem wichtigsten Ziel einer deutlichen Aufwertung des Präsidentenpostens. Unter solchen Auspizien gewählt, füllt Willy Brandt das Amt gewissermaßen nach seinen Bedürfnissen aus. Dazu gehört eine wirksame Außendarstellung. In der Tat erfährt die SI während seiner gut fünfzehnjährigen Präsidentschaft eine nie gekannte Blüte und Reputation. Aber natürlich setzt Brandt auch inhaltliche Akzente. So steuert er die Internationale aus dem Kielwasser des Westens auf einen Kurs weltpolitischer Neutralität, setzt sich nachhaltig für die Überwindung ihres überkommen Eurozentrismus ein und kümmert sich konsequent und insgesamt erfolgreich um die potentielle Klientel der Internationale auf der südlichen Halbkugel, vor allem in Iberoamerika.

Ihre Repräsentanten und Mitglieder betrachten es durchweg als Glücksfall, daß ein Staatsmann von solchem Ansehen für den Präsidentenposten zur Verfügung steht. Immerhin haben in den vorausgegangenen Jahren nicht wenige laut über eine Auflösung der SI nachgedacht. Die Nominierung Brandts eröffnet neue Perspektiven. Mit seinem Einsatz für die sozialistischen Parteien der iberischen Halbinsel hat er erst jüngst gezeigt, was man durch konsequente Einflußnahme bewirken kann. Sowohl bei der Sozialistischen Partei Portugals unter ihrem Vorsitzenden Mario Soares als auch bei der Sozialistischen Arbeiterpartei Spaniens, an deren Spitze der junge Felipe Gonzáles steht, haben die deutschen Genossen durch organisatorische, aber auch durch beträchtliche finanzielle Hilfe die Rolle des Geburtshelfers gespielt.

Willy Brandt ist daran in hohem Maße persönlich beteiligt gewesen. Selten hat man ihn in diesen Jahren derart engagiert und kämpferisch gestimmt gesehen wie in der europapolitischen Debatte des Deutschen Bundestages vom 8. April 1976, als die Opposition, allen voran Franz Josef Strauß, den Versuch unternimmt, Soares und andere führende Sozialisten Europas in die kommunistische Ecke zu drängen. Mario Soares und insbesondere Felipe Gonzáles bleiben dem deutschen Sozialdemokraten bis zu seinem Tod eng verbunden.

Die Bestätigung und wohl auch Zuneigung, die Brandt aus den Reihen der Sozialistischen Internationale erfährt, spielen bei der Entscheidung, das Präsidentenamt zu übernehmen, eine wichtige Rolle. Selbstverständlich bringt diese Aufgabe auch zahlreiche neue Verpflichtungen mit sich, aber die werden gern in Kauf genommen, helfen sie doch über den Verlust des Regierungsamtes hinweg. Immerhin kann Brandt jetzt noch intensiver als zuvor das tun, was er seit seiner frühesten Jugend getan hat: reisen.

Seit seinem Rücktritt als Bundeskanzler ist Willy Brandt pausenlos unterwegs – weltweit und solange die Gesundheit mitspielt. Stärker noch als zuvor gewinnt man den Eindruck: Der

Mann ist auf der Flucht – vor Bonn, vor seinen Gegnern, vor allem denen in den eigenen Reihen, vor seiner Frau, vor seiner jüngsten Vergangenheit, nicht zuletzt und wieder einmal vor sich selbst, kurzum vor Konflikten aller Art. Aber das ist nur die eine Seite. Denn Brandt ist ein weltoffener, ein neugieriger Mann. Die Reisen erschließen ihm neue Horizonte. Der Blick nach vorn gibt ihm die Chance, die »Gespenster der Vergangenheit« hinter sich zu lassen und neue Kraft zu tanken. Daß der Preis hoch ist, steht auf einem anderen Blatt.

Unterwegs ist er in seinen verschiedenen Funktionen, als Präsident der Sozialistischen Internationale, als Parteivorsitzender, später auch als Vorsitzender der »Nord-Süd-Kommission«, immer mehr aber auch als Elder statesman, eine Rolle, in die er schnell hineinwächst. Kaum ein Winkel der Welt, den er nicht besucht. Bis November 1978, als sein Körper das nicht mehr mitmacht, begibt sich Willy Brandt auf etwa siebzig Auslandsreisen. Dabei wird die Taktzahl jährlich gesteigert. Sind die Zahlen, für sich genommen, schon eindrucksvoll genug, so wird die ganze Dimension dessen, was er sich in diesen Jahren zumutet, erst bei genauerem Hinsehen greifbar.

Abgesehen von seinen Reisen als Parteivorsitzender ist Brandt in seiner Zeit als Bundeskanzler neununddreißigmal auf offizieller Mission im Ausland gewesen und hat dabei insgesamt zweiundzwanzig Staaten besucht, darunter, wie alle Kanzler vor und nach ihm, am häufigsten Frankreich. Nach seinem Rücktritt stellt er binnen kurzem diese Reisetätigkeit in den Schatten. 1978 führen ihn schließlich seine Wege innerhalb von gut zehn Monaten je zweimal nach Afrika und Nordamerika, außerdem dreimal in die Schweiz, je zweimal nach Belgien und Frankreich sowie nach Ungarn, Finnland, Bulgarien, Rumänien, Dänemark, Jugoslawien, Schweden und Portugal.

Zudem sind einige seiner Missionen als regelrechte Rundreisen organisiert, so zum Beispiel an der Jahreswende 1977/78: Am 17. Dezember hebt der Vorsitzende der Sozialistischen Internationale von Deutschland aus in Richtung Japan ab, um dort unter anderem an einer Parteiführerkonferenz teilzunehmen, begibt sich von dort zu einem zweitägigen Aufenthalt nach Indien, um mit Indira Gandhi zu konferieren, und macht sich von Südasien aus direkt auf den Weg nach Afrika. Dort stehen Mauritius, Tansania und Sambia sowie Gespräche mit den Präsidenten Nyerere und Kaunda auf dem Programm. Am 7. Januar, also nach drei Wochen und Abertausenden von Kilometern, schwebt Willy Brandt, aus Nairobi kommend, auf dem Frankfurter Flughafen ein. Im Juli 1978 wird ein vergleichbares Programm in Europa absolviert: In siebzehn Tagen geht es von London über Dublin, Paris, Wien, Rom, das Elsaß, Luxemburg, Den Haag, Brüssel und Kopenhagen nach Oslo. Und immerhin ist der Rastlose nicht auf Vergnügungstour: Konferenzen, Kongresse, Vorträge, Gespräche und offizielle Begegnungen der unterschiedlichsten Art, gelegentlich auch die Verleihung eines Preises oder einer Ehrendoktorwürde füllen den Terminkalender. Dabei kann er nicht einmal alle Einladungen annehmen.

Etwa zehn Jahre ist es her, daß Willy Brandt die »Jet-Fliegerei« als eine »hochentwickelte Form von Sklaverei« bezeichnet hat, als einen »Fortschritt«, der »teuer bezahlt« werden müsse. Jetzt fordert dieser Fortschritt seinen Tribut: Auf der Nordamerikareise, die ihn Ende Oktober und Anfang November 1978 von New York über Washington nach Vancouver führt, erleidet Brandt wiederholt Schwächeanfälle. Er selbst glaubt an einen fiebrigen Infekt; die Ärzte der Bonner Universitätsklinik hingegen, die er nach einem weiteren Kurzaufenthalt im französischen Lille aufsucht, diagnostizieren einen schweren, verschleppten Herzinfarkt.

Nach der Intensivbehandlung auf dem Venusberg begibt sich Brandt Ende Dezember zur Kur in das Rehabilitationshospital »Léon Bérard« in Hyères an der malerischen Côte d'Azur. Hier wird er in einem sich über Wochen erstreckenden Aufbauprogramm wieder auf Vordermann gebracht. »Ich stehe unter ziemlich strenger Kontrolle«, schreibt er seiner Frau, »tägliche Übungen, salzloses Essen, Medikamente über die hinaus, die ich aus Bonn mitgebracht habe, usw. Bis auf weiteres darf ich nicht aus dem Krankenhaus heraus, wenn der Arzt nicht dabei ist. Er ist übrigens davon überzeugt, daß der eigentliche Infarkt gekommen ist, als ich Ende Oktober in Amerika war, und daß ich insofern Glück gehabt habe.«

Rauchverbot, auf ein Minimum reduzierter Alkoholkonsum, Diät, Gymnastik und nicht zuletzt die Gegenwart einer jungen Frau tragen das Ihre dazu bei, daß sich ein sichtlich erholter Parteivorsitzender relativ rasch in Bonn zurückmeldet und bereits Anfang April 1979 wieder beruflich ins Ausland begeben kann. Schon während des Jahres 1978 sind Brandts Reisen stets für eine »weitere Person« mitgebucht worden, ebenjene Dame, die man in Hyères an seiner Seite sieht und die hinfort seine ständige Begleiterin ist. In Hyères fungiert sie als seine Privatsekretärin, stellt die Verbindung zur Außenwelt her und entscheidet, wer mit ihm in Kontakt treten darf und wer nicht. In seinem letzten Brief von der Côte d'Azur schreibt Willy Brandt Frau Rut nach Norwegen, daß er in Zukunft »selbst bestimmen werde, was wichtig und richtig ist«. Das bezieht sich offenkundig nicht nur auf die politische Arbeit, sondern auch auf sein Privatleben, das jetzt eine neue Richtung einschlägt.

Brigitte Seebacher, Jahrgang 1946, hat nach einem Studium der Geschichte und Germanistik bei Radio Bremen und beim Sender Freies Berlin gearbeitet und ist, nach einem Intermezzo als Sprecherin der Berliner SPD, seit 1973 Chefredakteurin der *Berliner Stimme*, als Willy Brandt auf sie aufmerksam wird. Im August 1976 unterstützt der Parteivorsitzende einen Forschungsantrag der »tüchtigen Chefredakteurin« bei der Friedrich-Ebert-Stiftung, und im Sommer 1977 engagiert er sie als Redenschreiberin. Bald nach der Rückkehr aus Frankreich nehmen sich die beiden im rechtsrheinischen Unkel eine gemeinsame Wohnung. Das Paar wird bis zu Brandts Tod in dem kleinen Ort am Fuße des Siebengebirges leben, zuletzt in einem Haus am Rhein, das am Tag des Mauerfalls bezogen wird.

Zum ersten Mal lebt Brandt mit einer Frau zusammen, die ein eigenständiges berufliches Profil und zudem beträchtlichen

Offenes Ohr: Mit Brigitte Seebacher-Brandt, 1991

Ehrgeiz besitzt. Damit kann der Mittsechziger gut umgehen. Seine dritte Ehe ist eine ebenso produktive wie erfolgreiche Arbeitsgemeinschaft. Daß sich Brigitte Seebacher bald nach dem Tod ihres Mannes von restlos allem trennt, was an die gemeinsamen Jahre erinnert, spricht für sich: Möbel, Bilder, Bücher, intime Korrespondenzen – alles nimmt leidenschaftslos seinen Weg ins Archiv.

Gewiß hat es Brigitte Seebacher in ihrer weiteren Karriere nicht geschadet, »die Frau von Willy Brandt« zu sein, wie es im Klappentext zu ihrer 1988 publizierten Biographie August Bebels (*Künder und Kärrner*) heißt. Das ist bereits ihr zweites Buch. Auch in ihrem ersten hat sie sich mit einem Vorgänger Brandts beschäftigt. Die Biographie Erich Ollenhauers (*Biedermann und Patriot*) ist als Dissertation bei dem Berliner Historiker Ernst Nolte entstanden. Sie erscheint wenige Monate, nachdem ihre Autorin, Brigitte Seebacher-Brandt, im Dezember 1983 den Parteivorsitzenden der SPD geheiratet hat.

Da sich Brigitte Seebacher-Brandt in den achtziger Jahren publizistisch mit der Geschichte der deutschen Sozialdemokratie und ihren führenden Repräsentanten befaßt, sitzt sie bei ihrem Mann gewissermaßen an der Quelle, und der unterstützt sie nach Kräften. Als sie sich nach einem Thema für ihre Dissertation umschaut und dabei unter anderem an die französischen Sozialisten denkt, fertigt Brandt eine längere handschriftliche Aufzeichnung über Léon Blum an, den mehrmaligen französischen Ministerpräsidenten während der dreißiger und vierziger Jahre, dem er in der Exilzeit begegnet ist. Nachdem Brigitte Seebacher dann doch einen Doktorvater für ihr Ollenhauer-Thema gefunden hat, trägt Brandt mit einem umfangreichen Konvolut größtenteils handschriftlicher Aufzeichnungen einiges zur Materialbasis des Buches bei.

Der Einfluß, den Brigitte Seebacher-Brandt ihrerseits auf Willy Brandt ausübt, ist enorm. Selbst im beruflichen Bereich, und nicht zuletzt bei seiner nach wie vor regen publizistischen Tätigkeit, wird ihre Handschrift mit der Zeit erkennbar. Unmittelbar äußert sich das neue Glück in den meist kräftig gestreiften Hemden mit mehr oder weniger passender Krawatte, die Brandt fortan trägt, vor allem aber in der geänderten Lebensweise des Siebzigjährigen, und man wird nicht sagen können, daß sie ihm schlecht bekommt: Die Kost ist gesund, der Alkoholkonsum hält sich in engen Grenzen, geraucht wird allenfalls heimlich, Frauengeschichten gibt es nicht mehr und Urlaub, in früheren Zeiten eine Lieblingsbeschäftigung Willy Brandts, wird jetzt wieder ausgiebig gemacht, vorzugsweise in Frankreich. In Gagnières kauft Brandt ein Bauernhaus, und vor allem nach dem Rücktritt vom Parteivorsitz wird das idyllisch gelegene Refugium in den Cevennen zu einem zweiten Zuhause.

Das liegt auch an einer neuen Dimension in seinem Leben: In den Jahren 1983 und 1984 wird Willy Brandt zweifacher Großvater, und insbesondere zwischen der jüngeren seiner beiden Enkelinnen, Ninjas Tochter Janina, und dem alten Mann entwickelt sich ein inniges Verhältnis. Mal besucht er die Enkelin in Oslo, mal reist Janina mit den Eltern zum Großvater nach Südfrankreich. Dort wohnen alle unter einem Dach, und offensichtlich kommen die Norweger auch mit Brandts neuer Ehefrau gut aus. Das beruht damals auf Gegenseitigkeit, und man darf wohl annehmen, daß Brigitte Seebacher-Brandt in diesem Beisammensein etwas von jener familiären Atmosphäre gespürt hat, die ihr die Ehe mit Brandt nicht bieten konnte. Sichtbar wohl fühlt sich vor allem der Patriarch selbst angesichts des familiären Glücks der späten Tage, aber auch weil ihm die milde, mediterrane Umgebung inzwischen mehr liegt als das herbe, kühle Norwegen, das ihm zunächst Heimat und dann Urlaubsland über Jahrzehnte war. Auch ist das Haus in Hamar nach der Trennung an Ehefrau Rut gegangen.

Willy und Rut Brandt sind seit dem 16. Dezember 1980 geschieden. Es ist Brandts dritte Trennung von einer Lebensgefährtin. Mit keiner hat er so lange zusammengelebt wie mit der gebürtigen Norwegerin – immerhin dreiunddreißig Jahre. »Es waren«, sagt Rut, »die wichtigsten Jahre unseres Lebens, voll von Gutem und weniger Gutem. Wir hatten zusammen drei Kinder und

Spätes Glück: Mit Enkelin Janina in Oslo (links) und in Gagnières, 1986/87

eine Karriere erlebt, die für Willy wie für mich etwas Großartiges gewesen war.« Das Ende läßt von alledem wenig erkennen. Als Rut Brandt erfährt, daß ihr Mann während seiner Kur ständig von einer Frau begleitet worden ist, eröffnet sie ihm nach dessen Rückkehr aus Hyères, sich von ihm trennen zu wollen. Wenig später gibt Brandt eine Pressemitteilung heraus, wonach sie übereingekommen seien, »die rechtlichen Schritte für eine Auflösung ihrer Ehe einvernehmlich einzuleiten«. Am 1. Juni verläßt Rut Brandt die Villa auf dem Venusberg; und am Tag ihrer Scheidung, zwei Tage bevor Willy Brandt siebenundsechzig Jahre alt wird, begegnen sich die beiden zum letzten Mal.

Noch ein einziges Mal, in seinem 1982 veröffentlichten Memoirenband *Links und frei*, hat Brandt seine langjährige Lebensgefährtin öffentlich erwähnt und dabei betont, daß er ihr »viel verdanke – nicht nur weil wir dreieinhalb Jahrzehnte zusammenlebten (und drei Söhne aufzogen)«. In seinen *Erinnerungen* aus dem Jahre 1989 kommt sie nicht einmal mehr vor. Dafür gibt es Gründe, allen voran die neue Partnerschaft, aber auch Brandts über Jahrzehnte erprobte Strategie, mit Niederlagen, auch dieser Art, umzugehen. Denn selbstverständlich weiß niemand besser als er, was ihm diese Frau über Jahrzehnte gegeben hat, wie bedingungslos ihre Liebe und Freundschaft gewesen sind. Und was seine Karriere angeht, so ist sie ohne Ruts Loyalität und Rückendeckung nur schwer vorstellbar. Für die Außendarstellung, vor allem des Berliner Aufsteigers, ist die Frau an seiner Seite unverzichtbar gewesen. Rut Brandt war, wie ihr Mann Anfang der siebziger Jahre gesagt hat, »über die Jahre hinweg in vielen Situationen mein Korrektiv«, und natürlich ist sie ihm gerade auch in Zeiten schwerer Niederlagen Rückhalt gewesen – jedenfalls bis zur größten seines Lebens.

Äußerlich betrachtet ändern die schwere gesundheitliche Krise und die Trennung von seiner Frau wenig am Lebensrhythmus Willy Brandts. Gewiß, Krankheit und Rehabilitation führen zu einer Unterbrechung der vielfältigen Aktivitäten, aber schon im

April 1979 sieht man ihn wieder auf einer Auslandsreise, der bis Jahresende weitere sechzehn folgen werden. Kein Gedanke also an einen Abschied von der Politik. Was sonst auch hätte er mit seinem Leben anfangen sollen? Zwar liest er viel: moderne Literatur, allerdings nur im Urlaub, Biographien, alte und neue, und Geschichte, vor allen Dingen moderne – so hat er es Anfang 1970 Klaus Harpprecht in einem Interview gesagt. Hinzu kommen Zeitungen, deutsche und ausländische, und nicht zu vergessen: der Fernseher.

Aber Hobbys im engeren Sinne hat er keine, nicht einmal einen Führerschein. Früher, als er insgesamt noch beweglicher war und die Zeit es zuließ, hat er Münzen gesammelt oder auch geangelt. Schon als Achtzehnjähriger hat er sich im *Lübecker Volksboten* über »Anglers Freud und Leid« ausgelassen. Jetzt verselbständigt sich übrigens diese Geschichte. Hans Ulrich Kempski, der Willy Brandt als Journalist eng begleitet, gewinnt im Lauf der Jahre den Eindruck, »als würde Brandt unterwegs immer nur deshalb angeln, weil die jeweiligen Gastgeber dies vom Hobbyangler Brandt erwarteten und sich entsprechende Mühe um geeignete Fangplätze gemacht hatten«. So ist es Kanzler Brandt mit den Forellen ergangen wie einst Kaiser Wilhelm mit den Hirschen: »Es sind immer welche da«, erzählt er Kempski.

Was die Politik angeht, ist jetzt, nach dem Rücktritt vom Kanzleramt, eine Konzentration auf Wesentliches zu beobachten. Willy Brandt gehört zu den wenigen prominenten Politikern in Deutschland, die schon frühzeitig die südliche Halbkugel in den Blick genommen und die dort tickende »Zeitbombe« erkannt haben. Wie kaum ein zweiter führender Repräsentant der deutschen Politik kennt er große Teile der »Dritten Welt« aus eigener Anschauung. Nicht erst der Außenminister und Bundeskanzler hat diese Regionen bereist, sondern schon der Regierende Bürgermeister von Berlin. Wohl hat Brandt mit diesen Visiten, mitunter vorrangig, auch den Zweck verfolgt, zu werben – für das Schicksal der geteilten Stadt und des geteilten Landes, aber zweifellos auch für seine Person und seine Politik;

»... immer welche da«: Der Hobbyfischer in Kenia, Jahreswende 1970/71

doch macht er sich bei dieser Gelegenheit vor Ort eben auch ein Bild vom Zustand der »Entwicklungsländer«.

Von einer intensiven Beschäftigung mit deren Problemen oder gar von deren intellektueller Durchdringung läßt sich zwar damals noch nicht sprechen. Wohl aber weiß Willy Brandt um den Stellenwert des Themas, und er zieht erste Konsequenzen. Dazu gehört die Erkenntnis, daß man die Bewohner der nördlichen Halbkugel zuallererst davon überzeugen muß, sich der Problematik anzunehmen. Diesem Zweck dient bereits 1962 die Gründung des Wiener »Instituts für Entwicklungsfragen«. Sie geht auf eine gemeinsame Initiative Willy Brandts und Bruno Kreiskys zurück und ist der Idee einer finanziellen Unterstützung der ärmsten Länder der Erde verpflichtet. Damals sieht man in Finanzhilfen noch den geeigneten, wenn nicht einzig erfolgreichen Weg der »Entwicklungshilfe«.

Brandt verliert das Thema auch als Außenminister und Bundeskanzler nicht aus dem Blick; und wenn es sein muß, scheut er nicht vor einer drastischen Gegenüberstellung zurück, um auf dessen Bedeutung aufmerksam zu machen. Ausgerechnet im bewegten Jahr 1968 stellt der Außenminister öffentlich fest, »daß die Politik der Bundesrepublik Deutschland noch immer durch das Jahr 1933 stärker bestimmt wird als durch das Jahr 2000. Es handelt sich um Belastungen und um ein Erbe, das innenpolitisch ... nicht einfach loszuwerden ist. Außenpolitisch nutzen unsere Widersacher die allgemeine Gewohnheit und Fähigkeit, die Vergangenheit besser im Gedächtnis behalten und sich die Zukunft schwerer vorstellen zu können, gegen uns aus. Feinden wie Gegnern, drinnen wie draußen, ist eindringlich ins Bewußtsein zu rufen, daß die Probleme von morgen – Bevölkerungsexplosion, Nord-Süd-Konflikt, Umwälzungen von Wissenschaft und Technik – heute gelöst werden müssen. Das ist nicht möglich, indem man rückwärts schaut.«

Einmal abgesehen davon, daß Brandt, auch bezogen auf sein eigenes Leben, der Rückblick nicht liegt, sofern er die »Gespenster der Vergangenheit« heraufbeschwört: Es gibt damals nicht viele Politiker in Deutschland, die es riskieren können, die

Dramatik künftiger Entwicklungen durch eine Relativierung der jüngsten deutschen Geschichte ins öffentliche Bewußtsein zu rufen. Das ist mutig, und es ist weitsichtig. Zu mehr reicht es damals allerdings nicht.

Nach seinem nationalen Sturz beginnt sich das zu ändern. Jetzt steht Willy Brandt nicht nur die nötige Zeit zur Verfügung; vielmehr verlangen die neuen Aufgaben, insbesondere die Präsidentschaft der Sozialistischen Internationale, eine stärkere Konzentration auf das Thema »Dritte Welt«. Im übrigen bietet es ihm ein ideales internationales Betätigungsfeld. Wie in den meisten Ländern der nördlichen Halbkugel ist Brandt auch hier nach wie vor der Staatsmann mit untadeligem Ruf; hier läßt sich eine sinnvolle Aufgabe mit fast unbegrenzten Reisemöglichkeiten verbinden; hier gibt es eine zusätzliche Chance, die heimische Demütigung und ihre Folgen erträglicher zu gestalten. Man kann sich schwer vorstellen, daß die südliche Halbkugel unter anderen Umständen einen auch nur annähernd vergleichbaren Stellenwert im Leben des Politikers Willy Brandt eingenommen hätte.

Daß sich die sogenannte Dritte Welt in einer katastrophalen Verfassung befindet, ist seit den siebziger Jahren nicht mehr zu übersehen; und daß ein in dieser Frage engagierter Mann mit hohem internationalen Ansehen wie Willy Brandt in dieser Zeit verfügbar ist, kommt wiederum Robert S. McNamara, dem Präsidenten der Weltbank, sehr gelegen. Der nämlich ist auf der Suche nach einer Persönlichkeit, welche die Anliegen der südlichen Halbkugel gegenüber dem Norden überzeugend vertreten kann. Auch in diesem Fall läßt sich der Vorsitzende der SPD und Präsident der SI wiederholt bitten; aber nach einigem Zögern und dem Überwinden mancher Hindernisse erklärt er im September 1977 auf einer Pressekonferenz in New York dann doch seine Bereitschaft, die Initiative McNamaras aufzugreifen, eine unabhängige Kommission für internationale Entwicklungsfragen zu gründen und selbst den Vorsitz zu übernehmen.

Im Dezember 1977 findet die erste Sitzung der Kommission auf Schloß Gymnich bei Bonn statt. Es folgen neun weitere rund um den Globus. Ergänzend werden eine Reihe von Persönlichkeiten gebeten, vor dem Gremium zu berichten, und umgekehrt bereisen einzelne Mitglieder oder ganze Delegationen der Kommission die Welt, unter ihnen selbstredend auch Willy Brandt. Der will vor allem die Sowjetunion und ihre Verbündeten in den Nord-Süd-Dialog einbinden. Das ist alles andere als selbstverständlich, lehnt Moskau doch jede Verantwortung für das »koloniale Erbe« ab. Hier kommen dem deutschen Entspannungspolitiker seine Erfahrung und Reputation zugute, und so trifft er sich in seiner Funktion als Kommissionsvorsitzender unter anderem mit den Staats- und Regierungschefs aus Polen, Ungarn, der Tschechoslowakei, Rumänien, Bulgarien und, im Mai 1978, der Sowjetunion.

Die Kommission selbst hat einundzwanzig Mitglieder, und schon das macht die Arbeit nicht einfach. Vor allem aber muß sorgfältig darauf geachtet werden, »den Kollegen aus den Entwicklungsländern die Befürchtung zu nehmen, sie könnten an die Wand gedrückt werden«, so Brandt im Rückblick. »Doch nicht nur Gegensätze zwischen Nord und Süd erschwerten die Konsensbildung«, erinnert er sich; »mindestens ebensosehr fielen die politischen Standorte der Mitglieder ins Gewicht. So saß der konservative Expremier Edward Heath neben dem Sozialdemokraten Olof Palme ...; ein langjähriger kanadischer Gewerkschaftsführer stritt mit einem ›Banker‹ und Handelsminister der Nixon-Administration; Eduardo Frei, der christdemokratische Expräsident Chiles, geriet mit ›Radikalen‹ aus Algerien und Tanzania aneinander.«

Hier ist Willy Brandt gefordert. Zuhören, gegensätzliche Positionen aufnehmen, vermitteln – das kann er, und solche Fähigkeiten sind gerade in diesen Jahren gefragt: in seiner Partei, in der Sozialistischen Internationale und eben auch in der »Nord-Süd-Kommission«. Das zeigt deren fünfte Sitzung im malaysischen Kuala Lumpur, an der ihr Vorsitzender im November 1978 nicht teilnehmen kann, weil er an den Folgen seines Herzinfarktes laboriert. Sogleich werden die Gegensätze sichtbar und auch in zahlreichen Briefen an den Rekonvaleszenten zur Sprache gebracht. Sein moderierendes Temperament wird schmerzlich vermißt. Und so ist es in der Tat vor allem seinem persönlichen Einsatz zu danken, daß Brandt am 12. Februar 1980, knapp zweieinhalb Jahre nach Gründung der Kommission, dem Generalsekretär der Vereinten Nationen in New York den Abschlußbericht überreichen kann.

Das etwa dreihundertseitige Dokument, das als »Brandt-Report« bekannt wurde, ist eine schonungslose Bestandsaufnahme der Krise der südlichen Halbkugel und ihrer Ursachen: »Alles trifft hier zusammen – Unterernährung, Analphabetismus, Krankheit, hohe Geburtenzahlen, Unterbeschäftigung und geringes Einkommen –, alles wirkt zusammen, um mögliche Auswege zu versperren.« Das Leben der »Armen und Unwissenden« sei »derart beschränkt, daß sie, um mit den Worten des Präsidenten der Weltbank zu sprechen, ›unterhalb jeder sinnvollen Definition des Begriffs Menschenwürde‹ bleiben«.

Auch nach Abschluß des Berichts bleibt Willy Brandt der Sache verbunden, und sein Einsatz findet weltweit Anerkennung: Am 25. April 1985 wird ihm am Sitz der Vereinten Nationen in New York für seine »außergewöhnlichen Leistungen in der Entwicklungspolitik« der Preis der »Dritte-Welt-Stiftung« verliehen. Die Dotation von hunderttausend US-Dollar bringt er in die »Stiftung Entwicklung und Frieden« ein, die er gemeinsam mit dem Land Nordrhein-Westfalen ins Leben ruft. Als diese und die »Bundeskanzler-Willy-Brandt-Stiftung« im Jahr 2000, zwanzig Jahre nach Übergabe des »Brandt-Reports«, auf einer internationalen Konferenz nach dessen Wirkung fragen, sind die Ergebnisse allerdings deprimierend.

Sie bestätigen die ernüchternden Bilanzen, die Brandt selbst nach Vorlage seines Berichts hat ziehen müssen. Sogar was auf den ersten Blick wie ein Erfolg aussieht, entpuppt sich bei näherem Hinsehen als Fehlschlag, so auch der Nord-Süd-Gipfel im mexikanischen Cancun. Zwar wird mit diesem Treffen im Oktober 1981 einer Forderung des »Brandt-Reports« Rechnung getragen, doch bringen die Verhandlungen keineswegs den von ihrem deutschen Initiator erhofften Durchbruch. Maßgebliche

Länder des Westens, unter ihnen zu Brandts großer Verärgerung auch die Bundesrepublik, zeigen keine Kompromißbereitschaft, wenn es um Eingriffe in die bestehende Weltwirtschaftsordnung geht; die USA weigern sich schlicht, auch nur über einen »Marshall-Plan für die Dritte Welt« nachzudenken, den Bruno Kreisky ins Gespräch gebracht hat; und die Sowjets, ohne die bei diesem Thema wenig geht, lassen sich erst gar nicht in Mexiko blicken.

Willy Brandt ist enttäuscht. Man kann das verstehen. Aber hat er sich nicht zuviel vorgenommen? Hat nicht erst wenige Jahre zuvor, vom Dezember 1975 bis zum Juni 1977, in Paris eine Konferenz mit ähnlicher Zielsetzung getagt? Und war nicht schon sie an ebenjenen Fragen gescheitert, die auch in Cancun keine Lösung zulassen? Sicher, man kann argumentieren, daß jener »Konferenz über Internationale Wirtschaftliche Zusammenarbeit« der politische Wille und das Renommee, eben ein Willy Brandt und seine Kommission, gefehlt haben. Andererseits sind in Fragen von solchem Gewicht übergeordnete weltpolitische Interessen im Spiel, und diese wiederum folgen Regeln, die von einzelnen nicht zu ändern sind, schon gar nicht von einem deutschen Politiker, auch nicht von einem Willy Brandt. Das ist, bei Lichte betrachtet, die Lehre von Cancun. Kein Wunder, daß Brandt schon Mitte der achtziger Jahre öffentlich von einer allenfalls »begrenzten« Wirkung der Kommissionsarbeit spricht.

Dennoch, er bleibt am Ball – aus Überzeugung, aber auch, weil ihm dieses Feld die Möglichkeit bietet, in der Oberliga der Weltpolitik mitzuspielen. Bis ihn gegen Ende des Jahres 1989 die deutsche Frage einholt und während seiner letzten Lebensjahre in Atem hält, läßt er kaum eine Gelegenheit aus, um auf die katastrophalen Zustände der südlichen Hemisphäre hinzuweisen. So in der Rede, mit welcher der beinahe Siebzigjährige am 29. März 1983 als Alterspräsident die erste Sitzung des Zehnten Deutschen Bundestags eröffnet, so in zahlreichen Publikationen wie in dem 1985 vorgelegten Buch *Der organisierte Wahnsinn*. Der Untertitel »Wettrüsten und Welthunger« weist die Richtung;

die Botschaft ist ebenso unmißverständlich wie banal; und daß auch diese Schrift einen stark autobiographischen Tenor hat, kann angesichts der vielen Rückschläge, die Brandt hier hat wegstecken müssen, eigentlich nicht überraschen.

Inzwischen zeichnet sich ab, daß nicht nur sein Kampf gegen den Hunger, sondern auch seine Kampagne gegen das Wettrüsten auf ganzer Linie gescheitert ist: Seit dem Bundestagsbeschluß vom 22. November 1983 steht fest, daß der »NATO-Doppelbeschluß« auch in der Bundesrepublik umgesetzt, daß es also zur Stationierung neuer amerikanischer Mittelstreckenraketen kommen wird. Für Willy Brandt ist das eine herbe Niederlage. Von Anfang an hat er diesem Beschluß der Atlantischen Allianz skeptisch gegenübergestanden, sich schließlich dezidiert dagegen ausgesprochen und dabei sogar den Sturz der sozial-liberalen Regierung in Kauf genommen. Immerhin war der sozialdemokratische deutsche Bundeskanzler Helmut Schmidt einer der Väter dieses Beschlusses vom 12. Dezember 1979.

Mit ihm hat die NATO auf eine aus ihrer Sicht gefährliche Entwicklung reagiert: Seit den frühen siebziger Jahren ist im Westen die Stationierung eines neuen Typs von sowjetischen Mittelstreckenraketen registriert worden. Es handelt sich um die »SS 20«, die das gesamte westliche Europa erreichen kann. Ende der siebziger Jahre werden Monat für Monat bis zu acht bewegliche Abschußrampen in Stellung gebracht; 1987 sind es bereits mehr als vierhundert, von denen Raketen mit je drei unabhängig voneinander steuerbaren Atomsprengköpfen in ihre Ziele gebracht werden können. Hinzu kommt die Stationierung von Mittelstreckenwaffen kürzerer Reichweite in der DDR und der Tschechoslowakei.

Was immer die sowjetische Führung zu diesen Maßnahmen bewogen haben mag, im Westen, auch in Bonn, reagieren die Fachleute alarmiert, zumal die Raketenstationierung mit offensiven Aktionen Moskaus in der Dritten Welt, etwa dem Einmarsch in Afghanistan, einhergeht. Außerdem hat die NATO den neuen sowjetischen Systemen nichts Vergleichbares entgegenzusetzen. Das gibt dem Kreml ein »Erpressungsinstrument« in die Hand. So sieht es jedenfalls Helmut Schmidt, der zu einem der vehementesten Protagonisten des »NATO-Doppelbeschlusses« wird. Entweder, so die Botschaft an die sowjetische Adresse, Moskau läßt sich auf Verhandlungen über diese Waffen mit dem Ziel eines Gleichgewichts zwischen Ost und West ein, und das kann zu diesem Zeitpunkt nur auf den einseitigen Abbau der »SS 20« hinauslaufen, oder der Westen rüstet nach.

Keine zweite außen- und sicherheitspolitische Entscheidung nach 1945 hat in der Bundesrepublik einen solchen Sturm der Entrüstung entfacht wie dieser »NATO-Doppelbeschluß«. Mit Verbitterung muß Schmidt feststellen, daß die »ökologisch-anarchisch-pazifistische« Grundhaltung, wie er sie im Rückblick nennt, auch zusehends in der eigenen Partei an Boden gewinnt. Unter den 250 000 Teilnehmern der Bonner Großdemonstration vom 10. Oktober 1981 befinden sich immerhin auch zahlreiche prominente Persönlichkeiten aus den Reihen der SPD, so der vormalige Bundesminister für wirtschaftliche Zusammenarbeit in der Regierung Brandt, Erhard Eppler. Schmidt kocht und sagt am 14. Januar 1982 vor dem Parlament, auch an die eigene Partei gerichtet, man solle nicht so tun, »als ob vorhandene sowjetische SS-20-Raketen, die auf Ziele auch in Deutschland gerichtet sind, weniger gefährlich seien als amerikanische Raketen, die es hier noch gar nicht gibt«.

Der prominenteste Adressat dieser Botschaft ist der Parteivorsitzende. Später, als die Verhandlungen zwischen Washington und Moskau auf der Stelle treten und schließlich scheitern, widersetzt sich Brandt vehement der Stationierung moderner amerikanischer Mittelstreckenraketen in der Bundesrepublik. Die Parteiräson zwingt ihn vorerst, sich in dieser Frage öffentlich zurückzuhalten und dem sozialdemokratischen Bundeskanzler nicht in den Rücken zu fallen. Hinter den Kulissen hingegen, im Vorstand und im Präsidium der Partei sowie in der Fraktion, fliegen die Fetzen.

Seit dem Sommer 1981 nämlich ist das Verhältnis zwischen Willy Brandt und Helmut Schmidt schwer beschädigt, manche

Beobachter meinen sogar: irreparabel zerstört. Ende Juni ist der Parteivorsitzende, zum zweitenmal seit seinem Rücktritt vom Amt des Bundeskanzlers, in die Sowjetunion gereist. Wie immer wird ihm auch jetzt ein großer Bahnhof bereitet; wie in seinen besten Zeiten wird er als Entspannungspolitiker und Vermittler hofiert. Ausgerechnet ihm unterbreiten Breschnew und Gromyko weitgehende Abrüstungsvorschläge, unter bestimmten Voraussetzungen sogar einen Stationierungsstopp, ja eine Verschrottung der auf Westeuropa gerichteten »SS 20«.

Diese Chance, glaubt Willy Brandt, müsse man nutzen, und so teilt er sogleich aller Welt mit, was nach seinem Empfinden zum Greifen nahe ist: die Sicherung des Weltfriedens. Jedenfalls gibt er diese Einschätzung noch in Moskau dem *Spiegel* zu Protokoll. Daß er damit dem Bundeskanzler in den Rücken fällt, ähnlich wie das acht Jahre zuvor Herbert Wehner an gleichem Ort mit ihm getan hat, wird ihm bewußt gewesen sein. Für Schmidt ist es schlimm genug, daß der Parteivorsitzende als Emissär der Bundesregierung aufzutreten scheint; nachgerade unerträglich aber ist, daß der Auftritt seine Bemühungen torpediert, amerikanische Ängste vor deutschen Neutralitätsgedanken zu zerstreuen.

Jahre später verwendet Willy Brandt viel argumentative Anstrengung auf die Erläuterung seiner damaligen Position. Immerhin hat die Geschichte ihm unrecht gegeben. Sicherlich ist Ende 1983 nicht absehbar, daß dieses Thema binnen vier Jahren erledigt sein wird, weil sich Sowjets und Amerikaner auf die vollständige Vernichtung aller landgestützten Mittelstreckenraketen in Europa verständigen. Aber daß der INF-Vertrag vom Dezember 1987, der diese Verschrottungsaktion regelt, nicht zuletzt das Resultat des »Doppelbeschlusses« gewesen ist, steht nicht erst heute außer Frage. So erscheint Brandt 1989 seine damalige Haltung in einem ganz anderen Licht. In seinen *Erinnerungen* ist es ihm ein »Rätsel«, woher der Ruf gekommen sei, er »sei der Gegenspieler Helmut Schmidts in der Raketenfrage gewesen«.

Und dann die Feststellung: »Keine vierzehn Tage wäre ein Sozialdemokrat Regierungschef geblieben, hätte ich als Parteivorsitzender ihn für untragbar gehalten.« Davon ist Brandt nicht erst jetzt, Ende der achtziger Jahre, überzeugt, als er wieder einmal auf sein Leben zurückblickt. Nein, diese Auffassung hat er stets vertreten, auch gegenüber Helmut Schmidt. Im Rahmen eines bemerkenswerten Briefwechsels zwischen den beiden, der sich unmittelbar an das Ende der Kanzlerschaft Schmidts anschließt und in dem beide ihre Karten auf den Tisch legen, stellt Brandt unmißverständlich fest: »In Wirklichkeit mußt Du selbst wissen, daß Du ohne mich kaum länger, sondern wohl eher kürzer und vielleicht mit weniger Erfolg im Amt gewesen wärst.« Und Schmidt antwortet ihm, nicht minder eindeutig, »daß Du tatsächlich (wie übrigens an manchen Punkten auch ich!) bis an die Grenzen der Selbstachtung Dich überwinden mußtest, während Du im Innern erkennbar andere Meinungen hegtest. Wir sind eben tatsächlich«, so die Bilanz im November 1982, »seit einem Jahrzehnt verschiedener Meinung über Aufgabe und nötige Gestalt der deutschen Sozialdemokratie.«

Kein Wunder, daß es Helmut Schmidt in der Endphase seiner Kanzlerschaft als seinen größten Fehler bezeichnet hat, mit dem Kanzleramt nicht auch den Parteivorsitz übernommen zu haben. Tatsächlich ist er, wie der glücklose Erhard, wenigstens kurzzeitig der einzige Bundeskanzler gewesen, der nicht auch den Vorsitz der eigenen Partei innegehabt hat. Es sei dahingestellt, ob es diese Möglichkeit 1974 überhaupt gegeben hat und ob der neue Kanzler in diesem Fall die Partei hätte zusammenhalten können. Denn ohne Zweifel kommt Brandt das Verdienst zu, die deutsche Sozialdemokratie in dieser schwierigen Lage vor dem Auseinanderbrechen bewahrt zu haben. Kein zweiter aus ihren Reihen verfügt über seine Integrationskraft. Der Vorsitzende gehört eben zu »denjenigen, denen die Fähigkeit zum menschlichen Ausgleich gegeben ist«. Das hatte ihm im Dezember 1970 kein Geringerer als Helmut Schmidt attestiert und hinzugefügt: »Laß uns aufpassen, daß wir ernste politische Meinungsverschiedenheiten nicht durch Zudecken oder Überpinseln (vorübergehend) aus der Welt zu schaffen meinen; sie könnten sonst bei späterer Gelegenheit um so stärker erneut aufbrechen.«

Jetzt, ein gutes Jahrzehnt später, ist es soweit. Und je weniger zugedeckt oder überpinselt werden kann, um so unaufhaltsamer schwindet der Rückhalt, den Helmut Schmidt braucht, um die Koalition mit der FDP über die Runden zu bringen. Und Willy Brandt? Der rührt nicht nur keinen Finger, um dieser Entwicklung Einhalt zu gebieten, vielmehr sieht er, gelassen und wohl auch mit einer Spur innerer Genugtuung, dem Sturz des alten Rivalen entgegen. Als der im Herbst 1981 schwer erkrankt und sich im Koblenzer Bundeswehrkrankenhaus einen Herzschrittmacher einpflanzen lassen muß, ist der Parteivorsitzende schon in der »Post-Schmidt-Ära«. Das hält jedenfalls Hans Apel, Bundesverteidigungsminister und einer der wenigen Getreuen des Kanzlers, damals in seinem Tagebuch fest. Dort kann man auch nachlesen, wie belastet das Verhältnis zwischen den beiden führenden Sozialdemokraten inzwischen ist: »Willy Brandt läßt im Parteivorstand einen läppischen maschinengeschriebenen Brief mit Genesungswünschen kreisen, den wir alle unterschreiben.« Allerdings gibt er gleichzeitig einige persönliche Zeilen in die Post und erteilt darin dem Rekonvaleszenten einen Rat, der eigene Erfahrungen widerspiegelt. »Im übrigen«, schreibt Brandt am 4. Oktober an Schmidt, »würde ich Dich gern im Kreis derer begrüßen, die nicht mehr daran glauben, daß mehr als zwölf Stunden täglicher Arbeit vernünftig sind oder daß in Sitzungen nach 22 Uhr noch etwas herauskommt.«

Die Ironie der Geschichte will es, daß die Vertrauensfrage für die beiden sozialdemokratischen Kanzler zur Schicksalsfrage wird: Beide sehen sich, jeweils innerhalb nicht einmal eines Jahres, im Parlament mit einem konstruktiven Mißtrauensvotum konfrontiert und stellen ihrerseits die Vertrauensfrage, allerdings in umgekehrter Reihenfolge. Vordergründig geht es an diesem 5. Februar 1982 um die Beschäftigungspolitik der Bundesregierung, als der Bundestag in namentlicher Abstimmung Kanzler Schmidt das Vertrauen ausspricht. Wie sein Vorgänger im September 1972 stellt nun auch Schmidt gemäß Artikel 68 des Grundgesetzes die Vertrauensfrage; allerdings hat Brandt zehn Jahre zuvor gerade das Nichtzustandekommen der Vertrauensbekundung erreichen und damit den Weg für Neuwahlen freimachen wollen.

Hingegen will Schmidt seine Politik ausdrücklich bestätigt wissen, und zwar – das ist das Unerhörte an dem Vorgang – durch die eigene Fraktion. Die Abstimmung soll die Sozialdemokraten im Parlament einschließlich des Parteivorsitzenden auf seine Linie verpflichten – auch in der Raketenfrage. Denn hier tut sich zusehends die Kluft zwischen dem Kanzler und einer immer kleiner werdenden Gruppe in Partei und Fraktion einerseits, dem Parteivorsitzenden und der Mehrzahl der Genossen andererseits auf. Ähnlich wie nach der Bonner Großdemonstration im Oktober des Vorjahres ist es wegen dieses Themas am 25. Januar im Parteivorstand zu einem offenen Schlagabtausch zwischen Brandt und Schmidt gekommen.

Der Bundeskanzler weiß, daß man einen Kraftakt wie den des 5. Februar nur einmal erfolgreich inszenieren, daß man die eigene Fraktion nicht ein zweites Mal durch eine Vertrauensfrage im Parlament hinter sich zwingen kann; und er weiß auch, daß der kleinere Koalitionspartner das Raketenthema zur Gretchenfrage des Regierungsbündnisses erheben will. Am 1. Oktober 1982 ist es dann soweit. Nach dem erwarteten Kurswechsel der FDP wird der Christdemokrat Helmut Kohl mit der notwendigen Mehrheit von den Abgeordneten des Parlaments zum Bundeskanzler gewählt. Der Regierungswechsel wird durch ein konstruktives Mißtrauensvotum herbeigeführt. Daß die Opposition jetzt, gegen Helmut Schmidt, erfolgreich ist und nicht, wie zehn Jahre zuvor gegen Willy Brandt, scheitert, gibt dem Vorgang eine pikante Note, wohl nicht zuletzt in den Augen des Parteivorsitzenden.

Vor allem aber ist der jetzt frei, seine Meinung zum Wettrüsten auch öffentlich kundzutun, so vor dem Bundestag, wo er am 6. Mai 1983 erklärt, »Ziel deutscher Politik« müsse es sein, »notfalls gegen den Strom« zu schwimmen. Da schwingt nicht nur Protest mit – gegen die Raketen, gegen die Amerikaner und gegen Helmut Schmidt; hier ist ganz offenkundig auch eine Spur Sentimentalität des beinahe Siebzigjährigen im Spiel. Immerhin hat er erst jüngst die Arbeit am vorläufig letzten Band seiner Memoiren abgeschlossen und bei der Reflexion über die »linke« und »freie« Zeit seines Lebens auch über die »Herausforderung eigener Art« nachgedacht, »gegen den Strom schwimmen zu müssen«. Auch deshalb verfolgt er die Proteste der zumeist Jüngeren nicht ohne Sympathie.

Von denen wiederum wissen zumindest einige mit dem Alten aus Unkel nicht viel anzufangen. Das zeigt die Bonner Großdemonstration Ende Oktober 1983, auf der Willy Brandt uneingeladen erscheint und übrigens, weil der Rhein Hochwasser hat, mit einem Boot der Wasserschutzpolizei eintrifft. Sein Auftritt ruft bei einer Minderheit Proteste hervor, weil er nicht einfach eine »Formel nachplappert«, sondern bei aller Kritik an den Raketen bei seinem Bekenntnis zu Bundeswehr und NATO bleibt. Ein bemerkenswerter Vorgang: Erneut zieht Brandt den wütenden, emotionsgeladenen Protest auf sich. Anders als im Falle der Schmutz- und Verleumdungskampagnen der politischen Rechten während der fünfziger und sechziger Jahre treffen ihn jetzt die Eier und Farbbeutel eines Teils der friedensbewegten Linken.

Mit seiner vergleichsweise differenzierten Argumentation auf der Kundgebung hat der SPD-Vorsitzende vor allem seine eigene Partei im Auge. Immerhin stehen die Entscheidungen über die Raketenstationierung unmittelbar bevor. Willy Brandt will ein möglichst einheitliches Votum der Genossen. Dafür braucht er auch den konservativen Parteiflügel, und der zieht mit: Am 19. November 1983 spricht sich die überwältigende Mehrheit der Delegierten des Kölner Sonderparteitags, unter ihnen der Parteivorsitzende, gegen die Umsetzung des »NATO-Doppelbeschlusses« aus. Lediglich vierzehn Delegierte stimmen für die Stationierung neuer amerikanischer Systeme, unter ihnen Helmut Schmidt. Ein ähnliches Bild ergibt sich im Bundestag, der drei Tage später den von der neuen Regierung Kohl-Genscher eingebrachten Stationierungsbeschluß verabschiedet.

Man muß nur in die versteinerten Gesichter Willy Brandts und Helmut Schmidts auf dem Kölner Sonderparteitag sehen,

Nichts geht mehr: Mit Helmut Schmidt und Herbert Wehner vor der SPD-Fraktion, 1982

um zu wissen, wie tief der Bruch zwischen den beiden ist. Fünfundzwanzig Jahre ist es nun her, daß sie auf dem Stuttgarter Parteitag in den Vorstand der SPD gewählt worden sind. Seit jenem Mai 1958 hat ihr gemeinsamer Weg sie durch alle Höhen und Tiefen einer politischen Partnerschaft geführt. Gefährten und Verbündete sind sie gewesen, dann Konkurrenten und zuletzt, namentlich in der Frage des »NATO-Doppelbeschlusses«, erbitterte Gegner.

Sicher, Brandts Opposition gegen diesen Beschluß hat auch damit zu tun, daß er in militärischen Fragen weder besonders interessiert noch versiert ist. Die komplizierte strategische und politische Logik, die sich mit dem Beschluß verbindet, hat sich ihm wohl nie in ihrer ganzen Tragweite erschlossen. Noch im Mai 1981 hat er dem *Spiegel* mit entwaffnender Offenheit erklärt: »Ich verlass' mich darauf, daß es Leute gibt, die hiervon mehr verstehen als ich. Dazu haben wir auch eine Regierung. Schmidt versteht hiervon ohne jeden Zweifel mehr als ich. Ich bin kein Militärsachverständiger.« Diese Kompetenz also besitzt der Kanzler in den Augen des Vorsitzenden: Militärexperte. Aber sonst? Wer wollte übersehen, daß hinter Brandts ablehnender Haltung in der Raketenfrage auch eine Fortsetzung des Konkurrenzkampfes mit dem Rivalen steckt?

Es spricht für das Format der beiden, daß sie sich selbst in dieser Situation nicht den gegenseitigen Respekt versagen, sondern in ihrer brieflichen Bilanz vom November 1982 dem anderen ausdrücklich seine Leistung attestieren. So stellt Helmut Schmidt klar, »im Frieden« mit Willy Brandt leben zu wollen: »... dafür ist mir Deine politische Lebensleistung zu wichtig und mein Respekt gegenüber Deinen Leistungen im Schöneberger Rathaus, in der Verwirklichung unserer Regierungsfähigkeit in Bonn und im Abschnitt der deutschen Ostpolitik zu groß.« Und Brandt antwortet ihm, daß abweichende »Deutungen, auch Erinnerungen, die die Entwicklung der Partei (und meinen Beitrag dazu) betreffen, ... in keiner Weise meine Hochachtung vor Deiner politischen Leistung« berühren. Mehr als ein Dank »für das, was Du aus Deiner Sicht für die Partei bewirkt hast«, ist allerdings nicht drin.

Danach gehen beide für einige Jahre auf Distanz. Ihr Verhältnis bleibt schon deshalb unterkühlt, weil Schmidt jetzt seinerseits in die Rolle des Elder statesman schlüpft, den Globus bereist und Brandt umfangreiche Aufzeichnungen über seine Begegnungen mit den führenden Staatsmännern der Welt zukommen läßt. Im übrigen gratuliert man sich gegenseitig zum Geburtstag, und im Januar 1984 läßt Schmidt Brandt wissen, daß es ihm »gesundheitlich und seelisch heute besser« gehe »als jemals im Laufe der letzten 12 Jahre ... Ich werde mich in den kommenden Jahren immer stärker bei der ›Zeit‹ in Hamburg engagieren – und Euch immer weniger Schwierigkeiten machen.« So hält man es.

Willy Brandts öffentliches Engagement in der Raketenfrage ist nicht unproblematisch. Immerhin ist er nicht irgendwer. Wenn er sich äußert, dann spricht immer auch der erfolgreiche Entspannungspolitiker und Friedensnobelpreisträger, ob er das will oder nicht. Schon das verschafft seiner Stimme im In- und Ausland Gehör, so auch in diesem Fall. Vor allem in den Vereinigten Staaten wird seine Haltung mit Befremden verfolgt, und mancher sieht sich jetzt in seiner früheren »Skepsis« bestätigt, wie Helmut Schmidt nach der Rückkehr von einer USA-Reise im Herbst 1985 parteiintern zu Protokoll gibt.

Ähnlich sieht es der französische Staatspräsident. Daß François Mitterrand in der Raketenfrage unzweideutig die Position Schmidts bezieht, zudem mit einem jede Kritik abweisenden Selbstbewußtsein, beeinflußt das Verhältnis Brandts zu ihm weit über dieses Vorkommnis hinaus, wenn auch beide eine offene Verstimmung sorgsam zu vermeiden wissen. Immerhin unterstützt der französische Sozialist Mitterrand die deutschen Nachrüstungsbefürworter damals in aller Öffentlichkeit und stellt sogar am 20. Januar 1983 vor dem Deutschen Bundestag klar: »Wer immer auf ›Abkoppelung‹ des europäischen Kontinents vom amerikanischen setzt, stellt unserer Meinung nach das Gleichgewicht der Kräfte und damit die Erhaltung des Friedens in Frage.« Kann man einen Zweifel haben, an welche Fraktion im Hohen Hause diese Botschaft adressiert ist?

Tatsächlich klingt das, was während der achtziger Jahre aus der Bonner »Baracke« an außen- und sicherheitspolitischen Vorstellungen verlautbart, in den Ohren der meisten westlichen Beobachter befremdlich, wenn nicht alarmierend. Ende August 1986 bekennen sich die Delegierten des Nürnberger Parteitags einstimmig zum Konzept der »gemeinsamen Sicherheit«. Es ist schon in der Endphase der Kanzlerschaft Schmidts durch Egon Bahr entwickelt und von Brandt von Anfang an mitgetragen worden, sieht unter anderem die Einrichtung einer atomwaffenfreien mitteleuropäischen Sicherheitszone vor und basiert nicht zuletzt auf einem deutsch-deutschen Arrangement in diesen Fragen.

Für Willy Brandt ist dieses Thema sogar der Anlaß, um deutschlandpolitisch wieder eine gewisse Aktivität zu entfalten. Verständlicherweise hatte er sich wegen der Rolle, welche der Stasi-Spion Guillaume beim Ende seiner Kanzlerkarriere gespielt hatte, gegenüber Ost-Berlin jahrelang reserviert gezeigt. Im heißen Herbst 1982 beginnt sich das zu ändern. Am 9. September erklärt der Parteivorsitzende vor dem Bundestag, die beiden deutschen Staaten sollten versuchen, sich in der Sicherheitspolitik »so gut wie möglich aufeinander abzustimmen«; Ende Oktober 1982, nach dem Sturz Schmidts, schlägt er in einem Schreiben an das Politbüro der SED vor, Beziehungen zwischen dieser und seiner eigenen Partei herzustellen; und im September 1985 vereinbart er mit keinem Geringeren als Erich Honecker persönlich die Einrichtung einer zweiten Arbeitsgruppe von SPD und SED zum »atomwaffenfreien Korridor«. Wenn sich Brandt dann auch während der weiteren Annäherung der beiden Parteien bedeckt hält und etwa von einer Stellungnahme zu ihrem gemeinsamen »Papier« vom August 1987 absieht, kann es doch an seiner anbahnenden Rolle keinen Zweifel geben.

Aber nicht nur das irritiert viele Beobachter. Vielmehr gehen dieselben führenden Repräsentanten der SPD, die immer häufiger und intensiver mit Funktionären des SED-Regimes über

Fragen der europäischen Sicherheit sprechen, öffentlich auf Distanz zu Washington, Paris und London. »Wenn die Amerikaner zum Beispiel sagen würden«, bekennt Bahr im März 1988, »wir brauchen für unsere Truppen in der Bundesrepublik Atomwaffen, sonst ziehen wir ab, dann sage ich: Dann zieht ab.« Von Brandt kommt kein Widerspruch; öffentlich nicht, und intern auch nicht, im Gegenteil. Er hat die Franzosen und namentlich ihren Staatspräsidenten im Visier. Offensichtlich ist hier noch eine Rechnung zu begleichen. Daß Mitterrand Sozialist und Weggefährte in der von Brandt geführten Sozialistischen Internationale ist, hilft ihm wenig. Ausgerechnet in einem Gespräch mit Erich Honecker klagt Willy Brandt am 8. September 1987, die Franzosen seien »das große Problem« und Mitterrand sei »wirklichkeitsfremd«.

Nein, das ist nicht die stärkste und überzeugendste Phase im politischen Leben des Willy Brandt. Daß die aus der Opposition heraus betriebene »zweite Ostpolitik« der SPD, daß namentlich Bahrs Konzept »gemeinsamer Sicherheit« selbst bei den französischen Genossen, von Margaret Thatcher und Ronald Reagan gar nicht zu reden, rundweg auf Skepsis stoßen, wird von den deutschen Sozialdemokraten, auch von Willy Brandt selbst, schlichtweg ignoriert. Daß die Ost- und Deutschlandpolitik der frühen siebziger Jahre, in der sein internationales Renommee gründet, ohne oder gar gegen die westlichen Verbündeten chancenlos gewesen wäre, scheint vergessen.

Man hat den Eindruck, als ließe Brandt jetzt, da er kein Staatsamt mehr innehat, seiner Enttäuschung über die westliche und insbesondere die amerikanische Politik während des Mauerbaus freie Bahn. Wie hatte er die Amerikaner bewundert und hofiert; und wie hatten sie ihn im August 1961 im Stich gelassen! Seither ist seine Haltung gegenüber den USA höchst ambivalent. Kein Wunder, daß er geradezu in Rage gerät, wenn er von denen, die das spüren, darauf angesprochen wird. So zum Beispiel von Helmut Kohl in einer Fernsehdebatte nach der nordrhein-westfälischen Landtagswahl am 12. Mai 1985. Als der Bundeskanzler dem Altkanzler seinen »Anti-Amerikanismus«

vorhält und ihm sagt, er habe damit der »Bundesrepublik geschadet«, gerät der fast außer sich. Alles »Quatsch« und »Lügen«, das könne er »nicht durchgehen lassen«: »Sie sagen den Menschen die Unwahrheit, Herr Bundeskanzler.« Keine Frage, Helmut Kohl hat mit seiner Bemerkung einen äußerst wunden Punkt getroffen.

Allerdings sollte man aus diesem Auftritt keine Rückschlüsse auf das Verhältnis der beiden zueinander ziehen. Vor allem als Bundeskanzler entwickelt Kohl über die Jahre erstaunlich enge Bindungen zu führenden Vertretern der europäischen Linken, zu Michail Gorbatschow ebenso wie zu François Mitterrand und auch zu Willy Brandt. »Ursprünglich«, sagt Kohl, »waren wir politisch viel weiter auseinander als Helmut Schmidt und ich. Aber wir waren uns als Menschen sehr viel sympathischer.« Die beiden lernen sich näher kennen, nachdem der rheinland-pfälzische Ministerpräsident 1973 zum Bundesvorsitzenden der CDU gewählt worden und drei Jahre darauf, als Mitglied des Bundestags und Vorsitzender der CDU/CSU-Fraktion, endgültig nach Bonn gekommen ist. Mit der Übernahme des Kanzleramts durch Kohl sehen sie sich, diesem zufolge, »häufig, beinahe regelmäßig«. Unbeschadet mancher unvereinbarer, mitunter auch öffentlich ausgetragener tagespolitischer Gegensätze ist ihr Verhältnis »nicht frei von freundschaftlichen Gefühlen«. Unumwunden stellt Kohl fest, daß er den siebzehn Jahre Älteren »bewundert« habe: Ein »Mensch« sei Willy Brandt gewesen, »in allem«, wegen des »Auf und Ab« seines Lebens.

Und Helmut Kohl hat ein attraktives Angebot zu machen: Der Pfälzer versteht es, auf Menschen zuzugehen und rasch eine familiär anmutende Atmosphäre zu schaffen, ohne sein Gegenüber zu vereinnahmen. Brandt, von menschlicher Wärme nicht gerade verwöhnt, weiß das zu schätzen. Außerdem steht Helmut Kohl, anders als François Mitterrand, Bruno Kreisky oder Helmut Schmidt, in keiner unmittelbaren politischen oder literarischen Konkurrenz zu Willy Brandt, und der hat seinerseits nicht vergessen, daß sich der CDU-Vorsitzende an den Diffamierungskampagnen gegen ihn nie beteiligt hat. Von November 1989 an stellt Brandt ihm seine Erfahrung und seinen Rat zur Verfügung und läßt, gelegentlich auch öffentlich, Sympathie für Kohl erkennen. Warum soll man den Kanzler nicht vor dem Parlament dafür loben, daß er die Entspannungspolitik seiner Vorgänger mehr oder weniger konsequent fortsetzt – und damit zugleich die Politik des Altkanzlers Willy Brandt bestätigt?

Seit er kein Staatsamt mehr bekleidet, nimmt eben Brandts Bewegungsspielraum spürbar zu, und er nutzt ihn weidlich, auch gegenüber der eigenen Partei. Dort freilich werden seit Anfang der achtziger Jahre erstmals kritische Fragen gestellt, vorerst hinter vorgehaltener Hand, aber doch so, daß sie dem Vorsitzenden zu Ohren kommen. Wirtschaftliche Rezession und Massenarbeitslosigkeit, die Raketenfrage und die an Härte zunehmende Auseinandersetzung mit der FDP, aber auch die Unsicherheit über die künftige Führung der Fraktion, schaffen Handlungsbedarf und fordern den Parteivorsitzenden. Und je stärker der Druck wird, um so mehr macht sich unter den Genossen der Eindruck breit, Brandt sei möglicherweise überfordert, wenn nicht lustlos, jedenfalls nicht mehr mit ganzer Kraft bei der Sache. Ende Februar 1981 denkt er offenbar ernsthaft an Rücktritt, droht auch intern damit und feilt, in immer neuen Anläufen, an einer entsprechenden Erklärung.

Daß er dann doch im Amt bleibt, ist eigentlich keine Überraschung. Die Rücktrittsdrohung ist ja in solchen Situationen, in denen einem der Wind ins Gesicht bläst, nichts Ungewöhnliches; selbst als Ehrenvorsitzender wird Brandt noch gelegentlich von ihr Gebrauch machen. Vorerst kann er sich nur schwer vorstellen, ohne die tatsächliche oder vermeintliche Zuwendung der Genossen auszukommen, und zurücktreten kann man nur einmal. Vor allem aber stellt sich die Frage, wer das Amt in dieser kritischen Situation übernehmen soll. Helmut Schmidt ist schwer angeschlagen, politisch, aber auch gesundheitlich. Außerdem ist der Hamburger eher ein Mann, der polarisiert; die integrierende Kraft, welche die Partei jetzt braucht, traut ihm kaum einer zu. Andere, wie Johannes Rau, haben bundespolitisch noch nicht das nötige Gewicht. Schließlich reißt sich niemand um den Posten, umgibt den amtierenden Parteivorsitzenden doch längst eine Aura, an der sich jeder Nachfolger messen lassen muß. Das ist auch der ausschlaggebende Grund, warum Rau noch einige Jahre später, Ende August 1986, Brandts Angebot, neben der Kanzlerkandidatur auch den Parteivorsitz zu übernehmen, nicht annehmen mag.

Willy Brandt hat über die Jahre und Jahrzehnte einen Stil entwickelt, der an der Basis auf große Sympathie stößt. So unergiebig und dem Vorsitzenden persönlich unerträglich nicht enden wollende Theoriedebatten wohlbestallter Funktionäre sind, so wichtig sind ihm das einzelne Mitglied und dessen Ortsverein. Ganz gleich, ob es sich um den runden Geburtstag eines verdienten Genossen oder um das Jubiläum einer Parteigliederung, um einen Todesfall oder um eine schmerzliche Wahlniederlage handelt – der Vorsitzende greift zur Feder. Je älter er wird, und er geht jetzt auf die Siebzig zu, um so mehr behandelt Brandt die Partei wie der Patriarch seine Familie. Das erinnert an den Vorsitzenden der anderen großen Volkspartei, Helmut Kohl, der die CDU über einen ebenso langen Zeitraum hinweg geführt hat wie Willy Brandt die SPD.

Nachdem er die Rücktrittskrise durchgestanden hat, ist Willy Brandts Position an der Spitze der Partei unangefochten wie kaum je zuvor. Der Verlust der politischen Macht in Bonn verstärkt sogar noch das Bedürfnis der Genossen nach innerparteilicher Kontinuität. Der Vorsitzende nutzt seine Konjunktur, um die Partei weiter für das zu öffnen, »was aus der Friedensbewegung und aus Bürgerinitiativen kommt«. Das sagt er ausgerechnet anläßlich des Sturzes von Helmut Schmidt, also am 1. Oktober 1982, vor dem Deutschen Bundestag.

Brandt hat jetzt freie Bahn, auch gegenüber seinen Peinigern und Rivalen. Mit der Bundestagswahl vom 6. März 1983 zieht sich Herbert Wehner alters- und krankheitsbedingt aus dem Bundestag und damit aus der Fraktionsspitze zurück; Helmut Schmidt bleibt zwar nach seinem Sturz, wie alle Kanzler vor und nach ihm, noch im Parlament, jedenfalls für eine Legislaturperiode; doch kehrt er auf dem Essener Parteitag im Mai 1984 dem Parteivorstand den Rücken. So bleibt Willy Brandt als einziger der »Großen Drei« im politischen Geschäft. Späte Genugtuung; letzten Endes hat er seine parteiinternen Gegner und Konkurrenten politisch überlebt.

Vor allem in einer Hinsicht gleichen sich die Situationen vor und nach der Krise des Parteivorsitzenden während des Jahres 1981: Brandt kann seiner Partei nur eingeschränkt zur Verfügung stehen, da er auf Reisen ist. Abgesehen von seiner Abgeordnetentätigkeit im Europäischen Parlament, die ihn von 1979 bis Anfang März 1983 gelegentlich nach Straßburg führt, ist er international gefragt wie selten zuvor. Die Liste der in den folgenden Jahren bis 1987 aufgesuchten Staatsmänner ist lang und enthält neben vielen anderen die Namen des französischen Staatspräsidenten François Mitterrand, des Generalsekretärs der KPdSU, Leonid Breschnew, des kubanischen Ministerpräsidenten Fidel Castro, des Staatsratsvorsitzenden der DDR, Erich Honecker, des polnischen Ministerpräsidenten Wojciech Jaruzelski und des südafrikanischen Staatspräsidenten Pieter Willem Botha: Wer den roten Teppich ausrollt, darf auf Willy Brandt hoffen.

Während der Vorsitzende die Welt bereist, befindet sich seine Partei zu Hause auf Talfahrt. Sicher, Brandt ist der »große alte Mann« der SPD, »mit Weitblick und Perspektive«; und wenn er von seinen Reisen erzählt, ist es »niemals langweilig«. Aber »meistens läßt er die Dinge laufen« und »wirkt müde«, zur Führung der Partei »immer weniger bereit und in der Lage«. Das empfindet damals nicht nur Hans Apel, der diese Zeilen in den Jahren 1983 und 1984 seinem Tagebuch anvertraut. Die Quittung wird alsbald durch die Wähler ausgestellt.

Hat sich die SPD während Schmidts Kanzlerschaft in den Wahlen von 1976 und 1980 mit jeweils gut 42 Prozent der Stimmen ordentlich behaupten können, so rutscht sie 1983 und 1987, sicherlich auch wegen des Booms der Grünen, deutlich unter die Vierzig-Prozent-Marke und verschleißt dabei mit Hans-Jochen Vogel und Johannes Rau gleich zwei Kanzlerkandidaten.

Hinzu kommt die dramatische Schwindsucht in der Mitgliederkartei, insbesondere bei den Jüngeren. Der Anteil der unter Fünfunddreißigjährigen schmilzt bis 1989 auf deutlich unter zwanzig Prozent; 1974 hat er noch bei gut dreißig Prozent gelegen. Nicht wenige in der Partei, darunter Pressesprecher Wolfgang Clement, lasten diese Entwicklung auch dem Vorsitzenden an.

So verübelt man ihm zum Beispiel einige Auftritte im Bundestagswahlkampf 1987. Während Ministerpräsident Rau, der in Nordrhein-Westfalen mit absoluter Mehrheit regiert, diese auch für den Bund anpeilt, spielt Brandt öffentlich mit dem Gedanken einer rot-grünen Koalition. Immerhin gibt es auf Länderebene seit Juni 1984 die erste rot-grüne Koalition der Bundesrepublik. Holger Börner, langjähriger loyaler Weggefährte Willy Brandts und seit 1976 Ministerpräsident in Hessen, hat sich dazu entschlossen, weil die FDP seit der Wahlniederlage vom September 1982 nicht mehr für ein Regierungsbündnis zur Verfügung steht und eine Große Koalition die Partei zerrissen hätte. Aber nicht nur die rot-grünen Spekulationen des Parteivorsitzenden, sondern auch die sicherheitspolitischen Vorstellungen, die von Bahr entwickelt und von Brandt mitgetragen werden, bringen den Kanzlerkandidaten der SPD, gerade bei internationalen Auftritten, in manche Verlegenheit.

Kein Wunder, daß das Verhältnis zwischen Johannes Rau und Willy Brandt 1986/87 unter den Eskapaden des SPD-Chefs leidet, wenn es auch nicht zu einem regelrechten Bruch zwischen den beiden kommt. Beinahe zwanzig Jahre jünger als Brandt, gehört Rau einer anderen Generation an, und schon deshalb, aber auch wegen seines moderierenden Temperaments und seiner Konzentration auf die Landespolitik, hat er sich nie in der Situation einer mitunter unversöhnlichen Konkurrenz zum Parteivorsitzenden gesehen wie Wehner oder Schmidt. Und so kommt es am 13. Juni 1987, einen Tag vor Brandts Rücktritt vom Parteivorsitz, zu einer klärenden Aussprache, die versöhnt.

Zu diesem Zeitpunkt hat Brandt bereits die Konsequenz aus

der geänderten Stimmungslage in seiner Partei gezogen. Nicht erst seit der Wahlniederlage vom 25. Januar 1987 sind die Stimmen in der SPD, die Zweifel an den Führungsqualitäten des Dreiundsiebzigjährigen äußern, unüberhörbar. Nach dem Nürnberger Parteitag vom August 1986 werden sogar Rücktrittsforderungen öffentlich geäußert. Brandt weiß, daß das Ende seiner Karriere näher rückt, und er will den Zeitpunkt seines Rücktritts wie auch seinen Nachfolger selbst bestimmen. Mitte Februar 1987 trifft man sich zur Klärung dieser Frage in kleiner Runde. Mit von der Partie sind Johannes Rau, der nach der verlorenen Bundestagswahl erklärt hat, für den Parteivorsitz nicht zur Verfügung zu stehen, Hans-Jochen Vogel, dessen Temperament Brandt nicht liegt, der aber Ambitionen hat, und Oskar Lafontaine, den der Patriarch als seinen Nachfolger sehen möchte.

Schwer zu sagen, warum Brandt den Mittvierziger favorisiert, den er früher wiederholt – öffentlich und nicht ohne spöttischen Unterton – als eine »gelungene Mischung aus Napoleon und Mussolini« bezeichnet hat. Lafontaine, Jahrgang 1943, hat seine Karriere als Kommunal- und Landespolitiker gemacht – von 1976 bis 1985 als Oberbürgermeister von Saarbrücken, seither als Ministerpräsident des Saarlandes. Man darf davon ausgehen, daß er 1986 den Sprung auf den Posten eines Stellvertretenden Parteivorsitzenden nicht gegen Brandts Widerstand geschafft hätte. Sieht man einmal davon ab, daß Lafontaine in den vorausgegangenen Jahren häufig die Position des SPD-Chefs bezogen hat, so auch in der Raketenfrage, haben der saarländische Provinzgenosse und der weltgewandte Staatsmann auf den ersten Blick wenig gemeinsam. Offenbar hat Brandt aber an dem Saarländer einen Narren gefressen, sieht in ihm die Zukunft; außerdem kann er sicher sein, daß dieser Nachfolger von Alter und Statur her auf den Parteivorsitzenden im Ruhestand keinen Schatten werfen wird.

Jedenfalls will Willy Brandt 1988, im Umfeld seines fünfundsiebzigsten Geburtstags, das Amt niederlegen und an Lafontaine übergeben. Als der mit dem Argument ablehnt, noch nicht soweit zu sein, kommt nach der Februar-Runde Hans-Jochen Vogel ins Gespräch, sozusagen als Rettungsanker. Dann aber entwickeln sich die Dinge rascher und anders als geplant: Durch die Benennung einer Außenseiterin, einer jungen, gutaussehenden, eloquenten, parteilosen Politologin griechischer Abstammung für den vakanten Posten des Pressesprechers der Partei hofft Brandt, der deutschen Sozialdemokratie in der Öffentlichkeit den Geruch des Spießerhaften nehmen zu können. Indessen probt jetzt eben dieses »Spießertum«, wie der Parteivorsitzende sich ausdrückt, den Aufstand. Neben einer Reihe von Vorurteilen werden dabei zwar auch erwägenswerte Argumente laut, doch stoßen sie in Unkel auf wenig Interesse und Verständnis: Hat der SPD-Vorsitzende das Gespür für den Pulsschlag seiner Partei verloren?

Die Reaktion kommt überhastet und steht erneut in keinem Verhältnis zum Anlaß: Willy Brandt hat es satt. Sechs Jahre zuvor war er fast schon einmal soweit; jetzt mag er nicht mehr. Warum sich ein weiteres Jahr für die Partei aufreiben, wenn die es offenbar nicht zu würdigen weiß und sich ihm jetzt sogar offen widersetzt? Natürlich sind auch Verletzungen im Spiel, Reminiszenzen an früh erfahrenes Leid. Die Partei ist ja für Brandt immer auch Ersatz für die während der Kindheit nie erfahrene Geborgenheit und später nicht mehr erfahrbare Nähe gewesen. Nun entzieht sie ihm ihre Zuneigung. Daß er damit neue Freiheit gewinnt, steht auf einem anderen Blatt und zeigt sich sehr bald.

Dreiundzwanzig Jahre ist Willy Brandt nun Vorsitzender der SPD, zwei Jahre länger als der große August Bebel. Dieses Lebensziel ist also erreicht. »Wenn Leute an deinem Stuhl sägen«, sagt er wenig später, »überzeuge oder zwinge sie, damit aufzuhören; und mach Schluß, wenn dir das nicht mehr gelingt und du nicht mal mehr Lust hast, sie zu überzeugen oder zu zwingen.« Und diese Lust ist ihm, schreibt er 1989, längst »geschwunden, vermutlich seit dem Verlust der sozialdemokratischen Regierungsverantwortung«, also seit dem Herbst 1982. So gesehen ist der Schritt überfällig. Aber ein »fröhlicher Abschied«, von dem das entsprechende Kapitel seiner *Erinnerun-*

Was wird aus der Partei? Der Ehrenvorsitzende der SPD, 1989

gen spricht, ist es nicht, kann es nicht sein: So verläßt man nicht die Kommandobrücke.

Mag sein, daß Brandt tatsächlich, wie er später behauptet, mit seinem Personalvorschlag »durchgekommen« wäre, hätte er »insistiert«. Das freilich hätte vorausgesetzt, daß er die Konfrontation gesucht und damit im hohen Alter einen für ihn neuen Weg zur Konfliktlösung eingeschlagen hätte. Das hätte manchen überrascht, vor allem ihn selbst. Also folgt er dem Rat des »gedankenreichen Bundesgeschäftsführers Peter Glotz …, das Handtuch zu werfen«. Am 23. März 1987 teilt er dem Parteivorstand mit, er »gedächte« seinen »Abschied zu nehmen«, und am 14. Juni tritt er auf einem Sonderparteitag in der Bonner Beethovenhalle zurück. Hans-Jochen Vogel wird zu seinem Nachfolger, er selbst zum Ehrenvorsitzenden gewählt.

Man mag es drehen und wenden, wie man will: Auch dieser Rücktritt ist eine schwere politische und persönliche Niederlage für Willy Brandt. Jahrzehnte gehört er der SPD an; sie ist ihm Heimat gewesen und Zuflucht, gerade auch in Zeiten größter politischer und persönlicher Bedrängnis; länger als jeder andere in ihrer über einhundertjährigen Geschichte hat er sie geführt; mit seinem Namen verbindet sich die Neuorientierung der Sozialdemokratie in der Innen- wie Außenpolitik während der fünfziger und sechziger und deren Umsetzung während der frühen siebziger Jahre. Und dann dieser Abgang. Aber Brandt wäre nicht Brandt, hätte er die Stunde nicht auf seine Weise genutzt.

Im Frühjahr 1989 ist das Manuskript seiner *Erinnerungen*, des fünften Memoirenbandes seit 1960, abgeschlossen, und schon die Abschiedsrede auf dem Bonner Sonderparteitag ist ein gutes Stück Vergangenheitsbewältigung. Mit klaren Worten spricht ein sichtlich gut erholter, überzeugend wirkender und im besten Sinne kämpferisch auftretender Willy Brandt von seinen Irrtümern, Fehlern und Versäumnissen, etwa bei der Nominierung der Pressesprecherin, aber natürlich auch von seinen Erfolgen, Maximen und Perspektiven: »Wenn ich sagen soll, was mir neben dem Frieden wichtiger sei als alles andere, dann lautet meine Antwort ohne Wenn und Aber: Freiheit. Die Freiheit für viele, nicht nur für die wenigen. Freiheit des Gewissens und der Meinung. Auch Freiheit von Not und Furcht.« Da ist er wieder, oder noch einmal: der authentische, unprätentiöse, an Erfahrungen so reiche Mann, dem man abnimmt, was er sagt, weil er weiß, wovon er spricht.

Und so nutzt er auch diese Chance, um den Deutschen und insbesondere den Genossen einiges ins Stammbuch zu schreiben und sie aufzurütteln, »damit unser Staat ... nicht den Zug verpaßt, nicht zurückfällt, nicht zum Vasall wird, nicht absinkt auf das Niveau eines geistig-politischen Armenhauses«. Und seine Partei fordert er in dieser Stunde, in der sich der »Ring schließt«, auf, das zu »bleiben, was sie im Kern seit mehr als hundert Jahren gewesen ist: ein Zusammenschluß deutscher Patrioten mit europäischer Verantwortung und im unverdrossenen Dienst am Frieden und sozialen Fortschritt – im Innern wie nach außen«.

Deutsche Patrioten? Wer im Saal, von einigen Angehörigen der älteren Generation abgesehen, kann damit etwas anfangen? Was ist, im Sommer des Jahres 1987, ein deutscher Patriot mit europäischer Verantwortung? Daß der Redner, für sich und bezogen auf sein politisches Leben, eine Antwort parat hat, davon ist auszugehen; daß die Geschichte ihm, seiner Partei und den Deutschen insgesamt anderthalb Jahre später diese Frage noch einmal vorlegen wird, ahnt selbst Willy Brandt nicht. Als die Frage sich dann stellt, ist er da und hält das Wort, das er den Delegierten am 14. Juni 1987 gibt: »Wann immer mein Rat und meine guten Dienste gebraucht werden, ich werde der deutschen Politik und der deutschen Sozialdemokratie selbstverständlich zur Verfügung stehen.«

Die Ankunft

Heimkehr eines Patrioten
1987–1992

Es ist ein langer Tag gewesen. Das Gröbste ist jedoch geschafft. Zwar stapeln sich noch die Umzugskartons, immerhin ist nun jenes Haus bezogen, das sich Willy Brandt und Frau Brigitte in Unkel gebaut haben. Also geht man, redlich erschöpft, an diesem 9. November 1989 zeitig zu Bett. In den frühen Morgenstunden klingelt das Telefon, und aus den Worten des Journalisten, der ihn eigentlich zu den aktuellen Vorgängen interviewen will, erfährt Brandt, was sich in der Nacht in Berlin abgespielt hat.

Daß das SED-Politbüro unter Egon Krenz, dem Nachfolger des am 18. Oktober gestürzten Erich Honecker, seinerseits am 8. November das Handtuch geworfen und angesichts nicht nachlassender Massenproteste einem »reformierten« Politbüro Platz gemacht hat, weiß Brandt selbstverständlich. Auch die Erklärung, die der Informationssekretär des Zentralkomitees der SED am 9. November kurz vor 19.00 Uhr auf einer Pressekonferenz abgegeben hat, ist ihm auf der abendlichen Sitzung des Bundestages noch zu Ohren gekommen; von den unvorhersehbaren Konsequenzen hört er allerdings erst jetzt. Gefragt, wann die angekündigte neue Reiseregelung für DDR-Bürger in Kraft trete, hat der völlig übermüdete Günter Schabowski geantwortet: »Sofort, unverzüglich!« Und dann ist es passiert. Als immer mehr Menschen vor Ort überprüfen wollen, wie es um den Wahrheitsgehalt dieser Auskunft steht, haben die verunsicherten Grenzsoldaten des deutschen Arbeiter- und Bauernstaates um 23.14 Uhr die ersten Schlagbäume geöffnet.

Wenige Stunden später sitzt Willy Brandt in einer britischen Militärmaschine auf dem Flug nach Berlin; seit Kriegsende gibt es ja keinen deutschen Liniendienst mehr. In »seiner« Stadt angekommen, äußert er sich mehrfach zu der neuen Lage und erklärt, unter anderem vor dem Brandenburger Tor: »Jetzt sind wir in einer Situation, in der zusammenwächst, was zusammengehört.« Zweifellos ist er einer der ganz wenigen Zeitgenossen, welche die Chancen, aber auch die Risiken erkennen, die in diesem historischen Augenblick liegen – für Europa, vor allem aber für Deutschland. Ein halbes Jahrhundert nachdem Nazi-Deutschland den Kontinent in die Katastrophe des Zweiten Weltkriegs gestürzt und damit zugleich die Weichen für die spätere Spaltung Europas gestellt hat, eröffnet sich für die deutsche Politik die bis zuletzt für unwahrscheinlich gehaltene Möglichkeit, an der Überwindung dieses Zustandes mitzuwirken.

Willy Brandt ist entschlossen, seinen Beitrag zu leisten, als »deutscher Patriot mit europäischer Verantwortung«, wie er es anläßlich seines Rücktritts vom Parteivorsitz zwei Jahre zuvor formuliert hat. Allerdings hat auch er damals nicht damit rechnen können, daß die Teilung Deutschlands in absehbarer Zeit überwunden werden könnte. Noch im September 1988 spricht er, wie andeutungsweise schon einmal 1984, im Zusammenhang mit der Einheit Deutschlands von der »spezifischen Lebenslüge der zweiten deutschen Republik« und übernimmt damit eine Formulierung, die Egon Bahr in sein Redemanuskript plaziert hat. Es mag ja sein, daß es sich dabei um eine kalkulierte Zweideutigkeit gehandelt hat, um den Versuch, den Zeitgeist zu bedienen und zu verhindern, daß dieses sensible Thema von der falschen Seite vereinnahmt wird. Wenn Brandt später aber behauptet, sich dabei auf eine Wiedervereinigung in den Grenzen von 1937 bezogen zu haben, überzeugt das nicht.

»Wie viel«, hatte Willy Brandt im Dezember 1975 an Rudolf Augstein geschrieben, »habe ich in meinem Leben schon durchstreichen müssen!« In der Tat mußte er sich in seinem wechselvollen Leben zu oft mit den Realitäten arrangieren, um bis in den

Sommer 1989 hinein ernsthaft anzunehmen, daß sich an der Wirklichkeit des gespaltenen Europa auf absehbare Zeit etwas ändern könne. Spätestens seit den ausgehenden sechziger Jahren muß der bestehende Zustand als unüberwindbar gelten, und es gehört ja gerade zu den großen Verdiensten Brandts, dieser Erkenntnis als Regierender Bürgermeister von Berlin, als Außenminister und vor allem als Bundeskanzler gegen alle Widerstände Rechnung getragen zu haben. Die Hinnahme und schließlich die förmliche Anerkennung der durch den Zweiten Weltkrieg geschaffenen Verhältnisse sollten die Voraussetzung sein, um für die betroffenen Menschen größtmögliche Erleichterungen zu erwirken. So gesehen sind die Passierscheine der sechziger Jahre der erste Erfolg und der Preis dieser Politik gleichermaßen gewesen.

In den achtziger Jahren auf eine grundlegende Änderung der machtpolitischen Konstellationen und, in diesem Zusammenhang, gar auf eine Überwindung der Teilung Deutschlands zu setzen, muß daher als weltfremd gelten. Es gibt keine ernstzunehmende Stimme, die dazu riete. Die Politik aller Bonner Parteien orientiert sich an den politischen Realitäten, so wie sie am Rhein wahrgenommen werden. Daß die meisten damit die Hoffnung auf menschliche Erleichterungen aller Art, einige auch anderes verbinden, steht außer Frage; daß diese Politik das Ihre dazu beiträgt, die maroden politischen und wirtschaftlichen Strukturen der östlichen Diktaturen, vor allem auch diejenigen der DDR, eine Zeitlang notdürftig zu stabilisieren, wissen wir heute. Damals läßt sich das zumindest erahnen.

Fast alle wirken an dieser Politik mit, die in ihrer Zeit als alternativlos angesehen wird. Kein Geringerer als Franz Josef Strauß, erklärter Gegner der Ost- und Deutschlandpolitik des Bundeskanzlers Willy Brandt, vermittelt Wandlitz in den Jahren 1983 und 1984 Kredite in Milliardenhöhe; ausgerechnet Helmut Kohl, der immer wieder die in der Präambel des Grundgesetzes formulierte Aufforderung zur Vollendung der Einheit Deutschlands zitiert, empfängt im September 1987 den halsstarrigen Erich Honecker in Bonn mit protokollarischen Ehren und verschafft damit dem SED-Regime eine Aufwertung, die er in der Ära des Kanzlers Brandt energisch bekämpft hätte; und selbst der ist längst auf diesen Kurs eingeschwenkt.

Bereits zwei Jahre zuvor, am 19. September 1985, hat Brandt sich in Ost-Berlin zu einem fünfstündigen Meinungsaustausch mit Erich Honecker getroffen und ist dort, nebst Gattin Brigitte, wie ein Staatsgast hofiert worden. Mag ja sein, daß der Staatsratsvorsitzende der DDR der »letzte Gesamtdeutsche« in der Führungsriege der SED ist, wie Brandt dem *Spiegel* erklärt. Daß ein Gespräch mit dem Mann, der an seinem Sturz als Bundeskanzler eine gehörige Portion Verantwortung trägt, diesen aufwerten muß, weiß selbstverständlich auch Brandt, zumal er ja immer auch als Vorsitzender der SPD und der Sozialistischen Internationale vereinnahmt wird, ob ihm das nun paßt oder nicht.

Nicht anders liegen die Dinge im Falle Polens, wo sich Willy Brandt Anfang Dezember 1985 aus Anlaß des fünfzehnten Jahrestages der Unterzeichnung des Warschauer Vertrages und auf Einladung der polnischen Kommunisten aufhält. Mit dem Ersten Sekretär der Arbeiterpartei, Wojciech Jaruzelski, der Mitte Dezember 1981 das Kriegsrecht über Polen verhängt hat, trifft er sich am 7. und 9. Dezember zu zwei Vieraugengesprächen; für den im Zuge des Kriegsrechts bis 1982 internierten Gewerkschaftsführer Lech Walesa findet er keine Zeit. Brandt mag gute Gründe für diese Entscheidung gehabt haben, so zum Beispiel die »Kürze der Zeit« oder die Sorge, seine Partei oder er »persönlich« sollten von jenen, »die jetzt öffentlich über eine Begegnung mit Walesa spekulierten, ... vorgeführt« werden, wie er vor seiner Reise im Präsidium der SPD sagt. Aber daß sein Besuchsprogramm von den polnischen Oppositionellen »als Schlag ins Gesicht empfunden« worden ist, steht außer Frage. Jedenfalls spürt das der englische Historiker Timothy Garton Ash noch Jahre später vor Ort.

Verstehen läßt sich Brandts Haltung zu den Vorgängen in den damaligen Ostblockstaaten einschließlich der DDR jedenfalls nur, wenn man davon ausgeht, daß er die bestehenden Strukturen auf absehbare Zeit für unüberwindlich hält. Allerdings hat er in seinem bewegten Leben gelernt, daß man keine Möglichkeit grundsätzlich ausschließen und sich ein offenes Ohr und ein waches Auge für unerwartete Entwicklungen bewahren sollte. Das gilt für die Teilung Deutschlands; es gilt aber auch für die Spaltung der Arbeiterbewegung. Die Veränderungen, die der lebenserfahrene Sozialdemokrat schon seit den ausgehenden siebziger Jahren bei den kommunistischen Parteien Italiens, Spaniens und Frankreichs aufmerksam beobachtet hat und jetzt dank Gorbatschow auch in der Sowjetunion zu erkennen meint, lassen in ihm offenbar Hoffnung keimen: Sollte die verhängnisvolle Spaltung der Linken von 1918/19 vielleicht doch noch überwunden und sein politischer Jugendtraum Wirklichkeit werden können?

Ähnliches ist in bezug auf Deutschland zu fragen. Am Ende des Jahres 1988 in der zweiteiligen Fernsehdokumentation »Zeugen des Jahrhunderts« auf die Möglichkeit einer Wiedervereinigung angesprochen, stellt Willy Brandt klar, daß darüber die Deutschen nicht allein zu befinden hätten, daß eine solche Entwicklung nur im Rahmen einer europäischen Friedensordnung denkbar sei und daß es sich ja »nicht unbedingt« um die »Rückkehr zum Nationalstaat alter Prägung« handeln müsse, fügt dann aber hinzu: »Aber wer weiß, wer weiß. Ich bin ja der Meinung derer, die sagen, daß man auf vernünftige Weise von der Offenheit des geschichtlichen Prozesses ausgehen muß.«

Es läßt sich nicht eindeutig bestimmen, wann der alte Mann erstmals die Chance wittert, daß Bewegung in die Sache kommen könnte. Fest steht, daß er die Bewegung spürt, und zwar als einer der ersten. Möglicherweise ist ihm schon während seines zweiten Treffens mit Gorbatschow im April 1988 in Moskau der Gedanke gekommen, daß die Vorgänge in der Sowjetunion unmittelbare Auswirkungen auf das geteilte Deutschland haben könnten. Spätestens nach dem Besuch, den Gorbatschow im Juni 1989 der Bundesrepublik abstattet und der die beiden erneut zu einem langen Gespräch zusammenführt, ist sich Brandt sicher. Immerhin ist in einer gemeinsamen Erklärung, die der sowjetische Staatschef und der deutsche Bundeskanzler am 13. Juni abgeben, vom »Recht aller Völker und Staaten« die Rede, »ihr Schicksal frei zu bestimmen«. Willy Brandt versteht die Botschaft, überträgt sie auf Deutschland und gibt am 16. Juni, einen Tag nach Gorbatschows Abreise aus Bonn, vor dem Bundestag zu Protokoll, daß die Zeit näher rücke, »in der abzubauen sein wird, was die Menschen, zumal die Menschen eines Volkes, willkürlich voneinander trennt«. Das ist zu diesem Zeitpunkt die Position eines Außenseiters. Aber mit der kann Brandt leben, und er bleibt ihr treu.

So gesehen wiederholt sich der Ehrenvorsitzende der SPD, als er am 10. November 1989, kaum daß er der britischen Militärmaschine entstiegen ist, in Berlin den berühmt gewordenen Satz formuliert. Sehr bald freilich muß er erkennen, daß er mit dieser Vision ziemlich allein auf weiter Flur steht, erst recht in den Reihen seiner eigenen Partei. »Im Revolutionsjahr 1989«, ruft er sechs Wochen nach dem Mauerfall den Genossen auf ihrem Berliner Parteitag zu, »drängt nicht länger nur der sozialdemokratische Gedanke zur Wirklichkeit, es drängt nunmehr auch die Wirklichkeit zum sozialdemokratischen Gedanken.«

So hätte es jedenfalls sein sollen, und wer sonst hätte das in diesen Tagen den Sozialdemokraten ins Stammbuch schreiben können? Der Abschied vom Parteivorsitz, die Reaktion auf die verweigerte Zuneigung der Genossen, hat Brandt endgültig frei und unabhängig gemacht, auch gegenüber der eigenen Partei. Selten hat man ihn so souverän gesehen, seit langem nicht so lebendig wie in diesen Wochen und Monaten. Es sei »ganz schön«, hat er dem *Spiegel* einige Tage vor dem Mauerfall gesagt, »erleben zu können, daß man in der Abendsonne mehr aufgescheucht wird, als man es sich eigentlich vorgestellt hatte«.

Allerdings weiß auch Brandt, daß die skeptische Haltung der meisten Genossen zur Vereinigungsfrage in der Bonner Republik anfänglich keineswegs eine Außenseiterposition ist. Die meisten Bundesbürger halten eine solche Perspektive zunächst für nicht realistisch, viele auch für gar nicht wünschenswert. Einer der wenigen, die die Dinge ganz ähnlich sehen wie Willy

Brandt, ist Helmut Kohl. Daß der Bundeskanzler in dieser bewegten Zeit häufig den Rat des Elder statesman sucht und sich die beiden »in der Beurteilung immer näher« kommen, wie Kohl berichtet, kann nicht überraschen. Nicht einmal drei Wochen nach dem Fall der Mauer, am 28. November 1989, hat der Kanzler vor dem deutschen Parlament einer erstaunten Weltöffentlichkeit sein mit niemandem abgesprochenes »Zehn-Punkte-Programm« unterbreitet und darin jene »Etappen« markiert, die den Weg zur »deutschen Einheit« vorbereiten sollen. Daß es kaum ein Jahr dauern wird, bis dieses Ziel erreicht ist, kann damals niemand vorhersehen – Helmut Kohl nicht, und Willy Brandt auch nicht.

Um die Jahreswende 1989/90 sieht man Brandt häufig in der DDR. Selbstverständlich nimmt er an den offiziellen Aktivitäten seiner Partei teil, so am Gründungstreffen der thüringischen SPD Ende Januar oder am Leipziger Parteitag, der ihn am 24. Februar 1990 zum Ehrenvorsitzenden der Ost-SPD wählt. Solche Ereignisse, vor allem aber die Sympathiewelle, die ihm bei seinen Auftritten in den Hallen und auf den Plätzen vieler Orte in der DDR entgegenschlägt, verleiten ihn zu einer Fehleinschätzung und in der Folge zu einer weiteren herben Enttäuschung. Brandt verwechselt nämlich ganz offenkundig die hohe Wertschätzung für seine Person mit dem Zuspruch für seine Partei. Allerdings gelingt auch ihm nicht alles: Seine Reise nach Erfurt, die am 3. März 1990 den berühmten ersten Aufenthalt vom 19. März 1970 nachstellen will, hat etwas Peinliches und ist allenfalls ein Abglanz vergangener Zeiten.

Der Abend des 18. März 1990 bringt dann endgültig die Ernüchterung: Nicht einmal zweiundzwanzig Prozent der Stimmen kann die SPD bei diesen ersten freien Wahlen zur Volkskammer der DDR auf sich vereinigen; dabei hat die deutsche Sozialdemokratie hier bis zum Verbot durch die Nazis viele ihrer traditionellen Hochburgen gehabt. Obgleich die Wähler nicht ihm, sondern seiner in der Einigungsfrage äußerst zögerlichen Partei diese Quittung ausgestellt haben, fühlt sich Willy Brandt persönlich tief getroffen. Kein Weg führt an der bitteren Erkenntnis vorbei, daß er auf seine alten Tage noch einmal eine schwere politische Niederlage hat einstecken müssen.

Solche Erlebnisse tragen dazu bei, daß es fortan im Leben Willy Brandts ruhiger zugeht. Seit Oktober 1991 schränkt dann die Krankheit seinen Handlungsspielraum weiter ein. Er geht jetzt auf die Achtzig zu. Am 20. Januar 1989 hat er in der Villa Hammerschmidt offiziell seinen fünfundsiebzigsten Geburtstag gefeiert. Der Bundespräsident hatte die Idee, den verdienten Staatsmann auf diese Weise zu ehren, und alle, die dabeigewesen sind, erinnern sich an dieses Ereignis mit Respekt. Tatsächlich hat Richard von Weizsäcker, wie er sagt, eine »merkwürdige Runde« zusammengebracht, zu der neben engen Weggefährten, wie Egon Bahr oder Holger Börner, auch Vertreter aus den Reihen der konkurrierenden Volkspartei gehören, so Rainer Barzel, Hans Katzer und Helmut Kohl. Und natürlich sind auch führende Repräsentanten der Sozialistischen Internationale mit von der Partie: Bruno Kreisky, François Mitterrand, Mario Soares und Shimon Peres haben ihren Weg nach Bonn gefunden.

Der Vorsitz der SI ist die einzige offizielle Funktion, die Brandt noch wahrnimmt. Bis in die Wochen unmittelbar vor seinem Tod versucht er, dieses ihm so wichtige Amt mit Engagement und Umsicht auszufüllen. Vor allem in dieser Funktion ist er in den letzten Lebensjahren noch regelmäßig unterwegs. Insgesamt aber wird die Reisetätigkeit Anfang der neunziger Jahre, verglichen mit den Siebzigern und Achtzigern, deutlich reduziert. Immerhin macht er sich noch 1991 auf den Weg nach Japan, Australien und in die Türkei. Auch hier bleibt er sich bis zuletzt treu.

Das gilt erst recht für die Tätigkeit, der er, von der Politik vielleicht abgesehen, so lange und so intensiv nachgeht wie keiner zweiten: Das Formulieren, Redigieren und Publizieren ist die große Leidenschaft des Willy Brandt. Als Journalist hat der Pennäler begonnen, mit der Feder wendet sich der Todkranke an die Öffentlichkeit, solange es irgend geht. 1989 legt er mit den *Erinnerungen* das letzte Buch vor, das er noch selbst unter seinem

Namen veröffentlicht. Ein weiteres zum Thema Europa ist in Arbeit, kann aber nicht mehr fertiggestellt werden.

Die Memoiren erscheinen im Berliner Propyläen Verlag. Das ist nicht so selbstverständlich, wie es sich anhören mag. Denn der Verlag gehört zum Konzern des 1985 verstorbenen Verlegers Axel Springer, der mit seinen Zeitungen Willy Brandt zunächst, während der fünfziger und frühen sechziger Jahre, mit aufgebaut und dann, vor allem wegen seiner Deutschlandpolitik als Bundeskanzler, heftig befehdet hat. Über den Zuschlag entscheidet schließlich das »ungewöhnlich attraktive Angebot« mit einem Garantiehonorar in beachtlicher Millionenhöhe. Seinen langjährigen, von der Entscheidung überraschten und irritierten Schweizer Agenten läßt Brandt wissen, daß bei dem Geschäft auch die Rücksicht auf sein Alter eine Rolle gespielt habe: Ein weiterer Band mit der Summe seines Lebens ist eben realistischerweise nicht mehr zu erwarten.

Allerdings geraten das Geschäft, zumindest aber der Erscheinungstermin des Buches, im letzten Moment noch in Gefahr. Einmal denkt Brandt im Herbst 1988 an eine Auflösung des Vertrages, weil der Verlag noch vor seinen *Erinnerungen* eine Biographie über ihn aus der Feder des Journalisten Peter Koch auf den Markt wirft, gegen die Brandt sogar öffentlich mobil macht. Und dann erfährt er, daß für den Herbst 1989 das Erscheinen des zweiten, des innenpolitischen Teils von Helmut Schmidts Memoiren geplant ist. Daraufhin erwägt er gegenüber seinem neuen Agenten, am Erscheinungstermin für sein eigenes Buch »nicht festzuhalten«.

Mit der Entscheidung für Springer, bei der es dann doch bleibt, folgt Willy Brandt einmal mehr nicht dem allgemeinen Trend. Damals gehen nämlich andere prominente Politiker mit ihren Erinnerungswerken zum Berliner Verleger Wolf Jobst Siedler, der seinerseits, bevor er sich selbständig gemacht hat, im Propyläen Verlag Regie geführt hat. Inzwischen hat er die Konkurrenz unter Vertrag: Franz Josef Strauß, Bruno Kreisky oder eben auch Helmut Schmidt.

Als der Hamburger seinerseits hört, daß der alte Rivale an

Weggefährten eines halben Jahrhunderts: Feier des 75. Geburtstags, Bonn, 20. Januar 1989.
1. Reihe von links: Marianne von Weizsäcker, François Mitterrand, Brigitte Seebacher-Brandt, Willy Brandt, Richard von Weizsäcker, Mario Soares, Shimon Peres;
2. Reihe von links: Helmut Kohl, Gro Harlem Brundtland, Mieczysław Rakowski, Franz Vranitzky, Kalevi Sorsa, Hans-Dietrich Genscher;
3. Reihe von links: Johannes Rau, Layachi Yaker, Jacques Delors, Hans-Jochen Vogel, Shridat Ramphal, Allan Boesak, Georg Leber, Rainer Barzel; hinten von links: Björn Engholm, Peter Glotz, Holger Börner, Ingvar Carlsson, Shepard Stone, Walter Scheel, Oskar Lafontaine, Bruno Kreisky, Carlos Andres Perez, Ernst Breit, Karel van Miert, Kurt Scharf, Egon Bahr, Valentin Falin, Basil Mathiopoulos, Hans Katzer

seinen Memoiren arbeitet, wird er im Dezember 1988 brieflich bei ihm vorstellig, gratuliert zum Fünfundsiebzigsten und stellt fest: »Je größer unser Abstand zu unseren öffentlichen Ämtern wird, um so weniger will es mir vorkommen, daß wir in den letzten 15 Jahren nicht mehr so gut übereingestimmt haben wie zuvor ... in allen Punkten.« Willy Brandt versteht, nimmt die ausgestreckte Hand an und läßt Helmut Schmidt in seinen *Erinnerungen* glimpflich davonkommen. Allerdings gehen noch drei weitere Jahre ins Land, bis sich die beiden endgültig aussöhnen: Als die Friedrich-Ebert-Stiftung Mitte November 1991, aus Anlaß des hundertsten Geburtstags von Julius Leber, in die Berliner Gethsemanekirche einlädt, ergreifen sowohl Schmidt als auch Brandt das Wort. Anschließend ziehen sie sich zurück und sprechen sich aus. Holger Börner hat die Wege zu diesem Vieraugengespräch geebnet.

Insgesamt hat das letzte Buch nicht die Klasse anderer Memoirenwerke Willy Brandts, wie *Begegnungen und Einsichten* oder *Links und frei*, auf die es natürlich zurückgreift. Dennoch ist der Band, dessen Manuskript vor dem Mauerfall abgeschlossen wird, nicht ohne Interesse. Zwar übernimmt sein Autor zahlreiche Passagen früherer Erinnerungsbücher, doch zieht er für den Bericht über die Jahre seit seinem Auszug aus dem Kanzleramt jene Papiere zu Rate, die er damals noch in Unkel aufhebt und die sich heute bei seinem Nachlaß befinden. Dazu gehören nicht zuletzt vertrauliche Aufzeichnungen über seine Gespräche mit den führenden Staatsmännern der Welt während der siebziger und achtziger Jahre.

Im übrigen ist die Handschrift Brigitte Seebacher-Brandts deutlich zu erkennen. Wenn sie später gelegentlich sagt, eigentlich habe sie dieses Buch geschrieben, ist das, bezogen auf den Berufspolitiker Willy Brandt, so abwegig nicht. Sie verfaßt ganze Partien des Manuskripts, versieht es mit zahlreichen sprachlichen Wendungen, die man bislang von Brandt nicht gekannt hat, und gibt dem Ganzen ein unverwechselbares Profil. So wird zum Beispiel aus dem Rücktritt des Parteivorsitzenden »ohne Groll« der zitierte »fröhliche Abschied«.

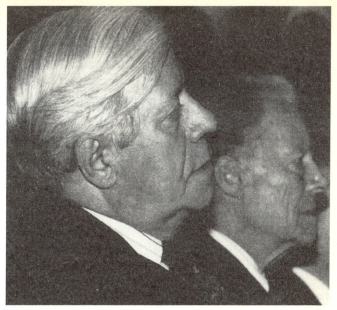

Späte Aussöhnung: Mit Helmut Schmidt in der Berliner Gethsemanekirche, 15. November 1991

Vor allem aber fällt die Komposition des Bandes auf. Der Bericht hält sich nicht strikt an die Chronologie, sondern beginnt mit dem Berliner Kapitel in Brandts Leben – einschließlich einer ausführlichen Hommage an Konrad Adenauer. Was immer der Grund für diesen unorthodoxen Aufbau gewesen sein mag, bei manchem Leser setzt sich der Eindruck fest, hier lege ein im Grunde bürgerlicher, ja konservativer Staatsmann den Bericht seines Lebens vor. Von dem Bekenntnis, mit dem Brandt seinen letzten Erinnerungsband abgeschlossen hat, scheint er jetzt jedenfalls weit entfernt: »Links und frei«, hat er nur sieben Jahre zuvor bekannt, sei der Weg, den er »noch ein Stück mitgehen« wolle.

In einem Punkt enthalten die späten *Erinnerungen* Neues, und so gesehen wäre der ursprünglich vorgesehene, allerdings bereits vergebene Titel angemessen gewesen: »Wie es wirklich war«, sollte das Buch eigentlich heißen. Erstmals nämlich äußert sich Willy Brandt öffentlich über seinen leiblichen Vater. Warum er das erst jetzt tut, ist nicht mit Bestimmtheit zu sagen; immerhin hat er die Information vier Jahrzehnte zuvor von seiner Mutter eingeholt. Sicherlich »schließt« sich aber für den alten Mann, der jetzt noch einmal auf sein ungewöhnlich wechselvolles Leben zurückblickt, auch in dieser Hinsicht der »Ring«, wie er es im Frühsommer 1987, anläßlich seines Rücktritts vom Parteivorsitz, mit Blick auf seine politische Arbeit formuliert hat.

Das gilt ganz gewiß auch für die deutsche Frage, die jedenfalls zeitweilig das große politische Thema seines Lebens gewesen ist und auf die dann schließlich ganz unverhofft doch noch eine Antwort gefunden wird. Kein Wunder, daß dieses Thema eines der wichtigsten seiner letzten Lebensjahre ist. Willy Brandt hat zuviel erlebt und ist zu lange im politischen Geschäft, um anzunehmen, daß mit dem Mauerfall die »Sache gelaufen« sei. Das trifft zwar, wie er im Januar 1990 in Tutzing ausführt, auf das Ereignis selbst zu, nicht aber auf die Gestaltung der Einheit. Das »Kunststück«, schreibt er seinen Zuhörern in der Evangelischen

Akademie ins Stammbuch, »eine stabile Revolution zu veranstalten, das kriegen auch die Deutschen nicht hin. Wenn Stabilität größer geschrieben werden muß, geht jedoch zwangsläufig das Element der revolutionären Umgestaltung zurück.« Der Mann weiß, wovon er spricht.

Und er bleibt ein ebenso scharfer wie kenntnisreicher Beobachter des Geschehens. Daß den Deutschen die harte Bewährungsprobe der inneren Einheit erst noch bevorstehe, wird Brandt in dieser Zeit nicht müde zu betonen. Vor allem aber sieht er früher als andere, daß der Zusammenbruch des sowjetischen Imperiums Anlaß nicht nur zur Freude über die neue Freiheit, sondern auch zur Sorge vor gefährlichen Entwicklungen geben kann. Unmißverständlich weist er im Januar 1990 auf die Gefahr hin, »daß die stalinistische Ära in weiten Teilen Europas durch extremen Nationalismus abgelöst werden könnte«, und fügt hinzu: »Wo es hinführen kann, wenn das, was große Teile des Volkes für wichtig halten, in falsche Hände gerät, habe ich bereits erlebt.« Auch hier also gilt: Der Ring schließt sich.

Und deshalb mischt er sich in die deutsche Politik ein wie lange nicht mehr. Ob es um den Staatsvertrag für Deutschland geht, den sogenannten ersten Einigungsvertrag, den der Bundestag am 21. Juni 1990 verabschiedet; ob erstmals seit siebenundfünfzig Jahren, einen Tag nach der förmlichen Vereinigung Deutschlands, am 4. Oktober 1990, ein frei gewähltes gesamtdeutsches Parlament zusammentritt; oder ob sich die deutschen Volksvertreter am 20. Juni 1991 in Bonn für Berlin als künftigen Parlaments- und Regierungssitz entscheiden – stets findet man den Namen Willy Brandt auf der Rednerliste.

Daß er dem Einigungsvertrag seine Zustimmung nicht versagt und im Falle des Berlin-Beschlusses sogar eine der treibenden Kräfte ist, steht für Brandt außer Frage; daß er »Schwachstellen und Risiken« des Vorgangs beim Namen nennt, allerdings auch. Dazu zählt er vor allem den »schweren Geburtsfehler« des zu vereinigenden Deutschlands. Warum nutzt man nicht die historische Chance? Warum läßt man nicht die »Genehmigung des Grundgesetzes durch die drei Hochkommissare« jetzt, vier Jahrzehnte später, durch »die demokratische Legitimierung einer freien Verfassung durch ein freies Volk« ablösen? Im übrigen vermißt er die »geistige Durchdringung« der Vereinigungsdebatten. »Geistiges«, sagt er dem Bundeskanzler im Parlament, »kommt hier nur vor, wo vom Branntweinmonopol die Rede ist, und Kultur allenfalls im Verständnis von Agrikultur.« Bei allem Respekt vor Kohls Leistung also: Das jedenfalls hätte er anders gemacht, eher im Sinne seines ambitiösen ersten Regierungsprogramms und des damaligen Mottos: »Mehr Demokratie wagen!«

Vor allem fällt auf, wie früh Brandt seine Landsleute, die Politiker zumal, vor der Gefahr »späterer Legendenbildung« warnt. Der will er schon jetzt entgegentreten. Der revolutionäre Umbruch von weltpolitischer Dimension hat seinen Ursprung eben nicht in Deutschland, wie hier mancher unter dem Eindruck der unerwartet sich abzeichnenden Einigung annimmt. Auch sind die Deutschen nicht die »Herren des Verfahrens«, zumal nicht bei der Herstellung der äußeren Einheit in Form des »Zwei-plus-Vier«-Vertrages, der am 12. September 1990 unterzeichnet wird, sondern sie sind »Getriebene«. Das sagt Brandt am 21. Juni jenes Jahres im Bundestag. Und auch bei einem seiner letzten öffentlichen Auftritte, am 23. Februar 1992 in Dresden, bittet er die Deutschen, »ehrlich mit der Vergangenheit umzugehen« und die »internationalen Zusammenhänge« der Vereinigung nicht aus den Augen zu verlieren. Die »deutsche Frage«, hatte er schon ein Vierteljahrhundert zuvor den in Berlin versammelten Historikern prognostiziert, werde dann gelöst, wenn der »internationale Rahmen« es zulasse.

Und dann nimmt Willy Brandt, zunächst kaum bemerkt, noch eine Kurskorrektur vor. Daß das geteilte Land mit der geteilten alten Hauptstadt ohne das westliche Bündnis nicht überlebensfähig gewesen wäre, weiß er seit der ersten Berlin-Krise, die er ja 1948 vor Ort erlebt hat. Und selbstverständlich hat er dieser Erkenntnis Rechnung getragen – als Regierender Bürgermeister von Berlin, als Außenminister und als Bundeskanzler. Hingegen ist die Haltung zu den westlichen Partnern, die er

Heimkehr eines Patrioten: Berlin, 3. Oktober 1990

während der achtziger Jahre erkennen läßt, ein Irrtum gewesen, den er jetzt, als es darauf ankommt, in der Sache korrigiert.

Zu einem Zeitpunkt, als Außenminister Genscher öffentlich dem Gedanken einer Doppelmitgliedschaft des vereinigten Deutschland in NATO und Warschauer Pakt nachhängt und auch Bundeskanzler Kohl derlei Szenarien noch nicht zu den Akten gelegt hat, sagt Brandt schon im Januar 1990: »Zwei deutsche Staaten können in einer europäischen Wirtschaftsgemeinschaft sein, ein deutscher Staat aber nicht in zwei Bündnissen.« So deutlich sagt das zu diesem Zeitpunkt kein zweiter deutscher Politiker.

Schneller als erwartet sieht sich das vereinigte Deutschland mit der Frage konfrontiert, was am Ende des Kalten Krieges konkret unter Bündnispolitik zu verstehen sei. Die Rückkehr von Krieg und Bürgerkrieg nach Europa schafft eine neue Lage; die Kriege auf dem Territorium des sich auflösenden Jugoslawien und der Zweite Golfkrieg lassen auch für die Bundesrepublik Handlungsbedarf erkennen. Willy Brandt beobachtet die Entwicklung mit zunehmender Sorge und wird dort, wo er etwas tun kann, selbst noch einmal aktiv. So vor allem in der Krise am Persischen Golf, die sich gegen Ende des Jahres 1990 gefährlich zuspitzt.

Am 2. August 1990 hat der Irak das ölreiche Kuweit besetzt und es am 8. August zur 19. irakischen Provinz erklärt. Die Reaktion erfolgt postwendend: Noch am Tag der Annexion fordert der Sicherheitsrat der Vereinten Nationen den Aggressor einstimmig zum sofortigen Rückzug aus dem Scheichtum auf. Indessen ist der irakische Staatspräsident nicht der Mann, der sich von Resolutionen oder Drohungen beeindrucken läßt. Acht Jahre hat Saddam Hussein einen enorm verlustreichen Krieg gegen den Nachbarn Iran geführt, und in seinem Vernichtungsfeldzug gegen die kurdische Bevölkerung des eigenen Landes ist er selbst vor dem Einsatz von Giftgas nicht zurückgeschreckt.

Jetzt ruft der Diktator Araber und Moslems in aller Welt zum »Heiligen Krieg« auf; und damit an seiner Entschlossenheit erst gar kein Zweifel aufkommt, nimmt er Mitte August kurzerhand alle im Irak lebenden Ausländer, vorwiegend Europäer und Amerikaner, als Geiseln. Von dieser »Ausreisesperre«, wie die massenhafte Geiselnahme offiziell heißt, sind auch etwa siebenhundertfünfzig Deutsche betroffen, die sich im Irak und in Kuweit aufhalten. Weil mit Saddam Hussein nicht zu spaßen ist, gilt das Leben der Festgesetzten als gefährdet, und der Iraker weiß natürlich, welches Druckmittel er damit in der Hand hat.

Ein delikater Fall; ein Fall für einen Mann wie Willy Brandt, zumal Saddam Hussein Mitte Oktober zu erkennen gibt, daß er mit einem europäischen Vermittler vom Schlage des SPD-Ehrenvorsitzenden einverstanden sei. Der läßt sich bitten, unter anderem bei einem Aufenthalt in New York Ende Oktober 1990 durch den Generalsekretär der Vereinten Nationen, Pérez de Cuéllar. Hingegen steht die Bundesregierung dem Vorhaben reserviert gegenüber und erklärt die Irak-Visite Brandts zur reinen Privatsache. Angesichts der auf Hochtouren laufenden Vorbereitungen für ein militärisches Vorgehen gegen den Irak, das dann in der Nacht vom 16. auf den 17. Januar 1991 mit einer Luftoffensive beginnt, will sich Bonn nicht noch weiter in jene Außenseiterrolle drängen lassen, in der man sich ohnehin schon befindet, weil sich das frisch vereinigte Deutschland nicht an den militärischen Maßnahmen beteiligt. Außerdem stehen die Wahlen zum ersten gesamtdeutschen Bundestag vor der Tür, und da mag man dem Ehrenvorsitzenden der stärksten Oppositionspartei, so groß inzwischen der Respekt vor seiner Lebensleistung ist, ungern einen Vorteil verschaffen.

Nachdem der Irak einige Bedingungen erfüllt hat, hält sich Willy Brandt vom 5. bis 9. November 1990 in Bagdad auf, spricht mit den in der deutschen Botschaft festgehaltenen Deutschen und trifft sich zu Gesprächen mit dem irakischen Außenminister Aziz, dem PLO-Vorsitzenden Arafat sowie mit Saddam Hussein. Am Ende kann er 175 Geiseln aus elf Nationen mit auf die Heimreise nehmen. Nun wäre Willy Brandt nicht Willy Brandt, hätte er es dabei bewenden lassen. Ausdrücklich hat er vor seinem Reiseantritt erklärt, auch Alternativen zum Krieg ausloten zu wollen, und so geht es in seinen beiden insgesamt vierstündigen Gesprächen mit dem Diktator von Bagdad zwar auch um die Geiseln, vor allem aber um den Frieden.

In dieser Hinsicht ist seine Mission ein Fehlschlag. Sicher, Menschen sind außer Gefahr gebracht; das ist sehr viel. Aber der Preis ist hoch, denn für den zusehends isolierten Saddam Hussein bedeuten die medienwirksamen Auftritte mit dem Friedensnobelpreisträger und Vorsitzenden der Sozialistischen Internationale eine erhebliche Aufwertung. Vor allem aber scheitert Brandt als Friedensvermittler im Nahen Osten, und das nicht zum ersten Mal. Denn die Mission und ihr Ausgang erinnern doch sehr an diejenige des Sommers 1973. Weder damals noch jetzt ist es ihm gelungen, den Kriegsausbruch zu verhindern. Wenn es um Konflikte in solchen Regionen und von solchen Dimensionen geht, hat die Stimme eines deutschen Politikers eben kein Gewicht, selbst die eines Willy Brandt nicht.

Was bleibt, ist die Aufklärung der deutschen Öffentlichkeit, und die erfolgt, kurz nach seiner Rückkehr aus Bagdad, in einer Rede vor dem Bundestag. Von »eklatanten Verletzungen des Völkerrechts und der Menschenrechte«, die nicht toleriert werden können, ist da die Rede, aber auch von der Überzeugung des Emissärs, »daß die Bemühungen um eine nicht-militärische Überwindung der Golfkrise nicht aufgegeben, sondern vielmehr verstärkt werden sollten«. Und dann kommt der Alterspräsident des Bundestages mit einem Argument, das kaum ein zweiter so hätte vorbringen können, jedenfalls nicht mit dieser unanfechtbaren Glaubwürdigkeit. »Im übrigen«, sagt der alte Mann, »muß mir in Sachen internationaler Solidarität niemand Nachhilfeunterricht erteilen; ich weiß seit meinen jungen Jahren, daß dazu allemal der persönliche Einsatz für Menschen in Bedrängnis gehört – im eigenen Land, in Europa und darüber hinaus.«

Solidarität? Es gibt nicht mehr viele im Hohen Haus, die damit etwas verbinden und etwas anfangen können. Hier spricht einer der letzten Repräsentanten jener europäischen Arbeiterbewegung, die sich während der zweiten Hälfte des 19. Jahrhunderts in Reaktion auf den rasanten Industrialisierungsprozeß formiert und in Jahrzehnten als eigenständige gesellschaftliche und politische Kraft etabliert hat. Willy Brandt ist sich bewußt, daß er der letzte Vorsitzende der SPD gewesen ist, »der aus der Arbeiterschaft kam und in der alten Arbeiterbewegung aufwuchs«, wie er in seiner Abschiedsrede als Parteivorsitzender bilanziert hat.

Nun gibt es diese Arbeiterbewegung nicht mehr, weil die klassische Industriearbeiterschaft in jener nivellierten Mittelstandsgesellschaft aufgegangen ist, die seit dem Zweiten Weltkrieg zunehmend das Gesicht der westlichen Industriestaaten prägt. Kein Wunder, daß auch die Arbeiterparteien längst die Konsequenz gezogen und sich als »Volksparteien« neu positioniert haben. Zwar bekennt sich das »Godesberger Programm«, mit dem die deutsche Sozialdemokratie 1959 diesen Schritt getan hat, zur »Solidarität« als einem der »Grundwerte des sozialistischen Wollens«; doch verflüchtigt sich dieser Vorsatz für immer mehr Genossen zu einem Lippenbekenntnis, weil es immer weniger jene gemeinsame Erfahrung der Ungleichheit, Ungerechtigkeit oder auch Unterdrückung gibt, die Ursprung und Voraussetzung dieser spezifischen Idee des solidarischen Handelns gewesen ist.

Willy Brandt weiß das, und er weiß auch, daß die mittleren und jüngeren Generationen seiner Partei nicht wissen können, wovon er spricht, als er sich im Juni 1987 als ihr Vorsitzender von ihnen verabschiedet: »Es ist gut, wenn den Heutigen der für viele opferreiche Weg meiner Generation im allgemeinen, meiner Parteigeneration im besonderen erspart bleibt. Doch mit dem schweren Weg verbindet sich viel, das sich unauslöschlich eingegraben hat in die Erinnerung: Beispiele unerschütterlicher Treue und ungewöhnlicher Selbstlosigkeit; ein Verständnis von Solidarität, dem nichts Doppeldeutiges anhaftet.«

Niemand wird Willy Brandt absprechen können, daß diese Werte für ihn selbst zeitlebens eine hohe Bedeutung behalten haben und daß praktizierte Solidarität bis zuletzt Teil seines politischen Selbstverständnisses geblieben ist. Aber nicht nur deshalb verbittet er sich im November 1990 vor dem Bonner Parlament jeden Zweifel an seinem Verständnis von internationaler Solidarität. Vielmehr hat sein Besuch am Euphrat erneut auch jene Stimmen laut werden lassen, die immer schon Zweifel an der politischen Zuverlässigkeit des prominenten Sozialdemokraten gehegt haben. Jetzt holt ihn auch dieses Thema noch einmal ein, obwohl er nach dem Fall der Mauer als einer der ersten deutschen Politiker auf die Bedeutung des Atlantischen Bündnisses auch für das vereinigte Deutschland hingewiesen hat und dabei die Mehrheit seiner Parteifreunde nicht hinter sich wußte.

Ohnehin entfremden sich der Ehrenvorsitzende und seine Partei seit den revolutionären Vorkommnissen des Herbstes 1989 zusehends. Brandt empfindet zwar nach wie vor eine tiefe Verbundenheit für diese Partei, aber die Genossen wollen ihm immer seltener folgen. Das gilt vor allem für die Frage der Vereinigung Deutschlands. Viele Sozialdemokraten verhalten sich hier anfänglich reserviert, manche auch ablehnend, darunter Oskar Lafontaine. Der Kanzlerkandidat der SPD votiert wiederholt öffentlich gegen die Einführung der D-Mark in der DDR und gegen den sogenannten ersten Staatsvertrag.

Am 2. Dezember 1990 stellen dann die Wähler der SPD die Quittung für ihre allzu zögerliche Haltung in der Vereinigungsfrage aus: In den ersten gesamtdeutschen Wahlen zum Bundestag werden die Sozialdemokraten mit 33,5 Prozent der Stimmen auf das Niveau der fünfziger Jahre zurückgeworfen. Nach Auffassung Brandts kann dieser Trend nur gestoppt werden, wenn sich die SPD auf den Boden der neuen Realitäten stellt. Einmal mehr ist er seiner Partei voraus, und erneut ist harte Überzeugungsarbeit zu leisten. Damals, in den fünfziger Jahren, als es um die Westintegration der Bundesrepublik ging, hat er den Kampf gegen die alte Garde der SPD führen müssen; jetzt muß der Nestor die jüngeren Genossen davon überzeugen, daß sich das vereinigte Deutschland in einer grundlegend anderen Situation befindet als die Bundesrepublik im Zeitalter der geteilten Welt.

Je größer die Distanz zwischen Willy Brandt und Teilen seiner Partei wird, um so gespannter wird seit dem Frühjahr 1990 auch das Verhältnis zu seinem politischen Ziehsohn und Lieblings-«Enkel». Zwar versucht Brandt noch im Mai brieflich und auf seine Weise auf Oskar Lafontaine einzuwirken – in väterlicher Manier, im Ton behutsam und in der Sache so bestimmt, wie ihm das möglich ist. Auch nimmt er ihn, wo es geht, öffentlich in Schutz. Hinter den Kulissen aber sieht es anders aus. Ein guter Menschenkenner ist Willy Brandt bekanntlich nie gewesen, und nicht wenige haben diese Schwäche im Laufe seines langen Lebens ausgenutzt. Offenbar hat er aber dann doch erkannt, wo die Grenzen des Saarländers liegen.

Das bleibt natürlich auch diesem nicht verborgen. Im Verlauf des Jahres, hat Lafontaine später berichtet, werden die »Entfremdung« beziehungsweise die »Distanz« zwischen beiden deutlich erkennbar. Als nach der Feier des 3. Oktober 1990 vor dem Berliner Reichstagsgebäude die Nationalhymne verklungen ist, verweigert Brandt Lafontaine »demonstrativ ... als einzigem den Handschlag«, und als sich der saarländische Ministerpräsident in der Haushaltsdebatte des Bundestags vom 22. November vor vollbesetztem Plenum und laufenden Kameras als künftiger Kanzler zu empfehlen versucht, liest der Ehrenvorsitzende seiner Partei geflissentlich in einem dicken Papierkonvolut und rührt keinen Finger zum Applaus. Zehn Tage später, auf der denkwürdigen Sitzung des Parteivorstands vom 3. Dezember 1990, erhebt er schließlich laut Protokoll schwere Vorwürfe gegen diejenigen, die während des Wahlkampfes »in der Einheit und Freiheit eher eine Bürde als eine Chance« gesehen hätten. Daß er den Saarländer nicht direkt angreift, daß er also, wie eh und je, die Konfrontation meidet, überrascht nicht; daß sich dieser angesprochen fühlt, allerdings auch nicht.

So liegt im Scheitern Lafontaines als Kanzlerkandidat zugleich ein spätes Scheitern seines einstigen Förderers, wie überhaupt Brandts Erbe in personeller Hinsicht wenig überzeugt. Nachdem Hans-Jochen Vogel in knapp vierjähriger Amtszeit seine Schuldigkeit als Übergangskandidat gewissenhaft getan hat, verschleißt die Partei innerhalb von nicht einmal acht Jahren drei Vorsitzende aus der »Enkel«-Generation. Wenn auch die Abtritte Björn Engholms, Rudolf Scharpings und Oskar Lafontaines aus unterschiedlichen Gründen erfolgen und Brandt dafür selbstverständlich keine unmittelbare Verantwortung mehr trägt, geht die Entwicklung doch auch auf sein Konto. Bei allen Verdiensten des letzten großen Führers der deutschen Sozialdemokratie für seine Partei läßt sich eben nicht übersehen, daß er es verabsäumt hat, rechtzeitig sein politisches Erbe zu regeln, namentlich in der Frage der Nachfolge eine tragfähige Lösung zu finden. Damit steht er nicht allein, sondern in einer langen Reihe prominenter Staatsmänner und Parteivorsitzender, als deren vorläufig letzter Repräsentant Helmut Kohl zu gelten hat.

Während der Jahre 1991/92 nehmen die Gegensätze zwischen dem Ehrenvorsitzenden und der Parteimehrheit in Sachfragen zu. Das gilt selbst für die Asylpolitik, gegen deren Praxis er schon während der achtziger Jahre, jedenfalls intern, ernste Bedenken angemeldet hat. Im Sommer 1992 ermutigt Willy Brandt die Parteiführung, einer Änderung von Artikel 16 des Grundgesetzes zuzustimmen. Eben weil er die Probleme der südlichen Halbkugel wie kaum ein zweiter deutscher Politiker aus intensiver Beschäftigung kennt, weil er die neuen Dimensionen des Flüchtlingsproblems frühzeitig sieht, erkennt er auch, daß die Bundesrepublik Konsequenzen ziehen muß. Selbst »beim besten Willen«, zitiert ihn der amtierende Parteivorsitzende Björn Engholm, könne »weder die jetzige noch die erweiterte Europäische Gemeinschaft allen Geplagten dieser Erde zur Heimstatt werden«. Und Willy Brandt, der es wissen muß, sagt auch: »Unsere damals als Flüchtlinge gemachten Erfahrungen taugen nicht, um die uns heute gestellten Fragen zu beantworten.«

Mit zunehmendem Befremden verfolgt der Ehrenvorsitzende schließlich die Haltung der Partei und insbesondere ihrer Bundestagsfraktion in den außen- und sicherheitspolitischen Debatten jener Monate. Daß die Fraktion die Entscheidung der Bundesregierung vom 15. Juli 1992 nicht mitträgt, einen Zerstörer der Bundesmarine im Rahmen einer Aktion der Westeuropäischen Union und als Teil eines NATO-Verbandes zur Überwachung der Embargomaßnahmen der UNO gegen Serbien in die Adria zu entsenden, versteht er nicht. Immerhin ist hier Solidarität im doppelten Sinne gefragt – gegenüber dem Bündnis und gegenüber den Menschen und Völkern des ehemaligen Jugoslawien, die sich gegen die serbische Aggression zu wehren suchen. Die weitere Entwicklung, in deren Verlauf die SPD-Fraktion sogar vor das Bundesverfassungsgericht zieht, um eine indirekte Beteiligung deutscher Soldaten an einem Kampfeinsatz zu verhindern, erlebt er allerdings nicht mehr.

Anfang Oktober 1991 ist bei Willy Brandt ein Darmkrebs diagnostiziert worden, wenig später wird er in der Kölner Universitätsklinik operiert. Im März des folgenden Jahres tritt er letztmalig auf großen Veranstaltungen auf – in der Bundestagsdebatte zur Aufarbeitung der DDR-Vergangenheit und bei einem Treffen der Sozialistischen Internationale in Madrid. Dort teilt er seinen politischen Freunden mit, daß er aus Gesundheitsgründen auf dem Berliner Kongreß der Internationale im September für eine Wiederwahl nicht mehr zur Verfügung stehe. Seine letzte Rede vor dem Bundestag nutzt er nicht nur zu einem eindringlichen Plädoyer für eine vorwärtsschauende, konstruktive Auseinandersetzung mit der Geschichte der DDR, sondern auch für einen sehr persönlichen Rückblick auf seine Zeit als Bundeskanzler, als Außenminister, als Regierender Bürgermeister und als Exilant und Diffamierter.

»Ich denke«, sagt der große alte Mann am Ende seines Lebens, »ich weiß selbst etwas von der Gratwanderung verantwortungsbewußter Menschen in Diktaturen, übrigens auch davon, wie einen Verdächtigungen quälen können, die aus einem vom Schema abweichenden Lebenslauf abgeleitet werden.« Einige der vielen Wunden, die ihm im Laufe eines bald achtzigjährigen Lebens geschlagen wurden, sind bestenfalls vernarbt, aber nie ganz verheilt. Aber diese Rede offenbart auch, warum Willy Brandt das alles überlebt und überstanden hat. Wenn er sie mit der Mahnung schließt, der »Blick nach vorn« dürfe nicht »durch Gespenster der Vergangenheit verstellt werden«, dann spricht der zeitlebens rastlos Gereiste auch über sich.

Daß diese Rede sein letzter großer öffentlicher Auftritt sein wird, weiß Brandt noch nicht. Bis zum 9. Mai hält der Kalender, den sein Büro für ihn führt, noch zahlreiche Verpflichtungen fest. Auch jetzt gilt noch: Willy Brandt gibt nicht auf. Danach allerdings sind sämtliche Termine, von Besuchen in Unkel abgesehen, gestrichen. Als die Ärzte nach einer dramatischen Verschlechterung seines Zustandes eine zweite Operation für aussichtslos halten, zieht er sich ganz aus der Öffentlichkeit zurück. Seither kann er auch kaum mehr arbeiten. Mit eigener Hand verfaßt er allerdings noch eine neue Fassung seines Testaments, die seine Frau als Alleinerbin sowohl des nicht unbeträchtlichen Vermögens als auch des Nachlasses einsetzt. Brigitte Seebacher-Brandt betreut den Dahinsiechenden aufopferungsvoll, geht ihm auch bei seinen letzten Texten zur Hand; so zum Beispiel bei der Niederschrift seines Grußwortes an die in Berlin tagende Sozialistische Internationale, das Mitte September 1992 unter dem Titel »Zeit der Möglichkeiten« veröffentlicht wird und Brandts letzte öffentliche Äußerung ist. Das Manuskript enthält einige wenige Korrekturen des Todkranken – in winziger Schrift und mit Bleistift.

Im Juni und Juli kann er sich noch gelegentlich im Garten aufhalten, danach nur noch im Haus. Hier liest er, solange es geht – neben Zeitgeschichtlichem auch Literarisches, namentlich aus der Feder Thomas Manns, des anderen berühmten Sohnes der Stadt Lübeck, wie Willy Brandt von den Nazis Verfolgter, Emigrant und Ehrenbürger der Hansestadt. Schließlich bleibt dem Todgeweihten nur noch der Fernseher – Nachrichten, Sport und Spielfilme wie eh und je; er ist stets ein durchschnittlicher Fernsehkonsument gewesen, kein Anhänger der Dritten Programme. Schon seit geraumer Zeit muß Morphium über die Schmerzen hinweghelfen; seit Anfang September kann er keine feste Nahrung mehr zu sich nehmen, einige Wochen später auch keine Flüssigkeit.

Soweit es geht, empfängt er noch Gäste, und dabei versucht auch mancher Ungebetene sein Glück. Willy Brandt ist von Haus aus Journalist, die Medien haben ihn unablässig begleitet;

ohne sie ist seine Karriere nicht vorstellbar. Aber während seiner Krankheit überschreitet so mancher Pressevertreter die Grenzen des Erträglichen. Auf allen möglichen Wegen, zum Teil gegen finanzielle Zuwendungen, informiert und unterstützt von Krankenhauspersonal oder Nachbarn, suchen Medienvertreter immer wieder in die Nähe des Kranken zu gelangen. So kommt es, daß Michail Gorbatschow, als er Brandt unangemeldet besuchen will, von dessen Frau über die Sprechanlage abgewiesen wird, weil sie, aus Erfahrung mißtrauisch geworden, einen Neugierigen am Gartentor vermutet.

Bis in die letzten Tage hinein empfängt der Todkranke Freunde, Weggefährten und Vertraute, in der Regel am späten Nachmittag und soweit sie von seiner Frau vorgelassen werden. Das gelingt selbst seinen Kindern nicht immer, mitunter auch dann nicht, wenn sie eine weite Reise hinter sich haben, um den sterbenden Vater aufzusuchen. Egon Bahr, zu dem das Verhältnis im Umfeld des Mauerfalls getrübt gewesen ist, kommt nach Unkel, ebenso der alte Widersacher vergangener Tage, Helmut Schmidt. Unter den Besuchern sind Holger Börner, Hans Koschnik, Hans-Jürgen Wischnewski, Hans-Jochen Vogel und Johannes Rau, der gerade selbst von einer schweren Operation genesen und dem Schwerkranken in diesen letzten Wochen sehr nahe ist. Von den jüngeren Genossen kommen die Ministerpräsidenten von Hessen und Rheinland-Pfalz, Hans Eichel und Rudolf Scharping. Felipe Gonzáles berichtet ihm vom Verlauf des Berliner Kongresses der Sozialistischen Internationale; Bundespräsident Richard von Weizsäcker sucht ihn auf; und auch Helmut Kohl kommt, auf Bitten Willy Brandts, zu einem letzten Gespräch nach Unkel. Dafür hat sich der Todkranke ins Wohnzimmer begeben. »Ich bleibe nicht im Bett, wenn mein Bundeskanzler kommt«, sagt er seinem Besucher. Und dann erzählt er, von seinem Leben, von seiner Mutter und vor allem: vom Sterben. Schließlich benennt er dem Kanzler seine Wünsche für die Trauerfeier.

Am 8. Oktober 1992, gegen 16.35 Uhr, stirbt Willy Brandt in seinem Haus in Unkel am Rhein. Von Brigitte Seebacher-Brandt informiert, gibt der Bundeskanzler wenig später der Öffentlichkeit die Todesnachricht bekannt. Die bewegten Reaktionen der Menschen zeigen, warum dieser Mann so populär gewesen ist: Einer von uns war er, heißt es, einer wie du und ich, ein Mensch mit Stärken und Schwächen, vor allem einer, der nie aufgegeben hat, und so bleibt er, auch jetzt, Ermutigung und Vorbild.

Am 16. Oktober nimmt die Berliner Bevölkerung im Rathaus Schöneberg von ihrem langjährigen ehemaligen Stadtoberhaupt Abschied, einen Tag darauf, in einem Staatsakt und in Anwesenheit zahlreicher ausländischer Gäste, die Bundesrepublik Deutschland. Auf dem Waldfriedhof von Berlin-Zehlendorf, in unmittelbarer Nähe der Grabstätte seines Vorbildes und Vorgängers Ernst Reuter, findet Willy Brandt die letzte Ruhe. Seine Witwe, Brigitte Seebacher-Brandt, und seine vier Kinder, Ninja, Peter, Lars und Matthias, geben ihm das letzte Geleit; Rut Brandt, Lebensgefährtin in mehr als dreißig Jahren und Mutter seiner drei Söhne, ist zur allgemeinen Überraschung nicht geladen. Die Kinder wissen, warum sie nicht darauf bestehen: Der Tod des Vaters soll kein Anlaß für Spekulationen und Sensationen der Boulevardpresse sein.

Der Staatsakt hat im Gebäude des Reichstags zu Berlin stattgefunden, dessen historische Kulisse Stationen jenes zu Ende gehenden Jahrhunderts reflektiert, in dem Willy Brandt sein wechselvolles Leben gelebt und in dessen Annalen er seine Handschrift hinterlassen hat. Noch befand sich der in der wilhelminischen Ära errichtete, kurz nach der Machtübernahme Hitlers in Brand gesteckte, 1945 von der Roten Armee eroberte Bau in jenem merkwürdigen architektonischen Zwischenzustand, der die Lage der geteilten Stadt in der Zeit des Kalten Krieges widerspiegelte; doch war er bereits, mit Willy Brandts energischer Unterstützung, zum künftigen Sitz des Bundestages in der Hauptstadt des vereinigten Deutschlands bestimmt worden. Kurz vor seinem Tod hatte Brandt den Wunsch geäußert, die Trauerfeierlichkeiten mit militärischen Ehren begehen zu lassen. Als die Salutschüsse vor dem Reichstag verklungen waren und sich der Trauerzug in Bewegung setzte, hatten nicht wenige Beobachter vor Ort und an den Bildschirmen den Eindruck, auch das Ende einer Epoche mitzuerleben, und sie fragten sich, ob es ein Vermächtnis gibt, etwas, das sich untrennbar mit dem Bild dieses Mannes verbindet.

Sicher, da ist das politische Lebenswerk. Willy Brandt war einer der letzten großen Vertreter der deutschen Arbeiterbewegung und der letzte bedeutende Repräsentant der von August Bebel begründeten Sozialdemokratie. Zu deren Stärken gehörten ihr ausgeprägtes Traditionsbewußtsein und ihre intensive Traditionspflege. Daran hat sich Brandt zeitlebens und nachdrücklich beteiligt, nicht nur weil er dem sozialdemokratischen Milieu entstammte, sondern weil er in der Zeit der Nazi-Diktatur unmittelbar erfahren hat, welche Folgen die Schwäche der eigenen und die Pervertierung einer anderen, in diesem Falle der preußisch-deutschen Tradition haben können.

Zugleich hat die Erfahrung der elementaren Umwälzung aller Lebensbereiche, die das Ende des Ersten Weltkriegs auch in Deutschland mit sich brachte, Willy Brandt tief geprägt. Sie hat ihm gezeigt, daß Traditionen nicht um ihrer selbst willen kultiviert, sondern daß sie weiterentwickelt und sich ankündigenden politischen, wirtschaftlichen und gesellschaftlichen Veränderungen rechtzeitig angepaßt werden müssen, will man mit diesen Schritt halten und Einfluß auf sie nehmen. Kein Wunder, daß die grundlegende Neuorientierung der SPD in den Jahren 1959/60 die Handschrift Willy Brandts trägt; kein Wunder auch, daß sich die Forderung nach inneren Reformen und die riskante Öffnung seiner Partei für alternative und oppositionelle Kräfte während der siebziger und achtziger Jahre mit seinem Namen verbinden.

In alledem ist durchaus ein Vermächtnis zu sehen, und keineswegs nur für die Partei Willy Brandts: In Zeiten atemberaubenden Wandels und in einer zusehends schrankenlosen Welt die Herkunft nicht aus den Augen zu verlieren bleibt eine Aufgabe von hohem Rang. Nur wer die eigene Geschichte kennt – mit allen ihren Höhen und Tiefen, mit ihren Erfolgen, Niederlagen und Verbrechen –, kann sie aushalten; und nur wer nicht vergißt, daß sie von Menschen gemacht ist, kann verstehen, respektieren, verurteilen und wohl auch verzeihen. Willy Brandt hat in diesem Wissen und aus diesem Empfinden heraus gehandelt. Erst in diesem Licht erschließt sich das ganze Gewicht seines Warschauer Kniefalls.

Obgleich ihm im Namen des deutschen Volkes und unter Berufung auf dessen vermeintliche Traditionen und Maximen manches Unrecht und viel Leid zugefügt worden sind, hat er Deutschland stets als seine Heimat empfunden. Vielleicht konnte Willy Brandt gerade aus diesen Erfahrungen heraus so überzeugend vorleben, daß man mit dem eigenen Land und dessen Geschichte souverän umgehen kann, ohne in Larmoyanz und Selbstanklage zu verfallen oder aber die nationalistische Klaviatur zu bedienen. Sein Verhältnis zur Nation war unverkrampft und ungebrochen, und das erklärt, warum er an seinem Lebensabend den neuen, auch den militärischen Herausforderungen, denen sich das vereinigte Deutschland unvorbereitet gegenübersah, gelassen ins Auge sehen konnte.

Schwer vorstellbar, daß Willy Brandt ohne dieses souveräne Verhältnis zu seinem Land, seinem Volk und dessen Geschichte jenen Weg hätte einschlagen und trotz bitterer Anfeindungen letztlich erfolgreich hätte beschreiten können, den man als »Politik der Verständigung« bezeichnet. Das Fundament, das er auf dem schwierigen Terrain der Aussöhnung mit vielen vormaligen Opfern deutscher Politik und Kriegführung gelegt hat, war bei der Realisierung der deutschen Ziele in den Jahren 1989/90 unverzichtbar; es trägt bis heute und hat einigen Anteil an der beträchtlichen Reputation, die das vereinigte Deutschland dieser Tage in der Welt genießt.

Es spricht für das Format dieses Mannes, nie in Abrede gestellt zu haben, daß andere vor ihm Schritte in die richtige Richtung getan und andere nach ihm seine Politik fortgesetzt und manchmal erst erfolgreich zum Abschluß gebracht haben, ganz gleich, welcher Partei sie angehörten. Dieser gelassene Umgang mit den Leistungen und Erfolgen anderer, auch denen des poli-

»… daß man nicht immer siegen muß«: 1991

tischen Gegners, erklärt zugleich seine außergewöhnliche Fähigkeit, die eigenen Niederlagen, politische wie persönliche, aushalten und mit den eigenen Schwächen umgehen zu können.

Die Schwächen Willy Brandts waren seine Stärke. Deshalb hatten die Menschen vor ihm keine Angst; deshalb haben sie ihn respektiert; und deshalb hat er das »Herz des Volkes« erobert, wie Walter Scheel ihm im Sommer 1974 nach seinem tiefsten Sturz schrieb. Es gibt nur wenige im Rampenlicht, von denen sich solches sagen läßt. Daß man nicht immer siegen muß, daß man verletzbar und voller Widersprüche sein darf, daß man Niederlagen erleiden und unter sich und anderen leiden kann, ohne das »Herz des Volkes« zu verlieren, ist das denkwürdige Vermächtnis des Willy Brandt.

Anhang

Was wir von Willy Brandt wissen und warum

Eine kommentierte Bibliographie

Willy Brandt macht seinem Biographen das Leben schwer, weil er es ihm scheinbar leichtmacht. Im August 1972, als er Bundeskanzler ist, notiert er in seinem Tagebuch, seine Frau Rut sei der Ansicht, es erscheine »zuviel« über ihn oder von ihm. So ist es gewesen, und deshalb gilt: Der Nachlaß Willy Brandts ist von seiner Bedeutung und von seinem Umfang her kaum hoch genug einzuschätzen; seine veröffentlichte Hinterlassenschaft aber ist unverzichtbar und für jeden, der sich mit ihm beschäftigt, von vorrangiger Bedeutung.

Kaum ein anderer deutscher Politiker des 20. Jahrhunderts ist schon zu Lebzeiten so intensiv Gegenstand journalistischen oder schriftstellerischen Interesses gewesen wie Willy Brandt; kein zweiter hat sich so häufig und so regelmäßig öffentlich zu sich selbst geäußert wie er. Weil das Schreiben für ihn ein Weg ist, nach schweren Niederlagen wieder auf die Beine zu kommen, weil es ihm schon früh um sein Bild in der Geschichte geht, und weil er überhaupt ein starkes Mitteilungsbedürfnis verspürt, denkt Brandt zeit seines Lebens öffentlich über dieses nach. An seinem Ende hinterläßt er nicht nur eine ganze Serie von Rundfunk- und Fernsehinterviews mit autobiographischem Charakter, wie zum Beispiel den 1988 produzierten Zweiteiler »Zeugen des Jahrhunderts«, dem ein insgesamt fast fünfstündiges Gespräch zugrunde liegt, sondern auch eine veritable Handbibliothek mit Lebenserinnerungen und einschlägigen Aufzeichnungen.

Im engeren Sinne ist Willy Brandt mit fünf Memoirenbänden an die Öffentlichkeit getreten. 1960, als er noch keine fünfzig Jahre alt ist, erscheint *Mein Weg nach Berlin*, in den Jahren 1974 bis 1982 gefolgt von der Trilogie *Über den Tag hinaus, Begegnungen und Einsichten* sowie *Links und frei*. 1989 schließlich legt er seine *Erinnerungen* vor, die allerdings in weiten Partien die Handschrift seiner dritten Ehefrau tragen. Ergänzt werden diese Erinnerungswerke durch eine kaum überschaubare Fülle von Arbeiten mit mehr oder weniger stark autobiographischem Charakter, so beispielsweise die Bücher *Plädoyer für die Zukunft* (1961), *Begegnungen mit Kennedy* (1964), *Draußen. Schriften während der Emigration* (1966), *Friedenspolitik in Europa* (1968), *Porträt und Selbstporträt* (1970) oder *Der organisierte Wahnsinn. Wettrüsten und Welthunger* (1985). Diese und zahlreiche weitere Titel sind jeweils untrennbar mit einem bestimmten Lebensabschnitt verbunden.

In einigen Fällen sind wir auf Willy Brandts diverse Selbstzeugnisse schon deshalb angewiesen, weil uns andere Quellen kaum oder gar nicht zur Verfügung stehen. Das gilt insbesondere für seine Lübecker Jahre, in vieler Hinsicht aber auch für die Zeit des Exils. Veranlassung, grundsätzlich an der Authentizität des Erinnerten zu zweifeln, gibt es nicht. Wo wir auf zeitgenössische Informationen zurückgreifen können, bestätigen sie in aller Regel Brandts Version.

Willy Brandt ist Journalist, und neben dem Reisen bildet das Schreiben die überragende Kontinuität in seinem Leben. Es war ihm alles – Leidenschaft, Broterwerb, Mittel der politischen wie persönlichen Kommunikation, Hilfe bei der Karriere und nicht zuletzt Krisenbewältigung. Das erklärt seine immense Produktivität auf diesem Gebiet. Immerhin schreibt er ja die meiste Zeit seines Lebens nicht als professionell arbeitender Journalist, sondern als stark beanspruchter Berufspolitiker, also gewissermaßen nebenher.

Bis heute ist es nicht gelungen, eine vollständige Bibliographie zusammenzustellen; sie wird es wohl auch in Zukunft kaum geben können, weil vor allem der frühe Willy Brandt häufig anonym oder unter Pseudonym und zudem in zahlreichen Sprachen publiziert hat. Immerhin umfaßt die verdienstvolle, 1990 von der Friedrich-Ebert-Stiftung vorgelegte *Personalbibliographie* für die Jahre 1928 bis 1989 beinahe dreitausendfünfhundert Titel, darunter fast fünfhundert aus der Exilzeit. Für die von dieser Bibliographie nicht mehr erfaßten letzten Lebensjahre Brandts ist unbedingt die Redensammlung *Über Deutschland* zu Rate zu ziehen, die 1993 in erweiterter Fassung unter dem Titel ... *was zusammengehört*, neu aufgelegt worden ist.

Willy Brandt hat in seinem Leben zahlreiche Funktionen ausgeübt, zum Teil über Jahrzehnte: Landesvorsitzender der Berliner SPD; Stellvertretender Vorsitzender und dann, dreiundzwanzig Jahre lang, Vorsitzender der Gesamtpartei; Mitglied im Präsidium der SPD; Mitglied des Berliner Abgeordnetenhauses, des Deutschen Bundestages und des Europäischen Parlaments; Vorsitzender der »Sozialistischen Internationale«; Vorsitzender der »Unabhängigen Kommission für internationale Entwicklungsfragen«; Bundesminister des Auswärtigen und Bundeskanzler der Bundesrepublik Deutschland – um nur die wichtigsten Funktionen zu nennen.

Alle diese Institutionen legen Akten an, führen Protokolle, erstellen Berichte. In den meisten dieser Dokumente hat Brandt, der sich zeitlebens zu »fast jedem Thema« geäußert hat, eine breite Spur hinterlassen. Vieles davon ist leicht zugänglich, weil die Beratungen, etwa des Berliner Abgeordnetenhauses, des Deutschen Bundestages oder auch der Parteitage der SPD, unmittelbar nach Sitzungsende veröffentlicht werden. Außerdem haben die dort bis 1989 gehaltenen Reden Willy Brandts in die *Personalbibliographie* Eingang gefunden. Das meiste hingegen muß erst durch die Wissenschaft aufgearbeitet und aufbereitet werden, so beispielsweise die Sitzungsprotokolle der SPD-Fraktion im Deutschen Bundestag, die seit 1993 der Öffentlichkeit zugänglich gemacht werden, oder die »Akten zur Auswärtigen Politik der Bundesrepublik Deutschland«, die das Institut für Zeitgeschichte seit 1993 im Jahresrhythmus vorlegt. Für den Biographen Brandts sind diese Materialien unverzichtbar.

Schließlich steht Willy Brandt, auch weil er selbst Journalist ist, zeitlebens den Medien Rede und Antwort. Das Interview ist einer seiner wichtigsten Wege, um Botschaften zu vermitteln, Rückhalt zu gewinnen oder auch, und gewiß nicht zuletzt, um immer wieder von seinem Leben zu berichten. Auch hier gilt: Die Interviews, die er Rundfunk- und Fernsehanstalten, Zeitungen und Zeitschriften über die Jahre gegeben hat, werden sich womöglich nie vollständig ermitteln lassen, übrigens schon deshalb nicht, weil Willy Brandt, auch hier eine Ausnahme unter deutschen Politikern, mehrerer Fremdsprachen mächtig ist und so aus dem Stand heraus ausländischen Medien Rede und Antwort stehen kann.

Zumindest in einem Fall, einem nicht unwichtigen, liegen die Interviews in einer repräsentativen Sammlung vor. Wenn es ein deutsches Presseorgan gibt, das die Höhen und Tiefen des Willy Brandt hautnah begleitet, ja zum Teil mit verursacht hat, dann ist es der *Spiegel*. Namentlich sein Herausgeber Rudolf Augstein ist dem Sozialdemokraten über Jahrzehnte in bemerkenswerter Ambivalenz verbunden gewesen. Er und sein Blatt haben Brandts Aufstieg in Berlin publizistisch flankiert, wenn auch damals noch nicht so effektiv gefördert wie Axel Springer und seine Zeitungen. Der *Spiegel* und sein Herausgeber haben Brandt in den Wahlen von 1969 und 1972 entscheidende Unterstützung zukommen lassen, und sie haben sich 1973 und 1974 ebenso wirkungsvoll an der Demontage des Kanzlers beteiligt. Zweiunddreißig Titelgeschichten sowie Dutzende von Artikeln hat der *Spiegel* Willy Brandt gewidmet, neunundfünfzig Gespräche und Interviews mit ihm geführt. Vierzig Gespräche aus den Jahren 1959 bis 1992 sind 1993 von Erich Böhme und Klaus Wirtgen in Buchform herausgegeben worden.

Und dann der Nachlaß. Man kann sich leicht vorstellen, was sich im Laufe eines derart bewegten, vielseitigen und langen Lebens ansammelt. Im Falle Willy Brandts sind es vierhundert laufende Meter – Korrespondenzen, Manuskripte, Akten, persönliche Unterlagen aller Art. Vom Umfang her hält dieser Nachlaß jedem Vergleich Stand. Daß darin selbst die Zeit des Exils noch erstaunlich gut vertreten ist, darf man auch als Hinweis darauf verstehen, daß er schon sehr früh damit begonnen hat, »an seine Rolle in der Geschichte zu denken«. Zu dem Schluß kam Mitte der sechziger Jahre der Journalist Günter Struve, als er im Auftrag Brandts diese Materialien für eine Veröffentlichung sichtete.

Kurz vor seinem Tod hat Willy Brandt sein Testament handschriftlich neu aufgesetzt und darin seiner dritten Frau, Brigitte Seebacher-Brandt, durch Vorausvermächtnis alle Rechte an seinen Archivalien vermacht, deren Hauptteil in seinem Depositum im »Archiv der sozialen Demokratie der Friedrich-Ebert-Stiftung« in Bonn aufbewahrt war. Lediglich ein vom Umfang her kleiner, von der Substanz her allerdings gewichtiger Teil befand sich damals noch in seinem Haus in Unkel am Rhein.

Nach Brandts Tod kam es zwischen Brigitte Seebacher-Brandt, der Friedrich-Ebert-Stiftung sowie Parteivorstand und Bundestagsfraktion der SPD zu einer Kontroverse, ob, in welchem Umfang und an welchen Bestandteilen des »Archivs der sozialen Demokratie« Rechte der Witwe bestünden. Nach einem zum Teil in der Öffentlichkeit ausgetragenen Ringen verständigten sich die vier Parteien darauf, die einzelnen Teile des Nachlasses mit weiterem Archivgut aus dem politischen Leben Willy Brandts in einem hierzu neu errichteten »Willy-Brandt-Archiv im Archiv der sozialen Demokratie der Friedrich-Ebert-Stiftung« in Bonn zusammenzuführen und unter bestimmten Modalitäten eine Bundesstiftung gemeinsam mit der Friedrich-Ebert-Stiftung zur Mitwirkung bei der Nutzung und Auswertung der Archivalien zu ermächtigen. Auf dieser Basis beschloß der Deutsche Bundestag am 25. Oktober 1994 mit überwältigender Stimmenmehrheit die Einrichtung der »Bundeskanzler-Willy-Brandt-Stiftung«. Am 26. September 1995 nahm diese im Berliner Rathaus Schöneberg, der langjährigen Wirkungsstätte Brandts, ihre Arbeit auf.

Zu den wichtigsten Aufgaben der Stiftung gehört es, der Öffentlichkeit den Nachlaß Willy Brandts in geeigneter Form zugänglich zu machen. Zu diesem Zweck wurde im Februar 1997 ein dreiköpfiges Herausgebergremium berufen, das im Auftrag der Stiftung und in Zusammenarbeit mit einer Gruppe von Bearbeitern die *Berliner Ausgabe* herausgibt. Bereits im Spätsommer 2000 konnten die beiden ersten der auf zehn Bände angelegten Edition durch Bundeskanzler Gerhard Schröder der Öffentlichkeit vorgestellt werden.

Aufgrund der Dimensionen dieses Nachlasses und wegen der vielfältigen Aspekte in der Biographie Willy Brandts, aber auch, weil die finanziellen Ressourcen der Stitfung begrenzt sind und man eine möglichst breite, interessierte Öffentlichkeit erreichen will, schied von vornherein eine auch nur annähernd vollständige Publikation der Nachlaßmaterialien aus. Schon deshalb bildet der Nachlaß auch weiterhin eine der wichtigsten Quellen für die Beschäftigung mit der Person und dem Lebenswerk Willy Brandts. Einer Nutzung durch Dritte zugänglich sind insbesondere jene Teile, die weder der allgemeinen Sperrfrist von zwanzig Jahren unterliegen noch von Brandt selbst gesperrt worden sind. Dazu zählen ganz unterschiedliche Materialien, zum Beispiel Familienpapiere oder Aufzeichnungen von Gesprächen mit führenden Persönlichkeiten während der siebziger und achtziger Jahre.

Während die Grenzen der Nachlaßnutzung recht spürbar sind, gibt es doch innerhalb und außerhalb Deutschlands zahlreiche Archive mit unterschiedlichen Zugangsbedingungen, die Materialien des rastlos Schreibenden und Reisenden bergen und dem geduldigen Forscher weiterhelfen. Vor allem aber hat sich Brandt ja selbst unentwegt zu seiner Person geäußert; man muß nur genau hinschauen. Nicht nur Willy Brandt hat sich als Memoirenschreiber betätigt, auch die meisten seiner in irgendeiner Form politisch exponierten Zeitgenossen sind früher oder später mit ihren Lebenserinnerungen an die Öffentlichkeit getreten. Daß Anspruch und Ergebnis immer der historischen Statur des Autors entsprochen hätten, wird man nicht sagen können, aber das ist für unseren Zusammenhang nicht entscheidend. Bemerkenswert, wenn auch nicht überraschend ist, daß Brandt dank seines vielseitigen internationalen Profils in fast allen Memoiren seiner Zeitgenossen Spuren hinterlassen hat, und es kann sich durchaus lohnen, diesen nachzugehen.

Das gilt für die Memoiren ausländischer Staatsmänner von Henry Kissinger (1979/82) über Bruno Kreisky (1986/88) bis hin zu Michail Gorbatschow (1995), naturgemäß aber vor allem für die Erinnerungen, die im weitesten Sinne von Repräsentanten des politischen Lebens der Bundesrepublik vorgelegt worden sind, so zum Beispiel von Helmut Allardt (1979), Rainer Barzel (1978/86), Kurt Birrenbach (1984), Hans-Dietrich Genscher (1995), Wilhelm Grewe (1979), Helmut Kohl (1996), Oskar Lafontaine (1999), Günther Nollau (1978), Carlo Schmid (1979), Helmut Schmidt (1987/96), Klaus Schütz (1992), Franz Josef Strauß (1989) oder Rüdiger von Wechmar (2000). Insgesamt und schon wegen der Fülle des einschlägigen Materials wird man sich aber auf Erinnerungen aus Willy Brandts unmittelbarem persönlichem und politischem Umfeld konzentrieren.

Hier sind an erster Stelle die in ihrer äußeren Form und in ihrem Anspruch sympathisch zurückhaltenden, in der Sache aber unverzichtbaren Reminiszenzen der langjährigen Ehefrau Brandts zu nennen. Rut Brandt hat 1992 unter dem Titel *Freundesland* ihre Erinnerungen vorgelegt, die von Sohn Peter ins Deutsche übersetzt worden sind und den konfliktscheuen, kontaktarmen, manchmal auch sehr hilflosen Willy Brandt fair und sicher porträtieren. Peter Brandt hat seinerseits als Sohn und Historiker zweimal zur Feder gegriffen und an eher abgelegenem Ort und in sehr knapper Form treffende und lesenswerte Porträts des Vaters gezeichnet: einmal in einem Band über den Regierenden Bürgermeister im Spiegel der Karikatur, der 1996 unter dem Titel *Brand(t)meister* von Dieter Dowe veröffentlicht worden ist, und dann in seinem Beitrag zu den von Einhart Lorenz herausgegebenen *Perspektiven aus den Exiljahren*.

Mit derart bescheidenen Formaten mochten sich einige der politischen Weggefährten Willy Brandts, wie Egon Bahr, Horst Ehmke oder Klaus Harpprecht, nicht begnügen. Dennoch –

oder in diesen Fällen: ebendeshalb – verdienen ihre Aufzeichnungen, mit denen sie nach dem Tod des großen Sozialdemokraten hervortraten, Interesse. Den Anfang machte Brandts erster Kanzleramtschef und späterer Forschungsminister Horst Ehmke, der 1994 unter dem Titel *Mittendrin* seine Erinnerungen vorlegte und darin von einigen charakteristischen Episoden zu berichten weiß, gefolgt von Brandts Weggefährten während dreier Jahrzehnte, Egon Bahr, der 1996 mit seinen Memoiren *Zu meiner Zeit* an die Öffentlichkeit trat. 2000 schließlich publizierte Klaus Harpprecht sein Tagebuch über Willy Brandts zweite Runde *Im Kanzleramt*. Er war dort Leiter der Schreibstube, und er hat die stickige Atmosphäre aus Untergangsstimmung, Lethargie und Kleinkrieg zwischen den Mitarbeitern treffend eingefangen. Eine Art Fortsetzung liefert das Tagebuch Hans Apels aus den Jahren 1978 bis 1988. Eben weil er seine Karriere als Finanz- und Verteidigungsminister erst unter Helmut Schmidt gemacht, im übrigen fast zwei Jahrzehnte dem Parteivorstand der SPD angehört und dabei eine kritische Distanz zu Willy Brandt gewonnen hat, ist sein Buch *Der Abstieg* (1990) von einigem Nutzen.

Bei der Durchsicht des üppigen Memoiren-Angebots fällt auf, daß der Schwerpunkt eindeutig auf der Minister- und Kanzlerzeit liegt und die ersten Lebensjahrzehnte Willy Brandts bei diesen Autoren kaum Erwähnung finden beziehungsweise finden können. Diese Lücke kann in Teilen durch Biographien über Brandt geschlossen werden, so zum Beispiel durch diejenige des englischen Journalisten Terence Prittie (1972). Als Stück Geschichtsschreibung zählt das schlecht komponierte und hastig zu Papier gebrachte Buch nicht gerade zu den Glanzlichtern. Allerdings hat Prittie zahlreiche Weggefährten und vor allem Brandt selbst befragt. Der hat sich, damals immerhin Bundeskanzler, nicht nur die Zeit für mehrere Interviews und schriftlich gestellte Fragen, sondern auch für eine gründliche Durchsicht des Manuskripts genommen. Daß er das ganze, in seinem Nachlaß aufgehobene Konvolut mit einem Sperrvermerk versehen hat, kann man zu Recht als Hinweis auf die Offenheit seiner Auskünfte verstehen.

Pritties Buch ist ein Beispiel für das große Interesse, das Willy Brandt schon früh bei Journalisten gefunden hat. Sie vor allem sind auch immer wieder als Biographen hervorgetreten. An den Ansprüchen, die an eine historisch fundierte Biographie gestellt werden, wird man die Ergebnisse nicht messen dürfen. Abgesehen davon, daß bislang keinem Biographen Brandts Nachlaß uneingeschränkt offenstand, deckt keines dieser Lebensbilder die gesamte Biographie bis zu ihrem Ende ab. Lediglich das lesenswerte, allerdings fast ausschließlich auf den Politiker konzentrierte Porträt von Carola Stern, das erstmals in der Reihe »Rowohlt Monographien« erschienen ist, wurde 1996 aktualisiert.

1988 legten fast gleichzeitig die Journalisten Gunter Hofmann und Peter Koch Biographien Willy Brandts vor, die unterschiedlicher kaum sein könnten: Hofmanns knappes *Porträt eines Aufklärers aus Deutschland* nähert sich dem Titelhelden mit erkennbarer Sympathie in Form eines Essays, der klare inhaltliche Schwerpunkte setzt. Kochs konventionell aufgebaute, voluminöse politische Biographie hingegen zeichnet ein distanziert-skeptisches Bild Willy Brandts, ist aber wegen der Gespräche, die der Autor mit zahlreichen Weggefährten geführt hat, auch heute noch von einigem Wert.

Willy Brandt verfolgt das Erscheinen der beiden Bücher mit Mißbehagen, ist er doch gerade mit der Arbeit an seinen *Erinnerungen* beschäftigt. Vor allem das Opus Peter Kochs ist ihm ein Dorn im Auge – wegen des kritischen Untertons, aber auch wegen der vielen Fehler, die er und Gattin Brigitte beim intensiven Studium des Buches sorgfältig registrieren. Vor dem Erscheinen hat Brandt übrigens durch seinen Büroleiter dem Autor vergeblich angeboten, das Manuskript auf »sachliche Fehler bzw. Irrtümer« hin durchzusehen. Jetzt werden im heimischen Unkel »mindestens 183« davon gezählt. Ein Teilergebnis dieser Recherche ist dann im *Spiegel* nachzulesen. Dort tritt Brandt, ungewöhnlich genug, im November 1988 als Rezensent beider Bücher auf, berichtet bei dieser Gelegenheit wieder einmal von seinem eigenen Leben und kündigt an, »in absehbarer Zeit ... druckreif zu Papier zu bringen, wie es wirklich war«.

Bei allen Unterschieden: Autoren wie Carola Stern, Gunter Hofmann oder Peter Koch haben Brandt als Journalisten beruflich eng begleitet und aus der Nähe beobachtet, mitunter über viele Jahre. Darin liegt die Stärke ihrer Darstellungen, das erklärt auch ihre Lebendigkeit und gute Lesbarkeit. In diese Tradition haben sich zuletzt Hans Ulrich Kempski (1999), Robert Lebeck (1999) und Mainhardt Graf von Nayhauss (2000) mit sehr verschiedenartigen, aber für das Bild Willy Brandts gleichermaßen aufschlußreichen Erinnerungsbüchern eingereiht.

Daß praktisch alle diese Darstellungen aus der Feder professioneller Journalisten stammen, ist kein Zufall. Die Medienberichterstattung ist eine der wichtigsten, wenn nicht die wichtigste Quelle für die Erforschung dieses Lebens, jedenfalls seit Brandts Rückkehr aus dem Exil. Die Gründe sind offensichtlich: Nicht nur ist Brandt von Haus aus Journalist, der zudem die Medien für seine Bedürfnisse benutzt. Vielmehr haben diese ihrerseits in ihm ein ideales Dauerthema – wegen seiner politischen Positionen, seiner ungeklärten Herkunft, seiner Zeit im Exil, seines unorthodoxen Lebenswandels und insbesondere wegen seines Verhältnisses zu Frauen.

Vor allem aber fallen die Karriere Willy Brandts und die Transformation der deutschen Nachkriegsgesellschaft in eine Mediengesellschaft zusammen. Spätestens seit den sechziger Jahren ist Politik öffentlich, und wer in ihr reüssieren, wer Wahlen gewinnen und, wie Brandt, ernsthaft politisch wirken will, der hat keine Alternative als mitzuspielen. Willy Brandt hat das Spiel beherrscht, aber er ist, oft genug, auch sein Opfer gewesen. Geheimnisse gibt es in diesem Geschäft nicht. Wer Vertrauliches in Erfahrung bringen will, muß lesen, nicht zuletzt die Zeitung. Inzwischen kann man selbst die Erkenntnisse der Geheimdienste in Erfahrung bringen: Spätestens seit der ehemalige KGB-Oberst und Überläufer Wassili Mitrochin große Aktenbestände des sowjetischen Auslandsnachrichtendienstes außer Landes gebracht und 1999 durch den britischen Historiker Christopher Andrew als *Schwarzbuch des KGB* veröffentlicht hat, wissen wir auch um die einschlägigen Kontakte Brandts während der Kriegszeit; und seit die »Gauck-Behörde« die nicht vernichteten Akten der Stasi der Forschung zugänglich macht, kennen wir, umgekehrt, viele Aktivitäten der Gegner Willy Brandts in der Epoche des Kalten Krieges.

Wie öffentlich und somit allgemein zugänglich geheime Informationen sind, hat Willy Brandt, nach seinem Rücktritt vom Kanzleramt und bezogen auf seine Zeit als Außenminister, selbst einmal gezeigt: Wer sich für die geheimen NATO-Konferenzen interessiere, müsse »nur die Presseberichte der einzelnen Teilnehmerstaaten nebeneinander« legen, um einen »umfassenden Überblick« zu erlangen. Für die Geheimdienste, so sein Resümee, »blieb insoweit nicht viel Arbeit übrig«, und, so wird man hinzufügen können: für die Historiker auch nicht. Kein Zufall, daß die wenigen wissenschaftlichen Lebensbilder, etwa die trockene »politische Biographie« Barbara Marshalls (1993), von der Presseberichterstattung leben.

Wie für kaum einen zweiten Kanzler haben sich Schriftsteller, Künstler, auch Fotografen für Willy Brandt interessiert, übrigens schon deshalb, weil er auf sie zugegangen ist. Die im Frühsommer 1972 von Dagobert Lindlau herausgegebenen *Gedanken über einen Politiker von 35 Wissenschaftlern, Künstlern und Schriftstellern* bleiben ein einzigartiges Dokument. Gemeinsam ist den Autoren der hohe Respekt und die Sympathie für Willy Brandt, und mit dieser Grundhaltung zeichnen unter anderem Heinrich Böll, Luise Rinser, Dorothee Sölle und Siegfried Lenz das faszinierende Bild eines schwachen, verletzlichen und irgendwie nicht für diese Welt, jedenfalls nicht für das Kanzleramt gemachten Mannes.

Natürlich findet das seinen Niederschlag auch in der Fotografie. Wer etwas von Willy Brandt wissen will, muß die manchmal dramatisch anmutenden Veränderungen seines Äußeren insbesondere während der siebziger Jahre beobachten – Folgen des ihn überfordernden Amtes, aber auch verordneter neuer Lebensgewohnheiten. Zahllose Bilder, so von Jupp Darchinger, Barbara Klemm, Robert Lebeck oder Sven Simon haben den Mann in diesen und anderen Lebensphasen festgehalten. Eine

Reihe von Bildbänden, etwa die erstmals 1970 veröffentlichte *Anatomie einer Veränderung*, dokumentieren Stationen dieses Lebens; und der 1993 erschienene Katalog zu einer von der Friedrich-Ebert-Stiftung besorgten Ausstellung »Willy Brandt. Ein politisches Leben 1913-1992« bietet einen eindrucksvollen Querschnitt des im Laufe eines bald achtzigjährigen Lebens bildlich Festgehaltenen.

Weil Willy Brandt aus der Geschichte des 20. Jahrhunderts nicht wegzudenken ist, aus der deutschen Geschichte schon gar nicht, nimmt er in den Geschichtsbüchern einen Stammplatz ein. Seine Omnipräsenz in der historischen Fachliteratur verlangt vom Suchenden viel Zeit und Geduld, läßt ihn aber auf fast jedem Themenfeld fündig werden. Ob in der Literatur über Widerstand und Exil; ob in Biographien seiner Weggefährten, Gegner und Verbündeten; ob in der unüberschaubaren Flut von Büchern über die deutsche Sozialdemokratie, die Sozialistische Internationale oder die deutsche und internationale Arbeiterbewegung; ob in Geschichtswerken zur Bundesrepublik Deutschland: Leben und Werk Willy Brandts sind längst Gegenstand gesicherten Wissens; ihre Deutung und ihre Würdigung hingegen bleiben eine große Aufgabe.

Es spricht für Brandts Persönlichkeit, daß die von ihm gezeichneten Bilder unterschiedlicher kaum sein könnten. Der Mann paßt eben in kein Schema, und an keinem zweiten deutschen Politiker des vergangenen Jahrhunderts von seinem Format haben sich die Geister, auch die der Historiker, so geschieden wie an ihm. Daß er seinerseits ein gespaltenes Verhältnis zur Geschichtswissenschaft hat, kann man daher verstehen; verderben mag er es sich mit den Historikern allerdings nicht, immerhin sitzen sie, was sein Bild in der Geschichte angeht, am längeren Hebel.

Außerdem versucht sich Willy Brandt auch selbst immer wieder und nicht ohne Erfolg als Geschichtsschreiber, insbesondere wenn es um die Tradition seiner Partei und um ihre herausragenden Repräsentanten geht. Auch damit steht er in der Reihe der großen Führer der deutschen Arbeiterbewegung, die sich immer auch als deren Chronisten verstanden haben. Brandt ist der letzte Vertreter dieser Tradition. Seine einschlägigen Reden und Artikel gehen in die Dutzende; die wichtigsten sind 1981 von Iring Fetscher unter dem Titel *Geschichte als Auftrag* veröffentlicht worden. Auch eine monumentale Biographie gehört zu Brandts Bilanz in diesem Bereich: Das gemeinsam mit Richard Lowenthal vorgelegte, auch heute noch lesenswerte Lebensbild seines letzten politischen Ziehvaters Ernst Reuter ist 1957 unter dem Titel *Ein Leben für die Freiheit* erschienen. Muß man betonen, daß alle diese Schriften auch viel über ihn selbst sagen?

Wenn ihm an einem Thema gelegen ist oder es um die Positionierung seiner eigenen Person in einem bestimmten Kapitel der deutschen Geschichte geht, arbeitet Willy Brandt, manchmal sehr eng, mit den Chronisten zusammen. Die Ergebnisse sind auch heute noch von hohem Wert bei der Beschäftigung mit seinem Leben und Werk. Das gilt – beispielsweise – für das Buch von Einhart Lorenz *Willy Brandt in Norwegen* (1989); es gilt für Hans Georg Lehmanns Untersuchung von »NS-Ausbürgerung und Wiedergutmachung am Beispiel Willy Brandts«, die 1976 unter dem Titel *In Acht und Bann* erschienen ist; und es gilt vor allem für Arnulf Barings *Machtwechsel*. Das 1982 vorgelegte Standardwerk über die »Ära Brandt-Scheel« ist auch deshalb ganz und gar unverzichtbar, weil Baring einige der treffendsten Charakterisierungen Brandts gelungen sind, die es bis heute gibt.

Welches Bild auch immer von Willy Brandt gezeichnet wird, er selbst hatte das seine und, wenn man genau hinschaut, ein großzügig dimensioniertes. Als er gerade ins Kanzleramt eingezogen ist, läßt er es einmal, natürlich in einem Interview, ziemlich deutlich erkennen: »Preußen«, sagt er Anfang 1970, »war besser als sein Ruf. Es hat vieles an guten Eigenschaften und Errungenschaften in unseren Staat eingebracht.« Auch daß er, der als Kind »mehr als einmal« in Friedrichsruh gewesen ist, einen »wachen Sinn für Bismarcks Leistung« hat, will er nicht verhehlen. Kein Wunder, daß Willy Brandt »Hitler immer für einen Verräter an der Nation gehalten« und sich selbst als deren

Sachwalter begriffen hat. »Jetzt hat Hitler endgültig den Krieg verloren«, hat er nach seiner Wahl zum Bundeskanzler erklärt. Wer wollte ihm, der 1933 den Kampf gegen die Nazi-Diktatur aufgenommen hat und dafür jahrzehntelang angefeindet worden ist, diese Sicht auf sein Leben verdenken?

Abkürzungsverzeichnis

CDU	Christlich-Demokratische Union
CSU	Christlich-Soziale Union
DDR	Deutsche Demokratische Republik
EG	Europäische Gemeinschaft
EURATOM	Europäische Atomgemeinschaft
EWG	Europäische Wirtschaftsgemeinschaft
FDP	Freie Demokratische Partei
Gestapo	Geheime Staatspolizei
INF	Intermediate-Range Nuclear Forces (Nuklearwaffen mittlerer Reichweite)
KGB	Komitet Gossudarstwennoi Besopasnosti (Komitee für Staatssicherheit [der UdSSR])
Komintern	Kommunistische Internationale
KPD	Kommunistische Partei Deutschlands
KPdSU	Kommunistische Partei der Sowjetunion
KSZE	Konferenz über Sicherheit und Zusammenarbeit in Europa
KZ	Konzentrationslager
MBFR	Mutual and Balanced Force Reductions (Gegenseitige ausgewogene Truppenverminderung)
NATO	North Atlantic Treaty Organization (Nordatlantische Verteidigungsorganisation)
NKWD	Narodny Komissariat Wnutrennych Del (Volkskommissariat für Innere Angelegenheiten [der UdSSR])

NPD	Nationaldemokratische Partei Deutschlands
NS	Nationalsozialismus
NSDAP	Nationalsozialistische Deutsche Arbeiterpartei
RAF	Rote Armee Fraktion
SAJ	Sozialistische Arbeiterjugend
SALT	Strategic Arms Limitation Talks (Verhandlungen über die Begrenzung strategischer Waffen)
SAP	Sozialistische Arbeiterpartei Deutschlands
SI	Sozialistische Internationale
SED	Sozialistische Einheitspartei Deutschlands
SPD	Sozialdemokratische Partei Deutschlands
Stasi	Ministerium für Staatssicherheit [der DDR]
UdSSR	Union der Sozialistischen Sowjetrepubliken
UNO	United Nations Organization (Organisation der Vereinten Nationen)
USA	United States of America (Vereinigte Staaten von Amerika)
USPD	Unabhängige Sozialdemokratische Partei Deutschlands
WEU	Westeuropäische Union
ZK	Zentralkomitee

BILDNACHWEIS

AP, Berlin, S. 111; Darchinger, Bonn, S. 142, 143, 274/75; dpa, Frankfurt a. M., S. 174; Friedrich-Ebert-Stiftung, Bonn, S. 15 oben, 19, 23, 32, 41 (Fred Stein, New York), 45, 71, 76, 97 (Heinrich van der Becke, Berlin), 136 (Wolfgang Bera, Berlin), 197 (Erwin Fingerhut, Bonn), 223, 236, 277; Keystone, München, S. 133; Mecklenburgisches Landeshauptarchiv, Schwerin, S. 15 unten; Neue Revue, Hamburg (Hannes Betzler, Hamburg), S. 216; privat, S. 67, 232, 233; Schulz-Fieguth, Potsdam, S. 281; Stern, Hamburg (Hinz), S. 155; Ullstein Bild, Berlin, S. 79, 110, 117, 121, 123, 138, 162, 163, 176, 208, 209, 229, 249, 261, 295. Bei einigen Abbildungen konnten die Urheber nicht ermittelt werden. Rechteinhaber mögen sich bitte an den Verlag wenden.

Personenregister

Die kursiv gesetzten Ziffern beziehen sich auf die Abbildungen.

Abendroth, Hermann 14
Adenauer, Konrad 93, 114, 117, 119, 124, 127, 158, 170, 183, 276
Ahlers, Conrad 180, 189
Albertz, Heinrich 140
Allardt, Helmut 172, 305
Andersen-Nexö, Martin 21
Andrew, Christopher 308
Angerer, Georg 119
Apel, Hans 246, 257, 306
Arafat, Jassir 224, 283
Augstein, Rudolf 215, 266, 302
Ayub Khan, Mohammed 108
Aziz, Tarek 283

Baader, Andreas 169
Bahr, Egon 7, 100, 131 f., 140, 148, 151, 173, *174*, 180, 186, 189, 195 f., 211, 252 f., 258, 266, 272, 275, 291, 305 f.
Bandaranaike, Solomon 108
Barbusse, Henri 21
Baring, Arnulf 38, 161, 164, 206, 311
Bartels-Heine, Paula 17, 20
Barzel, Rainer 7, 179, 181 f., 195, 272, 275, 305
Bebel, August 20, 26 f., 42, 116, 182, 230, 260, 293
Beck, Ludwig 70
Becker, Walter 187
Bergaust, Ole Olstad 73

Bernstein, Eduard 21
Birrenbach, Kurt 305
Bismarck, Otto von 311
Blum, Léon 230
Boesak, Allan 275
Böhme, Erich 302
Böll, Heinrich 188, 309
Börner, Holger 7, 185, 220, 258, 272, 275, 276, 291
Botha, Pieter Willem 257
Brandt, Lars 120, 122, *123*, 135, 137, *138*, 156, 179, 292
Brandt, Matthias 122, 135, *138*, 179, 210, 220, 292
Brandt, Peter 7, 80 f., 108, 120, 122, 135, 137, *138*, 139 f., 156, 292, 305
Brandt, Rut, geb. Hansen 7, 73 f., 77, 80 ff., 85, 90, 95 f., 97, 98 f., *110*, 120, 122, 132, 135, *136*, *138*, *142*, 148, *174*, 175, 179 f., 183, 186, 199, 201 f., 210, 213, 217, 220, 228, 231, 234, 292, 299, 305
Brandt, Willy (Namensvetter) 56
Braun, Otto 28
Breit, Ernst 275
Breschnew, Leonid I. 153 f., *155*, 185, 191, 193, 244, 257
Brundtland, Gro Harlem 275

Carlsson, Ingvar 275
Castro, Fidel 257

316

Chruschtschow, Nikita S. 101, 108, 113, 130, 150, 153
Churchill, Winston S. 86
Clement, Wolfgang 258
Couve de Murville, Maurice 108

Darchinger, Jupp 309
Darré, Walter 53
Deist, Heinrich 105
Delors, Jacques 275
Diefenbaker, John George 108
Dowe, Dieter 305
Duckwitz, Georg Ferdinand 140f., 172f., 175
Dulles, John Foster 108
Dutschke, Rudi 137, 140

Ehmke, Horst 7, 148, 180ff., 189, 195, 200, 305f.
Ehrenberg, Herbert 202
Eichel, Hans 291
Eichler, Willi 105
Einstein, Albert 48
Eisenhower, Dwight D. 108
Engholm, Björn 275, 288
Ensslin, Gudrun 169
Eppler, Erhard 243
Erhard, Ludwig 124, 127f., 159, 245
Erlander, Tage 108
Erler, Fritz 107, 112, 118, 128, 156
Eschenburg, Theodor 201
Eyskens, Gaston 108

Falin, Valentin 275
Fetcher, Iring 311
Feuchtwanger, Lion 51
Focke, Katharina 186
Forel, Auguste 42
Frahm, Carlota, geb. Thorkildsen 62f., 65, 71, 73, 81, 218f.
Frahm, Ernst 14
Frahm, Dorothea, geb. Sahlmann 16
Frahm, Ludwig 10, 14, *15*, 16ff., 20, 37, 179

Frahm, Martha 10, 13f., *15*, 16f., 20, 24, *37*, 74
Frahm, Ninja 7, 65, *67*, *71*, 81f., 231, 292
Frahm, Wilhelmine 14, 16
Frahm Kringstad, Janina 231, *232f.*, *233*
Franco, Francisco 55
Frank, Paul 173
Frederik, Hans 92, 119f.
Frei, Eduardo 239
Freud, Sigmund 42
Frölich, Paul 36
Funk, Kurt 51
Furtwängler, Wilhelm 52

Gaasland, Gunnar 40, 42f., 51f.
Gandhi, Indira 227
Garton Ash, Timothy 268
Gauguin, Paul 64
Gaulle, Charles de 108, 127, 159f.
Gaus, Günter 196
Genscher, Hans-Dietrich 7, 165, 198, 203, 205, 216, 275, 282, 305
Gerhardsen, Einar 108
Glotz, Peter 262, 275
Goebbels, Joseph 86
Goerdeler, Carl 70
Gonzáles, Felipe 29, 225
Gorbatschow, Michail S. 153, 254, 269f., 291, 305
Gorki, Maxim 21
Grabert, Horst 189, 195, 204, 207
Grass, Günter 137, 185, 190
Grewe, Wilhelm 305
Gromyko, Andrej A. 170, 172f., 244
Grotewohl, Otto 87
Guillaume, Christel 201f.
Guillaume, Günter 201-206, 213, 252
Guillaume, Pierre 202

Haffner, Sebastian 60, 89
Håkon VII. 63

Hammarskjöld, Dag 108
Hansen, Oscar 39
Hansen, H. C. 108
Harpprecht, Klaus 196, 218, 235, 305 f.
Hassel, Kai-Uwe 9, 179
Hassell, Ulrich von 68, 70
Heath, Edward 239
Heinemann, Gustav 105, 115, 161, 164, 207, 215
Heinig, Kurt 78
Herold, Horst 205
Herter, Christian 108
Hindenburg, Paul von 28, 35
Hitler, Adolf 27, 35, 54 ff., 59 ff., 64, 68 ff., 72, 82 f., 86, 103, 159, 175, 292, 311 f.
Höcherl, Hermann 179
Hofmann, Gunter 112, 307 f.
Honecker, Erich 184, 210, 252 f., 257, 265 ff.
Hull, Cordell 72
Hurwitz, Harold 7, 118
Hussein, Saddam 282 ff.

Jaruzelski, Wojciech 257, 268
Jaspers, Karl 141
Johnson, Herschel V. 72
Johnson, Lyndon B. 114, 127, 156

Katzer, Hans 272, 275
Kaunda, Kenneth 227
Kautsky, Karl 21
Kempski, Hans Ulrich 187, 235, 308
Kennedy, John F. 113-116, *117*, 156
Kiesinger, Kurt Georg 128 f., 140 f., *143*, 148 f., 152, 161, 164, 179
Kinkel, Klaus 205
Kishi, Nobusuke 108
Kissinger, Henry 156, 177, 191 f., 305
Klemm, Barbara 309
Kluncker, Heinz 198
Knoeringen, Waldemar von 105
Koch, Peter 49, 273, 307 f.
Kogon, Eugen 65

Kohl, Helmut 7, *143*, 247, 253-256, 267, 271 f., 275, 280, 282, 288, 291, 305
Kollontai, Alexandra M. 68, 72
Koschnik, Hans 291
Kreisky, Bruno 54 f., 69 f., 71, 72, 224, 237, 241, 254, 272 f., 275, 305
Kreisky, Vera 71
Krenz, Egon 265
Kuhlmann, Emil 16, 74
Kuhlmann, Günter 16, 74
Kuhlmann, Martha, geb. Frahm 14, *15*, 16 f., 74
Kühn, Heinz 164

Lafontaine, Oskar 259, 275, 286 ff., 305
Landerer, Gerda 118, 181
Lange, Halvard 77
Lebeck, Robert 214, 308 f.
Leber, Annedore 88
Leber, Georg 202, 275
Leber, Julius 14, 29 ff., 33, 36, 72, 88, 276
Lehmann, Hans Georg 311
Lenin, Wladimir I. 68, 89
Lenz, Siegfried 188, 309
Lenzen, Marga 181
Lindlau, Dagobert 188, 309
Litzl, Martha 85
Lloyd, Selwyn 108
London, Jack 21
Lorenz, Einhart 47, 305, 311
Löwenthal (Lowenthal), Richard 88, 311
Lübke, Heinrich 179
Lübke, Wilhelmine 179
Luxemburg, Rosa 36

Mahler, Horst 169
Manescu, Maneu 150
Mann, Erika 74
Mann, Heinrich 51
Mann, Thomas 21, 48, 51, 74, 290

Marshall, Barbara 309
Marx, Karl 21, 37, 43
Mathiopoulos, Basil 275
Mathiopoulos, Margarita 260
Mazowiecki, Tadeusz 268
McNamara, Robert S. 238
Meinhof, Ulrike 169
Meir, Golda 193
Mercouri, Melina 154
Meyer, Gertrud 37, 40, *41*, 42f., 62, 66
Mielke, Erich 119
Miert, Karel van 275
Mitrochin, Wassili 69, 308
Mitterrand, François 154, 224, 251, 253f., 257, 272, 275
Moe, Finn 46
Möller, Alex 105, 188f.
Möller, John 13
Möller, Maria 13
Moltke, Helmuth James Graf von 70
Mühsam, Erich 103
Müller, Hermann 28, 166
Mussolini, Benito 55, 259
Myrdal, Gunnar 77

Nagy, Imre 98
Napoleon I. Bonaparte 259
Nasser, Gamal Abd el- 150
Nau, Alfred 195, 220
Nayhauss, Mainhardt Graf von 181, 308
Nehru, Jawaharlal 108
Neumann, Franz 87-90, 98ff., 124, 127
Nixon, Richard M. 156, 161, 177, 191, 193
Nollau, Günther 202f., 206, 217, 305
Nolte, Ernst 230
Nyerere, Julius 227

Ollenhauer, Erich 58, 78, 93, 102, 107, 112, 116, 230

Orwell, George 9, 56
Ossietzky, Carl von 48

Palme, Olof 224, 239
Papen, Franz von 28
Pauls, Eilhard Erich 20
Peres, Shimon 272, 275
Perez, Carlos Andres 275
Pérez de Cuéllar, Javier 283
Pieck, Wilhelm 36, 87
Pogoreloff, Wladimir 14
Prittie, Terence 40, 124f., 306f.

Quisling, Vidkun 66

Rakowski, Mieczyslaw 275
Ramphal, Shridat 275
Rank, Gerd André 13
Rau, Johannes 7, 256-259, 275, 291
Reagan, Ronald 253
Reich, Wilhelm 42
Rein, Mark 57
Rein, Rafael A. 57
Remarque, Erich Maria 21
Renn, Ludwig 21
Reuter, Ernst 29, 88-91, 94f., 98ff., 109, 292, 311
Rinser, Luise 188, 309
Rosenberg, Alfred 53
Rosenfeld, Kurt 34f.
Rusk, Dean 158
Russell, Bertrand 48

Sadat, Mohammed Anwar as- 193
Schabowski, Günter 265
Scharf, Kurt 275
Scharping, Rudolf 288, 291
Scheel, Mildred 179
Scheel, Walter 7, *143*, 161, 164, 172, 175, 179f., 195, 212, 215, 275, 296
Schiller, Karl 144, 188f.
Schmid, Carlo 107, 112, 305
Schmidt, Helmut 7, 105, 109, 112, 128, 144ff., 151, 159f., 165, 180,

319

183, 186, 188 ff., 199, 206, 221 f., 242-248, *249*, 250 ff., 254-258, 273, 276, 277, 291, 305 f.
Scholz, Arno 87
Schröder, Gerhard (Bundeskanzler) 304
Schröder, Gerhard (Innenminister) 141
Schulenburg, Friedrich Werner Graf von der 68 f.
Schumacher, Kurt 78, 87 f., 92 f., 102, 104
Schütz, Klaus 7, 100 f., 109, 116, 140, 214, 305
Seebacher-Brandt, Brigitte 26, 228, 229, 230 f., 265, 268, 275, 276, 290 ff., 303, 307
Severing, Carl 28
Seydewitz, Max 34 f.
Siedler, Wolf Jobst 273
Sievers, Susanne 91, 119
Simon, Sven 309
Sinclair, Upton 21
Soares, Mario 154, 225, 272, 275
Sölle, Dorothee 188, 309
Sorsa, Kalevi 275
Springer, Axel 96, 273, 302
Staar, Winfried 116
Stalin, Josef W. 55, 57, 68, 86, 95, 59 ff., 103, 170, 175,
Stauffenberg, Claus Graf Schenk von 70
Steiner, Julius 194
Steltzer, Theodor 30
Stern, Carola 29, 307 f.
Stone, Shepard 275
Stooß, Paul 39
Stoph, Willi 152, 183
Strauß, Franz Josef 119, 141, 144, 182 f., 225, 267, 273, 305
Struve, Günter 12, 303
Suhr, Otto 94, 100
Sulzberger, Cyrus L. 124

Terboven, Josef 64
Thälmann, Ernst 34
Thatcher, Margaret 253
Toller, Ernst 21, 51
Tranmäl, Martin 58
Travens, B. 21
Trott zu Solz, Adam von 70

Ulbricht, Walter 51, 87, 95, 151, 184

Valentin, Veit 65
Vogel, Hans-Jochen 257, 259, 262, 275, 287, 291
Vranitzky, Franz 275

Wagner, Leo 194
Walcher, Jacob 29, 36, 39, 43, 50, 60, 66, 70, 78, 88
Walesa, Lech 268
Weber, Kurt 179
Wechmar, Rüdiger von 189, 200, 305
Wehner, Herbert 51, 109, 103-107, 112, 116, 118, 128, 141, 145 f., 151, 160, 164 f., 180, 183, 189, 194, 199 ff., 203, 206 f., 210 f., 215 f, 244, *249*, 256, 258
Weizsäcker, Ernst Freiherr von 46
Weizsäcker, Marianne von 275
Weizsäcker, Richard Freiherr von 7, 272, 275, 291
Wienand, Karl 194
Wilhelm II. 235
Wirtgen, Klaus 302
Wischnewski, Hans-Jürgen 291
Wolf, Markus 119, 204
Woolf, Virginia 48

Yaker, Layachi 275

Zarapkin, Semjon K. 152
Zweig, Arnold 51